AK Feministische Sprachpraxis (Hrsg.)
Feminismus schreiben lernen

Wie schreibe ich feministisch? Was heißt es überhaupt, feministisch zu schreiben? Welches Wissen re/produziere ich im wissenschaftlichen Arbeiten? Und was hat das mit Gender Studies zu tun? Alles, was geschrieben wird, welches Wissen wie zitiert und welche Sprache verwendet wird, ist immer ein Teil von Wissensproduktionen und damit nicht objektiv, neutral und wertfrei. Das bedeutet, dass auch alles, was weggelassen wird, das Resultat einer Entscheidung und damit ein Handeln ist. Das Buch regt dazu an, über das eigene Schreiben als wissenschaftliche Praxis und das, was es bewirken kann, kritisch nachzudenken. Es will dazu ermutigen, neue Formen feministischer Sprach- und Schreibpraktiken auszuprobieren und in bestehende Schreibnormen zu intervenieren.

Der AK Feministische Sprachpraxis ist ein offener Zusammenschluss von feministischen Wissenschaf_tlerinnen am Lehrstuhl Gender Studies und Sprachanalyse am Zentrum für transdisziplinäre Genderforschung der Humboldt-Universität zu Berlin, der durch verschiedene Aktionen in sprachliche Diskriminierungen zu intervenieren versucht. Für inhaltliche Konzeption und Durchführung dieses Buchprojekts sind Lann Hornscheidt, Alyosxa Tudor und Evelyn Hayn verantwortlich. An der vorliegenden Buchpublikation des AKs waren zu verschiedenen Zeiten und mit verschiedener Intensität außerdem beteiligt: J.ay Keim, Aiste Paškauskaitė, Claude Preetz und Era Trammer.

AK Feministische Sprachpraxis (Hrsg.)

Feminismus schreiben lernen

Brandes & Apsel

Sie finden unser Gesamtverzeichnis mit aktuellen Informationen
im Internet unter: www.brandes-apsel-verlag.de
Wenn Sie unser Gesamtverzeichnis in gedruckter Form wünschen,
senden Sie uns eine E-Mail an: info@brandes-apsel-verlag.de
oder eine Postkarte an:
Brandes & Apsel Verlag, Scheidswaldstr. 22, 60385 Frankfurt a. M., Germany

wissen & praxis 163
Transdisziplinäre Genderstudien 3

1. Auflage 2011
Umschlag: Franziska Gumprecht, Brandes & Apsel Verlag, Frankfurt am Main
DTP: Felicitas Müller, Brandes & Apsel Verlag, Frankfurt am Main
Druck: STEGA TISAK d.o.o., Printed in Croatia
Gedruckt auf säurefreiem, alterungsbeständigem und chlorfrei
gebleichtem Papier.

Bibliografische Information Der Deutschen Nationalbibliothek:
Die Deutsche Nationalbibliothek verzeichnet diese Publikation in der
Deutschen Nationalbibliografie; detaillierte bibliografische
Daten sind im Internet über http: //dnb.ddb.de abrufbar

ISBN 978-3-86099-699-7

Inhalt

Alyosxa Tudor, Evelyn Hayn, Lann Hornscheidt

Vorwort

Feminismus schreiben lernen ist ein unabschließbarer, spannender, langwieriger, herausfordernder, überfordernder und manchmal schmerzhafter Prozess. Auch die Arbeit an *Feminismus schreiben lernen* war spannend, langwierig, heraus- und manchmal überfordernd und auch schmerzhaft, ist unabgeschlossen und mit und durch dieses Buch lediglich provisorisch, vorläufig und notwendigerweise zu einem für Andere lesbaren Stillstand gebracht. Das Denken zu Feminismus, zu Schreiben, zu Lernen, zu Feminismus schreiben lernen geht für uns weiter und ist mit dem Verschriftlichen, Lesen, Reflektieren hier schon wieder weitergedacht als am Projektbeginn. Auch dies, die Auseinandersetzung mit Schreiben als Handlungsform, ist Teil dieses Projekts gewesen.

Dieses Buch ist entstanden, weil wir in unserem Arbeiten in den Gender Studies einführende grundlegende Texte zu feministischen Sprachpraktiken und Interventionen in sprachliche Diskriminierungen, zu Praktiken kritischer Ver_Ortung und feministischer Wissenschaftskritik vermisst haben. Wir, die Schrei_berinnen dieses Vorworts, die zugleich für die Endredaktion verantwortlich sind, wollen anti-sexistische[1]_contra_rassistische Impulse für eine Einführung in wissenschaftliches Arbeiten in den Gender Studies geben und formulieren. Wissenschaftliches Arbeiten in den Gender Studies erschöpft sich für uns nicht in formalisierten Leitlinien für Fußnotensetzungen, Verwendungen von Schriftgrößen, -arten und -formaten, Seitenzahlsetzungen, Gliederungen, Zitierweisen und die Erstellung von Literaturverzeichnissen. Diese sog. formalen Aspekte des wissenschaftlichen Schreibens verstehen wir auch als inhaltliche Entscheidungen: Beides ist für uns nicht voneinander loslösbar, formale Aspekte sind inhaltlich relevant: ob ich Fußnoten benutze und was in die Fußnoten kommt und was in den Fließtext, welch_e ich erreichen kann mit verschriftlichten Texten, we_lche ich zitiere und wie, welchen Stimmen ich in meinem wissenschaftlichen Arbeiten wie Gehör gebe, welche Effekte die lineare Anordnung und Gliederung von Wissensre_produktionen hat, welche Effekte Verschriftlichungen im Gegensatz zu mündlich tradierten Wissensre_produktionen haben und vieles mehr. Im Prozess dieser inhaltlichen Auseinandersetzung mit vordergründigen Formalia wissenschaftlichen Arbeitens sind wir immer stärker zu der Auffassung gelangt, dass gerade auch die Trennung in formale und inhaltliche Aspekte eine starke und machtvolle Konstruktion ist, die bestimmte Fragen po-

---

[1] Wir als Herau_sgeberinnen dieses Bandes sind in Bezug auf Sexismus nicht alle gleich positioniert. Für kritische Ausdifferenzierungen innerhalb antisexistischer Ver_Ortungen, vgl. Diskussionen im Feminismus-Artikel sowie die einzelnen Artikel in diesem Band.

7

tentiell verunmöglicht. Diese wollen wir versuchen, mit diesem Buch in Frage zu stellen und zu reflektieren.

Wir waren mit dem gemeinsamen Arbeiten an diesem Buch auf der Suche nach Ansätzen, die auf interdependenten Modellen zur Analyse von Machtverhältnissen und dem komplexen Wirken von Diskriminierungen aufbauen, sowie nach de_konstruktivistischen Analysen mit differenzierten Feminismusverständnissen jenseits von ›Geschlechtergerechtigkeit‹ und ›Gleichstellungsmaßnahmen‹. Wir hatten ein Unwohlsein mit Frauenförderpolitiken und queeren Bündnissen, welche die unterschiedlichen Effekte und Realisierungsformen von Sexismus nicht ausdifferenzieren und wahrnehmbar machen. Mit und aus diesem Unwohlsein haben wir neue Konzepte und Ideen entworfen und mit diesem Buch zu verschriftlichen ver_sucht.

Ein Buch, das unseren Vorstellungen entspricht, musste erst geschrieben werden, und wir bauen mit unserem Ansatz – wie sich in den hier aufgemachten Genealogisierungslinien zeigt – auf empowernden, verstörenden, komplexen und herausfordernden feministischen Wissensproduktionen auf, wollen in Dialog treten und unsere Denkprozesse anschlussfähig und angreifbar machen. Dabei ist unsere Wissensbildung antisexistisch ver_ortet und ver_sucht, contra_rassistische Handlungsimpulse aus antirassistischen und antisexistischen Wissensbildungen umzusetzen. Dieses Buch ist anders geworden, als wir uns das vorgestellt hatten, und ist wahrscheinlich anders, als der Titel es für viele erwarten lässt, und ist für uns damit ein gutes Beispiel für die Offenheit von Bedeutungsaushandlungen und dafür, dass wir feministisches Arbeiten als immer prozesshaft, unerwartet und unfertig verstehen.

Mit dem Titel *Feminismus schreiben lernen* wollen wir zum Ausdruck bringen, dass Feminismus ein ständiger Lernprozess ist, der unserem Verständnis nach nie abgeschlossen sein kann, sich jenseits von Abschließbarkeit bewegt. Schreiben ist dabei für uns eine von vielen feministischen Formen der Wissensproduktion, ist nicht nur Medium, sondern auch eine komplexe und machtvolle Methode.[2] Sie ist für unser Arbeiten in universitären Kontexten, aber auch in unseren politischen Zusammenhängen zentral. Wir verstehen sie jedoch nicht als dringend notwendige oder ausschließliche Praktik der Wissenskonstruktion, -transformation und -vermittlung, sondern wollen gerade dies auch in Frage stellen. Das Buch befindet sich also in Bezug auf Schreiben in einem Spannungsverhältnis zwischen einer Reflexion von Schreiben als Handlung, Schreiben als Methode der Wissensproduktion und allen damit zusammenhängenden Entscheidungen, Ein- und Ausschlüssen, und zwischen einer Reflexion von Schreiben als zu hinterfragende Praxis der Wissensproduktion, die sich gerade auch in einer Trennung zwischen Schreiben als Medium und Inhalten, die durch dieses Medium ›transportiert‹ werden, machtvoll herstellt. Schreiben lernen bedeutet für uns also auch zu überlegen, was Schreiben konstituiert, was als Schreiben aufgefasst wird, welche Normalisierungen mit

---

[2] Vgl. auch Richardson/Adams St. Pierre 2005; Richardson 2000; Morgan 2000; Hallgren 2008; Bränström Öhman/Livholt 2007; Lykke 2010.

Schreiben einhergehen. So wird verschriftliches Wissen in den gesellschaftlichen Kontexten, in denen wir uns bewegen, konventionellerweise als zentrale Bezugsgröße für Wissensre_produktionen gesetzt, während mündlich re_produziertes Wissen aktiv nicht erwähnt, nicht berücksichtigt und somit marginalisiert wird. Damit wird gleichzeitig eine kolonialistische Praxis re_produziert, die Alphabetschriftsprachlichkeit zentriert und z. B. andere Formen von Schriftlichkeit sowie orale Wissensre_produktionen gewaltsam unterdrückt und abwertet. Wenn in unserem täglichen Arbeiten in den Gender Studies schriftliche Wissensproduktionen eine zentrale Rolle einnehmen – ein Stück weit für das ›Sprechen können‹ stehen – und wir es auch gerade deswegen wichtig finden, sie in diesem Buch zu theoretisieren, heißt das auch, Schriftsprachlichkeit immer wieder zu kritisieren, zu reflektieren und in Frage zu stellen. Es heißt, unterschiedliche sprachliche Formen und unterschiedliche nichtsprachliche Formen von Wissensproduktionen als Formen selbstbestimmter, empowerter Wissensproduktion wahrzunehmen, ›sprechen‹, sich äußern, das Wort ergreifen beispielsweise als nicht nur schriftlich oder oral, sondern auch als gebärdet, gegestet oder gebildet zu verstehen.

›Feminismus schreiben‹ ist für uns ein selbstbewusstes, empowerndes Festhalten an Feminismus als Konzept, eine positive Bezugnahme auf Feminismus, ein Deutlich-Machen unseres feministischen Bezugs und von Feminismus als politischer Ver_Ortung. ›Feminismus lernen‹ legt weiterhin nahe, Feminismus als Lernprozess zu begreifen und feministisch schreiben zu lernen als eine Form des feministischen Aktivismus zu verstehen. Lernen ist Ausdruck einer Unabschließbarkeit von denkender und kommunizierender Reflexion für uns, lernen ist in Kontakt treten, ist nicht fertig sein, nicht abgeschlossen, nicht dogmatisch, sondern offen für das Aufnehmen und Transformieren von Impulsen im Kontakt mit Anderen sein. Feminismus lernen ist die ständige Auseinandersetzung mit strukturellen Diskriminierungen und der Versuch, Handlungsweisen zu entwickeln, um in diese Diskriminierungen zu intervenieren. Feminismus lernen ist eine positiv-empowernde Bezugnahme auf kollektive, über gemeinsame Politiken getragene Ver_Ortungen. Feminismus lernen ist eine Haltung, kein abschließbarer Prozess.

›Schreiben lernen‹ ist Ausdruck eines Räume-Nehmens, eines Stimme-Habens, einer Aus_Drucksmöglichkeit, die Spuren hinterlässt – und ist gleichzeitig ebenfalls nie abschließbar und immer auch in Bezug auf die damit einhergehenden Ausschlüsse und Machtverhältnisse zu reflektieren, die damit aufgerufen werden.

Der erste Artikel mit dem programmatischen Titel *Feminismus*, der in der AG Einleitung gedacht und erarbeitet wurde, bietet eine grundlegende Re_Formulierung von Feminismus und bildet die konzeptuelle Rahmung des gesamten Buchprojekts. Sexismus wird in verschiedene, sich gegenseitig konstituierende Strategien (Zwei-, Andro-, Hetera-, Repro-, Cis- und Kategorialgenderung) ausdifferenziert und Dyke_Trans als das zentral gesetzte Verständnis von Feminismus, als eine kritische Ver_Ortung und politische sowie epistemologische Perspektivierung aufgemacht. Es wird dabei deutlich, dass Feminismus mehr als Antisexismus sein muss; dass antisexistische Bewegungen immer auch gegen Diskriminierungsverhältnisse wie Rassismus, Ableismus, Antisemitismus, Antiziganismus etc. gerichtet sein müssen. Dieses ausdifferenzierte Modell von Sexismus und von Feminismus soll machtsensible und komplexere Analysen ermöglichen und als ›work in progress‹ zum Weiterdenken einladen. Der Artikel eröffnet eine analytische Trennung der diskursiven Ebene, auf der interdependente Diskriminierungen verhandelt werden und angreifbar sind, und einer dispositiven Ebene, die den theoretisch angenommen Rahmen der diskursiven Möglichkeiten bildet und in die nach dieser analytischen Vorstellung keine direkten Interventionen möglich wären – und erklärt auf diese Weise die Beständigkeit bestimmter struktureller Diskriminierungen. Anschließend an das Interdependenzenmodell von Walgenbach et al. 2007 wird damit für die dispositive Ebene ein Transdependenzmodell zur Analyse von Machtverhältnissen zur Diskussion gestellt.

Alyosxas[3] Artikel *Feminismus w_orten lernen: Praktiken kritischer Ver_Ortung in feministischen Wissensproduktionen* geht der Frage nach, wie Praktiken kritischer Ver_Ortung feministisch verantwortungsvoll umgesetzt werden können und was ›Verantwortung‹ überhaupt bedeuten kann. Auf Basis von anti/contra_rassistischen Ansätzen zu ›politics of location‹ (z. B. Rich, Collins etc.) macht der Artikel eine Trennung von sozialer Positionierung und kritischer Ver_Ortung als explizierter Reflexion von sozialen Positionierungen auf verschiedensten Ebenen der Wissensproduktion stark. Der Artikel ist keine Instantlösung, sondern die Aufforderung zu fortdauernder Reflexion von Diskriminierungen und Privilegierungen in feministischen Wissensproduktionen und richtet sich sowohl gegen Verständnisse von Selbstpositionierungen, die lediglich aus vorangestellten ›Ich bin [privilegiert]‹-Sätzen bestehen, als auch gegen simplifizierendes Bashing jeglicher Formen der machtkritischen Theoretisierung von sozialer Positionierung. Es wird deutlich, dass de_konstruktivistische Ansätze verbindliche, verantwortungsvolle Politiken sein können und im Gegensatz zu relativierender ent_verorteter Wissensbildung stehen.

In *Dyke_Trans schreiben lernen* zeigt *Lann* auf, inwiefern Sprachhandlungen grundlegend diskriminierend sind, diskutiert und entwickelt feministische – Dyke_trans – Sprachformen und bietet eine grundlegende Kritik von Strategien der Sprachveränderung, denen z. B. ein zweigegendertes Modell von Sexismus zu Grunde liegt. Der Artikel reflektiert, welche machtvolle Praxis Schreiben, sprachliches Formulieren überhaupt ist und inwiefern sich dies nicht auf formelle Aspekte

---

[3] In den Texten dieses Bandes verwenden wir Vornamen, wenn wir uns auf Diskussionen innerhalb des Arbeitskreises oder in Arbeitsgruppen beziehen. Mit dieser unkonventionellen sprachlichen Bezugnahme auf Wissensproduktionen Anderer wollen wir den Prozess des intensiven Zusammenarbeitens innerhalb des AKs bzw. der AG sprachlich transparent machen. Bei Bezugnahmen auf Wissensproduktionen jenseits dieser konkreten Zusammenarbeiten verwenden wir konventionalisierte Schreibweisen mit Nachnamen und Jahreszahlen. Daher kann es sein, dass ein- und dieselbe Person sowohl mit Vornamen als auch mit Nachnamen und Jahreszahl in einem Text vorkommt.

reduzieren lässt. Feminismus schreiben lernen wird in dem Artikel für unterschiedliche Ebenen sprachlicher Handlungen, die über die Verwendung von konkreten Sprachformen zur Appellation an Personen bis zu Fragen, wie was zitiert wird, in welchen Genres geschrieben wird, we_lche mit einem Text adressiert werden, reichen, ausdifferenziert.

Evelyn unternimmt mit *Wissen feministisch re_produzieren lernen* im Anschluss an Alyosxas Artikel den Versuch, durch Hinterfragungen wissenschaftlicher Arbeitsprozesse Wissensre_produktionen kritisch zu ver_orten und dies nicht (nur) als einen ständigen und notwendigen Lern- und Reflexionsprozess, sondern auch als feministisches Handeln zu verstehen. Wissensre_produktionen werden dabei nicht als isolier- und abschließbar verhandelt, sondern als vielstimmige Prozesse der Wissensbildung. Dabei ist die Frage zentral, wie widerständige, empowerte Wissensre_produktionen aus in Bezug auf Rassismus und ZweiHeteraReproCisKategorialgenderung privilegierter Positionierung heraus im Anschluss an Lanns Artikel feministisch zitiert werden können.

Im Anschluss an diese Texte folgt eine Sammlung mit verschiedenen Fragestellungen mit dem Titel *Sie fragen – Prof. Dr. H. antwortet. FAQs zu Sprache, Diskriminierung und Feminismus.* Der Artikel antwortet auf Fragen, die in Auseinandersetzungen mit und Verhandlungen von feministischen Sprachveränderungen häufig gestellt werden. Sie werden von *Lann* in Form eines Les_erinnenbriefe-Genres beantwortet und bieten eine gute erste Einführung in grundlegende Fragen zu Sprache, Diskriminierung und Feminismus.

Das Buch schließt mit einem *Glossar*, das von *Alyosxa* und *Lann* unter Mitarbeit von *Evelyn* verfasst wurde, mit zentralen Begrifflichkeiten, die wir in dem Buch fortlaufend benutzen und teilweise als mögliche Sprachneuerungen vorschlagen. Um ihr Auffinden im Buch und ihr Verständnis zu erleichtern, haben wir sie in einem Glossar zusammengefasst. Innerhalb der einzelnen Texte zeigen Pfeile an, dass die jeweiligen Begriffe im Glossar noch mal kurz charakterisiert werden.

Dem herausgebenden AK Feministische Sprachpraxis haben zu unterschiedlichen Zeitpunkten in unterschiedlichen Funktionen unterschiedlich intensiv die folgen Personen angehört: Alyosxa Tudor, Aistė Paškauskaitė, Claude Preetz, Evelyn Hayn, Era Trammer, J.ay Keim und Lann Hornscheidt. Das hier im Vorwort aufgemachte ›Wir‹ meint Alyosxa, Evelyn und Lann, die als Verantwortliche der Endredaktion das Projekt konzeptuell, inhaltlich und organisatorisch von der Idee über die Planung und Umsetzung bis zuletzt getragen haben. Wir danken allen Beteiligten am AK für jedes, auch noch so minimale Mitwirken sowie Christiane Quadflieg, Delina Binaj, Henni Freudenberg, Izabela Dahl, Ja'n Sammler, Jules Fütty, Julia Roßhart, Kerstin Kasha Piepenstock, Noemi Y. Molitor, Uli Streib-Brzič und Yori für spannende und kritische Kommentierungen von einzelnen Artikeln und allen unseren Freundykes, Fr_eundinnnen und Verbündeten für Unterstützung, konstruktive Auseinandersetzung und Kritik, gemeinsame Lebensentwürfe und Widerstand.

Feminismus[1]

1. Einleitung: Warum überhaupt Feminismus?

2011 – drei kurze skizzenhafte Startszenarien, die erste Eindrücke davon geben können, warum fem_inistische Interventionen immer noch, immer wieder, immer wieder neu wichtig sind:

- Beispiel Be_Nennungspraktiken: Wird in deutschen Tageszeitungen über Homosexualität geschrieben, so handelt es sich in 90% der Fälle bei genauerem Lesen um Schwule – Lesben sind »mitgemeint« oder noch nicht mal das, kommen nicht vor. Das aber ist schon so selbstverständlich, dass es kaum noch auffällt – auch in Bezug auf die öffentliche Verhandlung von Homosexualität gibt es eine männliche Norm. Sie ist entnannt normalisiert.
Anreden wie »Sehr geehrte Damen und Herren«, zweigegenderte Toiletten und Umkleiden, Bank- und Versicherungsformulare stellen Transpersonen nicht als Adressierte her und zwingen Dyke_Trans kontinuierlich zu einer Identifizierung mit einer von zwei exklusiven Positionen – weiblich oder männlich –, die sie potentiell nicht einnehmen wollen. Das kontinuierliche Ausgesetztsein in Situationen, in denen es aber nur genau diese zwei Positionen gibt, führt auch zu Übernahmen, Identifizierungen, Selbstent_Wahrnehmungen von Nichtvorkommen.
- Beispiel Beruf und Arbeit: Noch immer gibt es in Deutschland große Lohnunterschiede zwischen ›Männern‹ – in der hier verwendeten konstruktivistischen Terminologie ›Typisierten‹ – und Frauisierten in denselben Berufen; noch immer werden Migratisierte[2] unterschichtisiert, noch immer besetzen Typisierte über 80% der Professuren an deutschen Hochschulen, noch immer sind sie in

---

[1] Die Konzeptualisierungen dieses Artikels wurden von der »AG Einleitung«, der Alyosxa, Evelyn, J.ay und Lann unterschiedlich lange und intensiv angehörten, in verschiedenen Arbeitsphasen und Zusammensetzungen diskutiert. Die vorliegende Fassung des Artikels wurde größtenteils von Alyosxa und Lann ausformuliert und basiert auf den früheren gemeinsamen Diskussionen und Konzeptualisierungen. Im Schreiben sind dabei auch wieder viele Aspekte weitergedacht und verändert worden. Wenn ein ›Wir‹ im Artikel auftaucht, bezieht es sich, falls nicht anders expliziert, auf die beiden Verf_asserinnen des Textes. Wir danken Christiane Quadflieg, Ja'n Sammler und Yori, unseren Testl_eserinnen einer früheren Version, für kritische und eingelassene Kommentierungen, J.ay für das, was ge_stimmt hat, Evelyn für die fortwährende tolle Unterstützung sowie Henni Freudenberg für das Kommentieren der letzten Fassung.

[2] Für den Begriff ›Migratisierung‹ vgl. Tudor 2010a.

der überwältigenden Mehrheit deutsch-statisiert[3], *weiß*, christlich sozialisiert, ableisiert – trotz aller Förderprogramme für ›Frauisierte‹ und Migratisierte, trotz aller öffentlichen Aufschreie, trotz fehlender öffentlicher Aufschreie, trotz aller gleichzeitigen Vorstellungen einer gleichgestellten, sich neutral verhaltenen Gesellschaft, die allen die gleichen Chancen und Möglichkeiten geben würde.

– Beispiel Sport: Noch immer heißt es ›Frauenfußball‹, wenn Frauisierte spielen und einfach nur ›Fußball‹, wenn es um Typisierte geht. Noch immer können Typisierte mit Sport Multimillionäre werden, während es für Frauisierte meist nicht mal für den Lebensunterhalt reicht. Noch immer müssen Frauisierte bei vielen Sportarten im Bikini oder möglichst ausgezogen antreten. Noch immer wird Fußball dazu verwendet, Nationalgefühle zu normalisieren und zu legitimieren. Noch immer basiert das westlich geprägte, internationalisierte Sportbusiness auf der grundlegenden, angeblich eindeutigen Trennung in ›Männer‹ und ›Frauen‹. Noch immer werden Dyke_Trans dazu gezwungen, dem Konstrukt ›Standardheteragegenderte Frau‹ zu entsprechen. Noch immer werden sie als genderabweichend pathologisiert und zu sexualisiert-gewalttätigen ›Geschlechtstests‹ gezwungen und sind willkürlichen Ausschlüssen und Karriereverboten ausgesetzt. Noch immer gibt es Vorstellungen von ›Rasse‹-spezifischen körperlichen Fähigkeiten. Noch immer werden in gesonderten Veranstaltungen wie den sog. Paralympics bestimmte körperliche Fähigkeiten pathologisiert und aus dem als normal gesetzten Sportbusiness verdrängt. Noch immer werden rassistische, antisemitische und sexistische Äußerungen aus dem Sportkontext in der deutschen Öffentlichkeit unterstützt, normalisiert und kleingeredet.

Diese drei kurzen und fast beliebigen Szenarien machen ganz unterschiedliche Aspekte von der Notwendigkeit feministischer Interventionen deutlich. Feminismus ist ein Kämpfen gegen Sexismus und gegen damit inter- bzw. transdependente[4] Diskriminierungs- bzw. Machtverhältnisse. Aber auf welchen Ebenen kann feministischer Widerstand ansetzen? Sogar Strategien, die sich vermeintlich gegen Sexismus richten, können selbst auch wieder sexistisch wirken: wenn Statistiken zu

---

3   Für den Begriff ›Statisierung‹ vgl. Hornscheidt 2010a und Tudor 2010a.

4   Mit Interdependenzen be_nennen wir die gegenseitige Konstitution lediglich analytisch voneinander trennbarer Machtverhältnisse auf diskursiver Ebene (vgl. Walgenbach et al. 2007; Hornscheidt 2007a; Eggers 2007). Transdependenz ist ein theoretischer Zugriff auf Ebene des – hier im Modell eingeführten Dispositivs (vgl. Dispositiv-Konzeptualisierung in diesem Artikel ab S. 41). Da dies auch die Ebene des Unwortbaren ist, sind jegliche Versuche die dispositive Dimension von Machtverhältnissen zu worten lediglich diskursive Annäherungen an die analytische Idee eines Dispositivs. ›Transdependenz‹ ist somit weniger eine analytische Größe als eine theoretische Annahme der Verwobenheit von Machtverhältnissen, die zusammen ein gesellschaftliches Dispositiv konstituieren. Die diskursiv vollzogene Differenzierung in einzelne Machtverhältnisse und die damit einhergehende Vorstellung ihrer Trennbarkeit, potentiellen Additivität ist Teil der Unmöglichkeit dispositive Dimensionierungen sprachlich zu fassen und zeigt sich zugleich hier.

Lohnunterschieden beispielsweise, wie im obigen Fall, auch wieder Typisierte und Frauisierte – in konventionellen Begrifflichkeiten Männer und Frauen – als einzige Selbstverständlichkeit herstellen und als Kategorien re_produzieren. D. h., dass Quotierungen z. B. gegen ein bestimmtes Verständnis von Sexismus kämpfen und doch auch gleichzeitig sexistische Effekte haben können. Warum überhaupt muss es noch immer Quotierungen geben, wie kann es sein, dass Aufsichtsräte, Unijobs, Sprachformen und medizinische, pharmazeutische und gesundheitspolitische Vorstellungen etc. noch immer von einer ›männlich‹ entnannten Norm dominiert und Machtpositionen von Typisierten besetzt sind? Wozu überhaupt ›Aufsichtsräte‹ und welcher Wirtschaftsordnung entsprechen sie? Wie kann es sein, dass Lesben jahrzehntelang für die Belange von vor allem Hetera-Frauen gekämpft haben, z. B. für Frauenhäuser, in die vor allem letztere vor der Gewalt ihrer Ehemänner und Boyfriends flüchten, und eben diese Lesben gleichzeitig in der ›Frauenbewegung‹ häufig nicht in der Spezifik ihrer Lebens- und Diskriminierungssituationen wahrgenommen, sondern zu Ausnahmen erklärt wurden, die Bezeichnung ›lesbisch‹ von Hetera-Frauen immer noch als Schimpfwort rezipiert wird, gegen das sich Hetera-Frauen meinen verwahren zu müssen, anstatt es als Kompliment aufzufassen.

Solche und ähnliche Prozesse zu verstehen und analytisch zu fassen, ist Motivation für die Überlegungen zu dem einleitenden Artikel dieses Bands.

Der Artikel erklärt nichts monolithisch und geschlossen, gibt keine einfachen und eindeutigen Antworten, sondern will die Les_erinnen zu eigenen Überlegungen und zum Nachdenken anregen. Wir formulieren in diesem Artikel unsere Motivationen, unsere Wege, unsere Standpunkte – als kurzes Innehalten und Festhalten von Unabgeschlossenem – und versuchen, Impulse für ausdifferenzierte Perspektiven auf und Analysen von Sexismus zu geben. Wir wollen für Dyke_Trans empowernd sein, wollen Wahrnehmungen irritieren und zu neuen Fragen und Perspektiven einladen. Wir wollen unsere Perspektive als eine mögliche Inspiration und Einladung für Diskussionen mit Anderen formulieren. Dyke_Trans ist der Ver_Such einer Neuformulierung einer politischen Ver_Ortung, die gegen Sexismus in der hier weiter unten ausformulierten komplexen Form ankämpft und dieses Kämpfen in eine positive, selbst-empowernde kollektive Begrifflichkeit zu überführen versucht. Dieser Ver_Such an sich ist auch bereits eine Strategie gegen Sexismus. Mit dem Begriff ›Dyke_Trans‹ streben wir zugleich eine Ausdifferenzierung zwischen verschiedenen über Machtverhältnisse hergestellten sozialen Positionierungen wie Frauen bzw. Hetera-Frauen, Lesben und Dyke_Trans an, um unterschiedliche Positionierungen in dem komplexen Ausgesetztsein von Sexismus auch begrifflich fassbar zu machen.

Die Ideen, die hier formuliert werden, sind aus langen Diskussions- und Arbeitsprozessen insbesondere in der »AG Einleitung«, aber auch mit weiteren Verbündeten hervorgegangen und bilden in ihrer Verschriftlichung ein kurzes Inne- und Festhalten, was an dem Punkt, an dem dies geschieht, schon wieder überholt, weitergedacht und -bewegt ist. Die zentralen Konzeptualisierungen dieses einleitenden Artikels sind in intensiven Kommunikationen entstanden, die wir ab einem bestimmten Punkt alleine weitergedacht und formuliert haben. Für uns ist die Zusammenarbeit, das Zusammendenken zu diesem Artikel eine feministische Arbeitserfahrung in unterschiedlichen Zusammen- und Auseinandersetzungen, mit verschiedenen Phasen und mit vielen Bewegungen, Problematiken und Herausforderungen gewesen. Es war uns dabei v. a. wichtig, gemeinsam und kollektiv Ideen zu entwickeln und Unsicherheiten, Abwägungen und Dissenzen formulieren zu können – ein unaufdröselbarer DenkProzess, der uns jeweils allein nicht möglich gewesen wäre. Zu diesem Prozess gehört es auch damit umzugehen, dass Wege sich trennen und an bestimmten Stellen grundlegend verschiedene Abzweigungen gewählt werden können, was aber den zeitweiligen Ver_Such einer gemeinsamen Be_Wegung nicht aufhebt, sondern lediglich ihre Prozesshaftigkeit und Instabilität deutlich macht. Der Text ist also Produkt der »AG Einleitung«, ohne dass Inhalte einzelnen Personen noch zuordenbar wären, dennoch übernehmen wir als Schreibende die Verantwortung für unsere letztendlich hier publizierten Formulierungen.

2. Was ist Feminismus?

In diesem Buch geben wir momentane, vorläufige, instabile, offene und empfindliche Antwortver_suche auf diese Frage: Feminismus ist für uns Dyke_Trans!

Rufst du jetzt »Ja, genau!«, und wolltest das auch schon immer so worten? Oder denkst du »Dyke_Trans? Nie gehört!«? Hast du auch, wie wir, schon länger ein Unwohlsein mit vielen Definitionen von Feminismus oder mit dem, was in der medialen Öffentlichkeit in Deutschland unter dem Begriff Feminismus hergestellt wird?

Ist Feminismus dir zu heteragendernd? Zu zweigegendert? Zu *weiß*? Zu biodeutsch? Zu körpernormierend? Zu bürgerlich? Zu sehr und unausgesprochen Allesmögliche und zugleich auch zu wenig? Zu wenig ausdifferenziert, zu wenig genau, zu wenig verbindend und verbündend und zu wenig unangepasst? Und/oder ist für dich queer auch keine Lösung und kein neuer Weg – zu ›männlich‹ (Typen-) dominiert und Macht entnennend in Bezug auf Sexismus dazu und deswegen noch viel weniger oder auch nicht passend?

Ist Feminismus für dich Widerstand und Aktionsmöglichkeit, Selbstempowerment, kreativer, solidarischer Austausch und Weiterdenken? Wenn nicht das Unwohlsein wäre, würdest du dich auf Feminismus beziehen wollen und können, auch wenn du 1000 Kompromisse eingehen musst? Bist du genervt, weil es dann doch wieder ›bloß‹ um Frauen geht und Dyke_Trans nicht vorkommen? Weil dann doch wieder Antisexismus mit ›Geschlechtergerechtigkeit‹ und Gender Mainstreaming in eins gesetzt oder verwechselt wird? Wenn Quotierungen als Förderung »weniger qualifizierter Frauen« missgedeutet wird? Und weil dann doch wieder

Machtverhältnisse in feministischen Zusammenschlüssen ent_thematisiert werden? Weil dann doch wieder privilegierte Femi_nistinnen Rassismus, Ableismus, Antisemitismus, Antiziganismus, Klassismus, Migratismus und was sonst noch alles kleinreden, re_produzieren, als nebensächlich labeln?

Für alle diese Einwände gibt es hier und für uns und gerade und überhaupt keine simplen und eindeutigen und zeit- und räume-übergreifenden Auf_Lösungen, jede Beschwichtigung würde Machtverhältnisse verleugnen. Aber dieser Text ist ein Ver_Such, trotz all dem doch noch etwas mit Feminismus anzufangen. Trotzdem und immer wieder und doch noch.

Wir formulieren in diesem Artikel eine Vorstellung von Dyke_Trans und entwerfen eine neue Feminismuskonzeptualisierung, bei der Sexismus analytisch ausdifferenziert wird. Teil davon ist eine Differenzierung zwischen sexistischen Diskriminierungsformen und Sexismus als Teil eines transdependenten Machtverhältnisses, wie wir es weiter unten ausführen. Aus der komplexen und ausdifferenzierten Konzeptualisierung von Sexismus haben wir als positiven Impuls die kollektive Selbstbenennung, Ver_Ortung und politische und erkenntnistheoretische Perspektive Dyke_Trans entwickelt – als Konsequenz aus einer Analyse, in der die verschiedenen, weiter unten ausdifferenzierten Strategien von Sexismus zusammen Dyke_Trans paradoxerweise als Nichtpositionierung schaffen. Feminismus ist für uns ein positives, empowerndes Konzept, Feminismus sind solidarische Zusammenschlüsse, die sich gegen interdependente Diskriminierungen richten. Feminismus ist das ver_Ant_WoOrtungsvolle Umgehen mit sich selbst und anderen Fem_inistinnen, die Suche nach und das Ausprobieren neuer Arbeits- und Denk- und Lebensformen, wie wir es auch mit dem kollektiven Arbeiten an diesem Buch versucht haben. Nur durch diese Form des kollektiven Arbeitens sind wir zu den Konzepten gelangt, die wir hier jetzt versuchen auszuformulieren. Es ist uns also ein stück weit etwas gelungen, etwas Neues, Aufregendes und auch Bedrohliches – der Versuch, sexistische Diskriminierungen differenziert zu formulieren und in empowernde Begrifflichkeiten umzusetzen – und ein Stück weit sind wir auch gescheitert – in Zusammenarbeiten, in Kommunikationen, deren Abbruch noch immer unverständlich ist.

Dyke_Trans ist Teil unserer kritischen Ver_Ortung[5]; unsere Idee von Fem_inismus beinhaltet für uns eine kontinuierliche Auseinandersetzung, Reflexion, ein fortwährendes Kämpfen gegen interdependente Diskriminierungsverhältnisse, wie es beispielsweise Rassismus und Sexismus sind. Wir sind mit dem Verfassen dieses Textes an dem Punkt, Sexismus und Rassismus als interdependente Diskriminierungsverhältnisse benennen zu können, d. h. aus Wissensproduktionen, Reflexionen, Handlungsweisen und Analysen zu verstehen, dass Sexismus und Rassismus als Diskriminierungen untrennbar miteinander verbunden sind und nur analytisch

---

[5]   Vgl. Alyosxa in diesem Band.

als getrennt benannt werden können. Das bedeutet für uns auch theoretisch ihre Transdependenz als Machtverhältnisse anzunehmen, sie als Teile eines umfassenden Konstituiert- und Bedingtseins von Seins- und Denkformen durch komplexe Machtverhältnisse aufzufassen.[6] Gegen Sexismus handeln wir dabei aus diskriminierter, gegen Rassismus aus privilegierter Positionierung. Darüber hinaus aber gibt es noch weitere Diskriminierungs-, bzw. auf dispositiver Ebene, Machtverhältnisse, die für unser Denken und Handeln von großer Wichtigkeit sind, über die wir uns bisher weniger ausführlich in widerständigen Wissenproduktionen informiert haben und die wir bisher weniger differenziert reflektiert haben, als dass wir sie an dem Punkt dieser Publikation ausdifferenziert genug be_nennen und inhaltlich füllen könnten – das ist auch für Sexismus und Rassismus in unserer Konzeptualisierung nie abschließbar und doch können wir hier zumindest ein Stück weit Analysen anstellen und theoretische Ansätze aufgreifen und (weiter)denken. Die weiteren Machtverhältnisse, die in unserem momentanen Kenntnisstand eine große Rolle spielen, sind Antisemitismus, Antiziganismus und Ableismus. Dies gilt für die zuvor angesprochene grundsätzliche Konstituiert- und Bedingtheit von momentanen gesellschaftlichen Verhältnissen und an den Orten, an denen wir uns in verschiedenen Dimensionen bewegen. Diese vollkommen vorläufige, sich immer im Prozess befindliche Einschätzung ist aus privilegierter Positionierung zu diesen letztgenannten Machtverhältnissen angestellt. Auch unsere Reflexionen zu Diskriminierungen über Migratismus[7], Klassismus und Religiosizismus[8] und ihre Relationen und Verwobenheiten, Konstitutionen und Bedingtheiten im Zusammengehen mit den zuvor genannten Machtverhältnissen versuchen wir, in ver_ant_wortungsvolle Handlungen umzusetzen – teils aus privilegierten, teils aus diskriminierten, teils aus ambivalenten Perspektiven. Dieses Nachdenken und die Handlungsimpulse, die wir daraus ableiten, sind ein ständiger und nie abschließbarer Prozess unseres Arbeitens und Selbstverständnisses. Diesen Prozess hier aufzuzeigen und deutlich zu machen, welche Konsequenzen dieser für unser Denken und unsere Theorieentwicklung hat, was dies für Analysen und feministische Handlungsweisen bedeuten kann, ist Anliegen des gesamten Buches. Unser Nachdenken ist dabei in keiner Weise und an keinem Punkt abgeschlossen, fertig, hermetisch. Wir wollen stattdessen zum Aus_Tausch und zu Kommunikationen einladen, neue Impulse geben und von den Les_serinnen bekommen und zum Nachdenken anregen und weiter angeregt werden: zu Transdependenzen, Feminismus, Positionierungen, Privilegierungen und Diskriminierungen, Sexismus, Ver_Ortungen, Handlungsweisen, Politiken, Machtverhältnissen, Selbstverständnissen, Normsetzungen und vielem mehr.

Mit jedem Punkt, den wir setzen, wissen wir, dass wir Verkürzungen vornehmen und Prozesse – punktuell zumindest – zu einem Stillstand bringen. Einem

---

[6] Zum Begriff ›Transdependenz‹, vgl. ab S. 38f.

[7] Vgl. Tudor 2010a.

[8] Vgl. Brunner 2010; Hornscheidt/Nduka-Agwu 2010.

Stillstand, der Weiterbewegen im Lesen ermöglichen soll, neue Fragen eröffnet, neue Handlungsperspektiven durch neue Analysewerkzeuge, neue Differenzierungen möglich macht. In Bezug auf die Macht- und Diskriminierungsverhältnisse, die uns als trans-/interdependent privilegiert positionieren, können wir uns lediglich in Bewegungen einem ›Kämpfen dagegen‹ annähern und erachten es als wichtig, Anti-Bewegungen von Diskriminierten nicht zu vereinnahmen. So können wir als rassistisch privilegiert positionierte Dyke_Trans lediglich contra_rassistisch handeln, wie wir dies in und durch frühere Publikationen, Seminare und Aktivitäten beispielsweise ver_sucht haben.[9] Deswegen liegt der Schwerpunkt unseres Buches auch analytisch auf Sexismus, den wir aus einer antisexistischen Ver_Ortung analysieren. Für die Machtverhältnisse, die uns als privilegiert positionieren, können wir lediglich contra_ver_ortetete Handlungsimpulse aus antiver_orteten Wissensbildungen ableiten, die jedoch nicht sekundär, sondern zentral für unsere Idee von Feminismus sind.[10]

In verschiedenen feministischen Publikationen[11] ist ein Fragment einer Rede von Barbara Smith überliefert, in dem Smith aus antirassistischer_antisexistischer Perspektive deutlich macht, warum Feminismus mehr als ein monolithisch verstandener Antisexismus ist:

The reason racism is a feminist issue is easily explained by the inherent definition of feminism. Feminism is the political theory and practice to free all women: women of color, working class women, poor women, physically challenged women, lesbians, old women, as well as white economically privileged heterosexual women. Anything less than this is not feminism [...].[12]

Wir übersetzen uns die antirassistische feministische Ver_Ortung, die in diesem Fragment deutlich wird, in eine contra_rassistische feministische Ver_Ortung, die für uns bedeutet, ein Kämpfen gegen Rassismus immer auch als einen grundlegenden Teil unseres Feminismusverständnisses zu verstehen. Gleichzeitig leiten wir auch die Aufgabe daraus ab, weitere interdependente Diskriminierungen und transdependente Machtverhältnisse zu reflektieren und in kritisch ver_ortete Kämpfe umzusetzen.

---

[9] Vgl. z. B. das »Rassismus auf gut deutsch«-Projekt von Lann und Adibeli Nduka-Agwu (2010) und die Artikel von Alyosxa, Evelyn und J.ay darin sowie Lehrveranstaltungen und Workshops zum Thema.

[10] Anti-Ver_Ortungen sind politische Kämpfe aus diskriminierter, Contra_Ver_Ortungen aus privilegierter Positionierung. Zur Unterscheidung von anti- und contra_, die nicht auf etymologisierenden Herstellungen basiert, vgl. Tudor 2010a und das Glossar in diesem Band; zu kritischer Ver_Ortung vgl. Alyosxas Artikel in diesem Band.

[11] Moraga/Anzaldúa 1981: 61; Weedon 1999: 152.

[12] Smith 1979/1980, zit. nach Moraga/Anzaldúa 1981: 61.

3. Was ist Sexismus?

Wie kann es sein, dass es noch immer möglich ist, in öffentlichen Situationen als Frauen hergestellte Personen über Aussehen, als Männer hergestellte Personen über Leistungen zu benennen, in Tageszeitungsartikeln noch immer ›Frauen‹ über die Anzahl ihrer Kinder und ›Männer‹ über ihre Berufe hergestellt werden? Dass ein Widerstand, sexistische Äußerungen witzig zu finden, als Humorlosigkeit benannt wird und Interventionen in sexistische Verhaltensweisen als hysterisch, verbohrt, lachhaft? Wie kann es sein, dass wir schon so lange in einer sexistischen Gesellschaft leben, uns professionell mit Sexismus beschäftigen und gegen Sexismus kämpfen und doch noch immer so fassungslos davorstehen, so wenige positive Selbstbe_nennungen erdenken konnten, so wenige Orte bilden konnten, die zudem auch immer wieder bedroht sind, so wenige Verlage, Cafés, Kulturveranstaltungen, Demonstrationen, Bildungseinrichtungen? Aus diesen Fassungslosigkeiten und immer wieder neuem Verzweifeln und Suchen sind unsere Überlegungen zu der Ausdifferenzierung von Sexismus entstanden, wie wir sie in diesem Teil des Artikels erläutern.

3.1 Realisierungsformen von Sexismus

Wir differenzieren analytisch verschiedene Realisierungsformen von Sexismus, die wir hier als Andro-, Zwei-, Hetera-, Repro-, Cis- und KategorialGenderung be_nennen. Ihre analytische Ausdifferenzierung, wie wir sie hier vorschlagen, ermöglicht eine differenzierte Auseinandersetzung mit sexistischen Strategien. Grundlage dieser Ausdifferenzierung ist die Annahme, dass Gender grundsätzlich konstruiert ist. Wir vollziehen eine Trennung zwischen sog. natürlichem und sozialem Gender nicht nach, sondern verstehen die Idee einer natürlichen Genderung als eine stark naturalisierte Form sozialer Genderung.[13] Genderung wird dabei über verschiedene Strategien realisiert. Diese Realisierung findet zugleich in unterschiedlichen Diskursen, durch unterschiedliche Akt_eurinnenpositionen, in unterschiedlichen Kontexten statt. Sowohl die Realisierungsformen als auch die unterschiedlichen ›Orte‹ ihrer Realisierung sind dabei komplex miteinander verbunden und hier lediglich analytisch ausdifferenziert. Die nachfolgenden Überlegungen basieren auf diesen grundsätzlichen Einschätzungen.

In unserem Arbeiten hat sich die differenzierte Be_Nennung unterschiedlicher, komplex miteinander verbundener Realisierungsformen von Sexismus als sinnvoll erwiesen, um die Komplexität von Sexismus nachvollziehbar, greifbar und dadurch auch angreifbarer zu machen. Die hier vorgeschlagene Ausdifferenzierung ist dabei gleichzeitig aber auch nur ein Schritt in einem ständigen Prozess der ana-

---

[13] Vgl. Butler 2008 [1990].

lytischen Differenzierung und des Weiterdenkens. Die verschiedenen, hier nacheinander vorgestellten Realisierungsformen sind nur analytisch trennbar und eng miteinander verknüpft, sie bedingen und konstituieren sich teilweise, verstärken sich und implizieren sich in konkreten, zu analysierenden Situationen gegenseitig. Wir verstehen die hier diskutierten Realisierungsformen weder als eine geschlossene Liste noch als erschöpfend; für uns ist die hier vorgenommene Differenzierung hilfreich, um eigene Handlungen/Interventionen/Aufassungen in Bezug auf Sexismus besser verstehen und reflektieren sowie verändern zu können. Nur durch diese Ausdifferenzierung ist uns die Vielschichtigkeit und Widersprüchlichkeit von Sexismus deutlich geworden, nur auf diese Weise sind wir zu einem Modell von struktureller diskursiver Diskriminierung und einem Dispositiv struktureller Machtverhältnisse gekommen, welches wiederum eine klarere Einschätzung von Handlungsmöglichkeiten und Politikformen ermöglicht. Die hier vorgeschlagene Ausdifferenzierung macht eine Reflexion der Teilhabe (z. B. von Hetera-Frauen) an der Re_Produktion von Sexismus bei einer gleichzeitigen Infragestellung und Intervention gegen Formen von Sexismus reflektier- und greifbar. Die Ausdifferenzierung bietet zudem auch eine Grundlage über Arbeitsformen und Zusammenarbeitsformen, Solidaritäten und Abgrenzungen differenziert nachzudenken. Auf der Grundlage dieser Ausdifferenzierung sind wir zur Formulierung von Dyke_Trans als kritischer antisexistischer empowernder Ver_Ortung gekommen. Im Folgenden versuchen wir, die einzelnen Realisierungsformen zu charakterisieren und Beispiele für ihre Realisierung zu geben. Wir beginnen die einzelnen Charakterisierungen mit Fragestellungen, die helfen sollen, die analytische Dimension der jeweiligen Realisierungsform von Sexismus zu verdeutlichen. Die einzelnen Vorstellungen werden mit konkreten Ideen dazu, was eine Analyse dieser konkreten Realisierungsform von Sexismus bringen kann, abgeschlossen. Diese Ideen sind Sammlungen von Forschungsfragen, die in Analysen untersucht werden könnten.

3.1.1 ZweiGenderung

Mögliche Fragestellungen, auf die ZweiGenderung als Realisierungsform von Sexismus ein analytischer Ansatzpunkt für ein Weiterdenken sein kann, sind beispielsweise:

- Warum können wir vergessen, wie eine Person heißt, in welchem Jahr sie geboren ist, welchen Beruf sie ausübt, wo sie aufgewachsen ist, nicht aber ob es in der konventionalisierten Konzeptualisierung eine Frau oder ein Mann ist?
- Warum haben die meisten Menschen in unseren momentanen größeren regionalen Kontexten und Lebensorten einen ungeheuren Zwang, Personen nach einem Modell von ZweiGenderung einordnen zu können, sind verwirrt von konventionalisiert uneindeutigem Auftreten, Namen und versuchen, unbedingt eine Eindeutigkeit ihrer Wahrnehmung zu erreichen?
- Warum gibt es noch immer Psychoanalyse mit ihren Vorstellungen von Penisneid, Eifersucht auf die Mutter, Bisexualität, ZweiGenderung…?

20

In und durch ZweiGenderung[14] wird diskursiv eine Unterscheidung zwischen typisierten und frauisierten Positionierungen und Personen/gruppen hergestellt und diese Unterscheidung zugleich als selbstverständlich, natürlich, unhinterfrag- und unhintergehbar und objektiv gesetzt. Wir verwenden die Begrifflichkeit typisiert und frauisiert, um den diskursiven und prozessualen Herstellungscharakter dieser sozialen Positionierungen explizit zu machen. Die Be_Nennung ›typisiert‹ ersetzt die konventionalisierte Be_Nennung ›Mann‹, ›frauisiert‹ ersetzt die konventionalisierte Be_Nennung ›Frau‹. ZweiGenderung basiert auf der Annahme, dass es zwei und genau zwei Gender gibt, weiblich und männlich, denen Personen, Handlungen, Eigenschaften eindeutig zugeordnet werden können und die sich in Liebes- und Lebens- sowie in Sexbeziehungen ›natürlicherweise‹ auf einander beziehen (HE-TERAGENDERUNG[15]). Die ZweiGenderung wird in unterschiedlichen Diskursen und zu unterschiedlichen Zeiten verschieden begründet: mal als biologisch, was auch wiederum verschieden definiert wird (über Gene, Hormone, Gehirngrößen, Emotionalität, körperliche Zuschreibungen und vieles mehr) und unseres Erachtens eine soziale Konstruktion von Natürlichkeit darstellt, mal als sozial (über Genderrollen und Genderrollenzuschreibungen) und auf dieser Ebene dann konstruiert. Häufig finden sich auch Mischungen dieser verschiedenen Begründungsformen, die beispielsweise von einer mit der Geburt gegebenen natürlichen Genderung ausgehen, die dann im weiteren Lebensverlauf durch Genderrollen überformt wird, die herausgefordert und unterschiedlich performt sein können. Wo und ob genau die Grenze zwischen ›natürlichem Geschlecht‹ und sozialer Konstruktion gezogen wird, ist unterschiedlich – bis hin zu der These, dass es gar keine natürliche Genderung gibt, sondern auch die Annahme der Natürlichkeit ein soziales Konstrukt ist. Dass Personen aber ganz grundsätzlich und durchgängig gegendert sind und einem von zwei Gendern angehören, kann immer noch unhintergehbar sein, in dieser wie auch in gesamtgesellschaftlichen Vorstellungen (KATEGORIALGENDERUNG).

ZweiGenderung als Realisierungsform von Sexismus ent_normalisiert jegliche Vorstellungsmöglichkeit, die nicht diese dichotome Kategorisierung bestätigen würde. Politische Kämpfe gegen ZweiGenderung sind weiterhin wenig öffentlich wahrnehmbar und diskursiv marginalisiert wie z. B. Interventionen aus Intersex(uellen)-Bewegungen. Intersexualität in der Selbstbenennung des Bundesverbands Intersexueller Menschen e. V. beispielsweise stellt die Idee einer exklusiven ZweiGenderung in Frage. Der Verband kämpft momentan verstärkt für einen Antrag, der in den deutschen Bundestag eingebracht werden soll und mit dem der staatlich reglementierte Zwang einer Zu_Ordnung zu einem von zwei Gendern

---

[14] Vgl. »binary relation«, »binary opposition« (Butler 2008: 26); »Geschlechterbinarität« (Engel 2002: 48ff).

[15] Begriffe in Kapitälchen werden in diesem und den folgenden Texten als Verweis auf eine bestimmte Realisierungsform von Sexismus verwendet. Pfeile verweisen auf Einträge im Glossar.

verändert werden soll. ZweiGenderung in der dominanten Vorkommensform ent_
normalisiert Intersex(ualität), wie es in der Selbstdefinition des Bundesverbands
gefasst wird und gerade die eindeutige Zu_Ordnung zu einem von zwei Gendern
herausfordert. Medizinisch-pathologisierende Auffassungen zu Intersexualität
hingegen versuchen häufig, Intersex(uelle) Personen machtvoll in ein System von
ZweiGenderung einzupassen – und können dies mit diskriminierenden Effekten
für intersex(uelle) Personen staatlich reglementiert tun.

Wichtig für eine Analyse von ZweiGenderung als Realisierungsform von
Sexismus ist es, zu betrachten, in welchen Kontexten, Genres, Diskursen und
von welchen Sprechpositionen aus ZweiGenderung als Normalannahme vertreten, vorausgesetzt und immer wieder re_produziert wird. Auch wenn es kultur-
wissenschaftlich-philosophisch begründet eine starke konstruktivistische Rich-
tung gibt, die die grundsätzliche Konstruktion von Gender und damit auch von
ZweiGenderung postuliert und deren für uns prominenteste Vertre_terin Judith
Butler ist, spielt die Annahme der Vorgängigkeit und Selbstverständlichkeit von
ZweiGenderung in Alltagspraxen weiterhin eine immens große Rolle, wie alle
bisherigen Beispiele dieses Artikels verdeutlichen – auch für das Leben der Personen, die von der grundsätzlichen Konstruktion von Genderung ausgehen und
diese also mehr grundsätzlich infragestellen: Es gibt beispielsweise momentan in
Deutschland keine Möglichkeit, sich jenseits von ZweiGenderung – jenseits von
Genderung (KATEGORIALGENDERUNG) – in Ausweispapieren und damit rechtlicher
Legitimierung zu positionieren, keine Möglichkeit, Räume jenseits von ZweiGenderung in öffentlichen Einrichtungen einzufordern, als Umkleiden in Schwimm-
bädern, öffentlichen Toiletten, Buchungen von Flugtickets und vielem mehr. Und
auch die Ver_Suche hegemoniale Genderzuschreibungen herauszufordern und
abzulehnen, sie zu überschreiten, arbeiten häufig, und häufig zwangsmäßig, mit
ZweiGenderung als Modell, indem der Wechsel von einer Genderkategorie in
eine andere angestrebt wird (CISGENDERUNG).[16] Hier zeigt sich die Repression und
machtvolle Zurichtung durch Institutionen wie Recht und Medizin in einer Gesellschaft, die ihr gesamtes Recht- und Normsystem auf ZweiGenderung aufbaut
und dies auch immer wieder re_produziert. Auf diese Weise sind die Möglichkeiten zu Interventionen in ZweiGenderung auf einer öffentlich-rechtlichen Ebene
stark reglementiert und befinden sich erst am Beginn.

Mit einer Be_Nennung von ZweiGenderung als einer Realisierungsform von
Sexismus neben weiteren wird somit auch analysierbar, auf welchen Ebenen welche Formen von Sexismus wirksam werden und welche Effekte sie jeweils haben.
ZweiGenderung ist nach dem Modell des Entweder-Oder organisiert, entweder
weiblich oder männlich, und realisiert sich entsprechend exklusiv: Zugehörigkeiten und Ver_Ortungen werden eindeutig zugeschrieben und zugeteilt und Personen

---

[16] Vgl. auch »Female Masculinity« (1998) von Judith Jack Halberstam als Konzept, das auf
       einer sex/Gender-Trennung beruht und ZweiGenderung re_produziert.

werden diesem System von ZweiGenderung unterworfen und formen es gleichzeitig, unterwerfen sich diesem als Teil ihrer Sozialisation selbst und bestätigen
es damit als einzig möglichen Vorstellungsrahmen in unterschiedlichen Weisen.
Nichteinpassungen werden pathologisiert oder ent_wahrgenommen.

Sprachliche Realisierungen von ZweiGenderung auf der Ebene personaler Be_
Nennungen sind Anreden wie »Sehr geehrte Damen und Herren«, »liebe Mädchen
und Jungen«, sprachliche Zuordnungen und Einteilungen von Personen in diese
beiden Kategorisierungen wie die Be_Nennung ›Ärztinnen und Ärzte‹. ZweiGenderung realisiert sich sprachlich dabei häufig in einer Pseudosymmetrisierung dieser beiden gegenderten Gruppen, wie es in der Gleichstellung bzw. Nebeneinan-
derstellung in obigen Beispielen der Fall ist und von uns als eine weitere Form von
Sexismus analysiert und kritisiert wird, die wir AndroGenderung nennen. Unter
Herstellungsprozesse von ZweiGenderung fallen auch Ideen von Bisexualität[17]
sowie Zuschreibungen, Dykes seien maskuline Frauen oder Be_Nennungen wie
›androgyn‹, die doch wieder klar erkennbare zweigegenderte Ausdrucksweisen
bzw. ein Zusammenspiel von zweigegenderten Teilaspekten zu Grunde legen. Für
uns ist diese scheinbare ›Lesbarkeit‹ von Männlichkeit oder Weiblichkeit bzw. von
den Vermischungen, die beides aufrufen, schon sexistisch und beruht zudem auf
Re_Produktionen von *weißen*_christlichen_westlichen Gendernormen.

Eine Fokussierung auf ZweiGenderung als sexistischer Realisierungsform
kann die gesellschaftlichen Ausschlüsse aus einem konzeptuellen Modell von
ZweiGenderung analysieren: Welche Personengruppen und Zu_Schreibungen zu
Ver_Ortungen fallen aus einer Vorstellung von ZweiGenderung als gegebenem
Rahmen heraus?

Mit einer Analyse von ZweiGenderung könnte beispielsweise auch untersucht werden, wo es Räume und Konzepte jenseits dieses Modells gibt: Welche
Sprechmöglichkeiten gibt es, die nicht ZweiGenderung re_produzieren, und in
welchen gesellschaftlichen Bereichen kommen diese vor? Welche hegemonialen
Zu_Schreibungen von NichtzweiGenderung finden in welchen Diskursen statt und
welche Bewertungen und Vorstellungen gehen damit einher? Welche Diskurse re-
produzieren ZweiGenderung und/oder setzen sie voraus und wo gibt es Interventionsmöglichkeiten in ZweiGenderung?

3.1.2 AndroGenderung

Mögliche Fragestellungen, auf die AndroGenderung als Realisierungsform von
Sexismus ein analytischer Ansatzpunkt für ein Weiterdenken sein kann, sind beispielsweise:

---

[17] Hiermit meinen wir sowohl die Freud'sche Idee von Bisexualität, die davon ausgeht, in
jedem Individuum lägen männliche und weibliche Anteile, wie auch ein Verständnis von
Bisexualität, das über die Konstruktion von sexuellem Begehren zwei (und genau zwei)
Genderkategorien re_produziert und bestätigt.

- Warum wird Homosexualität in der Öffentlichkeit als eine monolithische Form von Diskriminierung verhandelt, in der Sexismus, die Diskriminierung von Frauisierten, keine Rolle zu spielen scheint, und Schwule als Prototyp von Homosexualität immer wieder hergestellt werden?
- Warum haben westliche Schwule eigene Strände (nicht unbedingt nur in der westlichen Welt), eine fette Infrastruktur, weltweite riesige Events und ein großes speziell schwules Medien-, Sport- und Kunstangebot? Woher haben sie das Geld und die (zeitlichen, finanziellen, psychischen) Ressourcen dafür, durch die Welt zu reisen, wann immer sie wollen auf Partys und in Saunen zu gehen, Muskelberge aufzubauen (und entsprechend viel zu essen), Massenevents zu veranstalten, schwule Filme zu machen, Bücher zu publizieren, Kunst zu produzieren, Medienorgane zu betreiben? Warum hat die Schwulenberatung um ein Vielfaches mehr Geld als die Lesbenberatung? Warum gehen Dyke_Trans noch auf den (transgenialen) CSD? Und warum hat das eigentlich mit dem Dyke Trans March nicht geklappt?[18]
- Warum gibt es in westlichen Vorstellungen strikte Körperideale, die eine Gendergruppe als zierlich, klein, schwach, zurückgenommen und dünn, die andere als muskulös, groß, stark, Raum einnehmend und kräftig herstellen, sowie unzählige Körperpraktiken, die genau dieses Ideal re_produzieren und bestätigen, bzw. maßregelnde Verfahren, um ein Nichtpassen passend zu machen oder auszuschließen (ZweiGenderung)?
- Warum hält sich die Vorstellung so hartnäckig, dass es genderbedingte Unterschiede in Können, Leistung, ›Voraussetzung‹ (z. B. sog. ›Talent‹) und Fähigkeit gibt, sowohl in als ›körperlich‹ als auch in als ›mental‹ gelabelten Gebieten?
- Warum geht es so oft einfach nur um Typen? Und warum wird diese Typenzentrierung so erfolgreich als neutral konstruiert, dass ein durchgängiges Dekonstruieren sogar für Fem_inistinnen nicht immer möglich ist?

AndroGenderung ist die Normsetzung und Universalisierung männlich konstruierter, d. h. in unserer Begrifflichkeit typisierter Positionierungen und Vorstellungen als allgemeinmenschlich. AndroGenderung setzt ZweiGenderung voraus, präsupponiert ZweiGenderung also – AndroGenderung ist die Realisierung einer männlichen, in unserer Begrifflichkeit also typisierten Form, Subjektivierung, Auffassung und Wahrnehmung als neutral, als prototypisch für Menschsein insgesamt. Sprachlich realisiert ist AndroGenderung u. a. in personalen Appellationen, in denen eine konventionalisiert genderspezifizierend männlich appellierende Form als allgemeinmenschliche Anrede, d. h. Appellationsform, verwendet wird. Wenn also unter der Form ›Ärzte‹ Personen jedweder ZweiGenderung gefasst werden, handelt es sich um eine AndroGenderung der Konzeptualisierung, die mit dieser Form verbunden und ausgedrückt wird. Zahlreiche Perzeptionsstudien (Studien

---

[18] 2006 und 2007 gab es in Berlin jeweils einen Dyke Trans March und obwohl die Begrifflichkeiten nicht genau auf die selbe Weise benutzt wurden, wie wir es hier tun, ist diese Bewegung, die u. a. gegen ›Sexismus und Transphobie‹ in queeren/homosexuellen Kontexten gerichtet war, ein Teil unserer Genealogisierungen.

dazu, wie Menschen Sprachformen wahrnehmen, was sie damit inhaltlich verbinden) dazu, wie sprachliche Benennungen Vorstellungen prägen, zeigen, dass
diese konventionalisiert männlichen Appellationsformen auch Vorstellungen von
Männlichkeit bei den Kommunizierenden aufrufen.[19] Die Argumentation also, dass
diese personalen Appellationsformen neutral seien, ›Frauen‹ und ›Männer‹ meinen
würden, re_produziert nicht nur ZweiGenderung, sondern auch AndroGenderung
– also die Konstruktion und hierarchisierende Privilegierung von ›Männern‹ gegenüber ›Frauen‹. Weitere sprachliche Be_Nennungsindizien für AndroGenderung
sind die sprachliche Gleichsetzung der Formen Mann und Mensch, wie beispielsweise in Phrasen wie »alle Mann hoch«, »alle Mann an Bord«, in Indefinitprono-
mina wie »man«, »niemand«, in Frageformen wie »wer«, die eine Beantwortung
mit konventionalisiert männlichen Formen (»er«, »jeder, der«) nach sich ziehen.
Weitere Beispiele sind androzentrisierende, aber als neutral hergestellte Diskursivierungen von Geschichtsschreibungen, in denen ›Männer‹ weiterhin entnannter
Teil der »allgemeinen« Geschichtsschreibung sind, Frauen jedoch Teil einer spezifischen »Frauengeschichtsschreibung«.

In sog. feministischen Diskursen findet häufig eine ausschließliche Fokussierung auf AndroGenderung als Realisierungsform von Sexismus statt. Auf diese
Weise wird gleichzeitig auch fortlaufend die Annahme von ZweiGenderung re_pro-
duziert, wenn in den politischen Kämpfen gegen AndroGenderung Gleichstellung
von Typisierten und Frauisierten als Lösungsvorschlag gemacht wird. Dies ist beispielsweise der Fall, wenn sprachliche Veränderungsvorschläge gemacht werden,
in der Doppelnennungen wie »Leser und Leserinnen« oder Binnen-I wie »LeserInnen« als Lösungen für sprachlichen Sexismus gegen sog. generische Maskulina
(»Leser«) vorgeschlagen werden. Durch Doppelformen und Binnen-I wird Zwei-
Genderung jedoch gleichzeitig auch normalisiert und nicht in Frage gestellt. D. h.,
wenn Sexismus mit AndroGenderung gleichgesetzt wird, wie dies häufig der Fall
ist, wird ZweiGenderung als Lösung des Problems und als Ideal hergestellt. Wie wir
weiter oben ausgeführt haben, ist in unserer Auffassung zu Sexismus jedoch Zwei-
Genderung selbst auch eine Realisierungsform von Sexismus. Das bedeutet, dass
ein Intervenieren in AndroGenderung in der hier vorgestellten Art auf der Ebene
von Sprachhandlungen beispielsweise eine Intervention in eine Realisierungsform
von Sexismus ist, die selbst aber auch wieder, wird auf diese Art in sie intervmeniert,
sexistische Effekte haben kann. Hier zeigt sich für uns die komplexe Realisierung
von Sexismus und die große Herausforderung, die ein Kämpfen gegen Sexismus
ist. Durch die Re_Produktion von ZweiGenderung in den sprachlichen Interventi-
onsstrategien Binnen-I und Doppelformen werden Dyke_Trans ent_erwähnt[20], bzw.
ist es durch eine Re_Produktion dieser Formen gar nicht möglich, Dyke_Trans zu
denken. Dieser Prozess und die fortwährende Konstruktion, in der in hegemonialen

---

[19] Vgl. Hornscheidt 2008a; Kusterle 2011 (im Erscheinen) in dieser Reihe.
[20] Zum Konzept der Ent_Erwähnung vgl. Lockward 2010.

Diskursen Sexismus lediglich auf Frauisierung bezogen wird, verfestigt die Sedi-mentierung zu dem transdependenten sexistischen Dispositiv, welches Dyke_Trans als Abjekt un_wortbar, undenkbar und auf diskursiver Ebene implizit zu der diskri-minierten Positionierung in Bezug auf Sexismus macht.[21] Die Re_Produktion eines Mythos von Strategien gegen Sexismus, die lediglich Frauisierung als monolithisch fokussieren, wirkt dadurch auf eine ent_nannte, machtvolle Art selbst sexistisch. Hier zeigt sich bereits die enge Verbindung zwischen ZweiGenderung und Andro-Genderung, die wir analytisch dennoch zu differenzieren versuchen, um dann an konkreten Beispielen deutlich zu machen, wie sie zusammenwirken. Die Annahme von ZweiGenderung bildet zugleich die Voraussetzung für AndroGenderungen, wie wir weiter oben dargestellt haben.

AndroGenderung ist eine grundlegende sexistische Strategie der Herstellung von Privilegierung in Bezug auf Sexismus – die Konstruktion von Typisierten (Ty-pen) als privilegierter sozialer Positionierung. AndroGenderung wirkt durch und ist getragen von Prozessen der Naturalisierung und Biologisierung von Typisierten (und auch Frauisierten), aber ebenso durch die Zementierung(en) von Kategorial-Gendernormativität, HeteraGendernormativität, ZweiGendernormativität und Cis-Gendernormativität. Das Regime der AndroGenderung wurde vielfach von Feminis-tin_nen als Sexismus be_nannt, kritisiert und angegriffen[22] und verändert seine Re-alisierungsformen, rhetorischen und argumentativen Strategien, seine diskursiven Verstetigungen etc. stetig, ohne dabei an sexistischer Wirkmächtigkeit zu verlieren.

AndroGenderung ist weiterhin auch die gesellschaftliche Realisierungsform, die Cis-Männlichkeit als gesellschaftliche Norm herstellt. Letztere ist durch wei-tere Konstruktionsprozesse gleichzeitig hegemonial im deutschen Kontext immer auch als weiß_nichtjüdisch_befähigt konstruiert und in ihrer Normalisierung ent_ nannt (CisGENDERUNG).

Eine mögliche Forschungsfrage, die AndroGenderung fokussiert, wäre es zu untersuchen, in welchen Diskursen ZweiGenderung und AndroGenderung kom-plementär sind und in welchen Diskursen AndroGenderung primär realisiert wird. Wann und wo wird beispielsweise eine Norm von allgemeiner Menschlichkeit als männlich re_produziert?

Weitergehend könnte mit Hilfe einer analytischen Fokussierung auf Andro-Genderung untersucht werden, ob und wie androgendernde Vorstellungen in unter-schiedlichen Diskursbereichen realisiert werden.

3.1.3 HeteraGenderung

Mögliche Fragestellungen, für die HeteraGenderung als Realisierungsform von Sexismus ein analytischer Ansatzpunkt für ein Weiterdenken sein kann, sind bei-spielsweise:

---

[21] Zu dieser komplexen Konzeptualisierung vgl. ausführlicher ab S. 41 u. 49.

[22] Vgl. für eine auf sprachliche Handlungen fokussierte Kritik z. B. Pusch 1984.

- Warum ist es bei westlichen staatlichen offiziellen Anlässen aber auch in vielen privaten Kontexten wie Hochzeiten noch immer so, dass abwechselnd ›Frauen‹ und ›Männer‹ an Tischen platziert werden?
- Warum gibt es überhaupt Hochzeiten, Eheschließungen zwischen genau zwei Personen? Warum favorisieren Erbschafts-, Steuer- und Asylrecht institutionalisierte Paarverhältnisse? Warum geben sogar manche Lesben ›ledig‹ als persönliches Merkmal bei Bewerbungen an?
- Warum gibt es eine so häufige öffentliche Meinung, dass Kinder Mutter und Vater brauchen (REPROGENDERUNG) und nicht genausogut mit zwei oder drei ›Müttern‹ (REPROGENDERUNG), femin_istischen großen Freu_ndinnen oder anderen Bezugspersonen aufwachsen können?
- Warum haben in westlichen Kontexten Lesben, Dykes, Trans, Dyke_Trans etc. ein ›Coming-Out‹, während Heteras oder Cis-Frauen (CISGENDERUNG) das nicht haben (müssen)?
- Warum wird als Mädchen konstruierten Kindern meist selbstverständlich suggeriert, sie würden später Ehefrauen und Mütter (REPROGENDERUNG)?

HeteraGenderung ist die HeteraGendernorm(alis)ierung Frauisierter. Die sexistische Strategie von HeteraGenderung stellt eine Differenzierung zwischen über HeteraGenderung privilegierten Frauen und z. B. Lesben als sozialen Positionierungen her. Wir verwenden die Begrifflichkeit HeteraGenderung und nicht Heterasexualisierung oder Heterasexualität, da wir HeteraGenderung als eine Realisierungsform von Sexismus verstehen. Die Begrifflichkeit Heterasexualität ist in unserer Konzeptualisierung ebenso irreführend wie auch die Begrifflichkeit Sexismus (die wir jedoch strategisch beibehalten), da beide auf verschiedene Arten als eine Gleichsetzung von Sexualität und Gender implizierend gelesen werden könnten. Unser Verständnis von Sexismus wäre deswegen eher als ›Genderismus‹ zu be_nennen. In unserer Analyse ist Sexualität ein gesellschaftliches Feld, auf dem ein interdependent verstandener Sexismus realisiert wird. Sexualität ist damit in unserer Analyse keine Diskriminierungsform, sondern ein Feld, auf dem und durch das strukturelle Diskriminierungen realisiert und re_produziert werden.[23] Heteranormativität kann entsprechend in unserer Analyse nicht unabhängig von Sexismus analysiert werden, sondern ist eine Realisierungsform von Sexismus. Studien und andere Politiken, die Heteranormativität jenseits von Sexismus betrachten und zur Grundlage von Politiken nehmen, können damit selbst auch wiederum sexistische Effekte produzieren.[24]

---

[23] Diese Differenzierung wird bei Tudor 2012 weiter ausformuliert.

[24] Wir verstehen HeteraGenderung als eine Realisierungsform von Sexismus und differenzieren damit Heteronormativität weiter aus. Für letzteres Konzept siehe den Sammelband von Hartmann et al. 2007, der eine gute Einführung in konstruktivistische Ansätze zu Heteronormativität liefert. Zugleich aber wird in genau diesem Band deutlich, dass eine Fokussierung auf Heteronormativität zu Weg_Nennungen von Sexismus führen kann und die spezifische Realisierungsform von Sexismus über Heteragenderung entwahrge-

HeteraGenderung impliziert in hegemonialen Diskursen häufig repro- und paarnormative Vorstellungen, wie die Fragen zu Eingang dieses Abschnitts verdeutlichen sollen. Auf diese Weise werden auch bestimmte Vorstellungen zu sexuellen Praktiken als zentrale Bestandteile von Genderung naturalisiert. Ein subsumierendes hegemoniales Diskursivieren von heteragegenderten Frauen und von Lesben unter den Begriff ›Frauen‹ ent_erwähnt z. B. lesbisierte Positionierungen. Umgekehrt ist die frequente Verwendung von ›Frauen‹ in hegemonialen Diskursen häufig eine Ineinssetzung von Hetisierten mit Frauisierten, so dass z. B. lesbisierte und Dyke_Trans ver_ortete Personen ent_erwähnt werden. In dieser Weise wirkt HeteraGenderung sexistisch auf z. B. Lesbisierte sowie Dyke_Trans.

HeteraGenderung kann in zahlreiche Strategien ausdifferenziert werden, die zusammen HeteraGenderung realisieren. Eine wichtige Strategie von HeteraGenderung ist Repronormativität, die im aktuellen deutschen Kontext ein starkes Element von HeteraGenderung ausmacht (REPROGENDERUNG). Dazu gehört beispielsweise die frequente und häufig implizite Gleichsetzung von ›Frauen‹ mit ›Müttern‹ oder die Normalitätsannahme von biologisierten Familienvorstellungen als wichtigem Bezugsrahmen sozialer Verortungen. Lesben, insofern sie Kategorial- und Cisgendernormen entsprechen und erfüllen (und oft auch heteroid leben), sind andro_heterasexistisch diskriminiert und Heten, die Kategorial-, Cis- und HeteraGendernormen entsprechen und erfüllen, sind andro_sexistisch diskriminiert und beide kollektiven Positionierungen diskriminieren gleichzeitig Dyke_Trans sexistisch, da sie beide auch Nutznießerinnen eines gegen Dyke-Trans gerichteten Sexismus über die eindeutig angenommene Zuschreibung von ›Weiblichkeit‹ und/oder HeteraLeben sind. Diese beiden teil-sexistisch diskriminierten Positionierungen profitieren also von ihrer Frauisierung (wenn auch nur in Relation zu Dyke_Trans und nicht zu Typen), während Dyke_Trans sich der Frauisierung widersetzen und weder in Bezug auf Zwei- noch auf KategorialGenderung intelligibel sind – jedoch dennoch ständig auch auf verschiedenen Ebenen und mit verschiedenen Strategien zwangsfrauisiert werden.

Eine weitere Strategie von HeteraGenderung ist Paarnormativität, die ihrerseits in HeteraGenderung wiederum ZweiGenderung voraussetzt und machtvoll re_produziert. Wird HeteraGenderung realisiert, wird also gleichzeitig immer auch ZweiGenderung realisiert; diese beiden sexistischen Strategien sind an diesem Punkt also eng miteinander verbunden und bekräftigen sich gegenseitig.

In Diskursen, die auf die ›Gleichstellung‹ von ›Frauen‹ und ›Männern‹ abzielen, wird das asymmetrische Diskriminierungsverhältnis zwischen diesen beiden sozial konstruierten Gruppen entnannt und auf diese Weise die Fiktion einer möglichen Gleichsetzung und -stellung suggeriert, die sich dann u. a. auch in der

---

nommen wird. An vielen Ansätzen zu Heteronormativität lässt sich zudem auch eine AndroGenderung bzw. die fehlende Analyse von Diskriminierung über AndroGenderung kritisieren.

hegemonialen Vorstellung ›gleichberechtigter‹ heterosexueller Paarverhältnisse und ›Liebes‹-Beziehungen in unzähligen Diskursen realisiert. HeteraGenderung in einer paarnormativen Form wird als eine Grunddaseinsform kontinuierlich diskursiv hergestellt, rechtlich abgesichert und auch durch Diskurse, die vordergründig Problematiken im Zusammenleben und -kommunizieren zwischen Typisierten und Frauisierten postulieren (»du kannst mich einfach nicht verstehen«, »Wie Frauen denken« etc.), kontinuierlich bekräftigt. Die häufig zu findende Herstellung von zwischenmenschlichen Kommunikationsproblemen zwischen Frauisierten und Typisierten in Kommunikationsratgeberliteratur, TV-Shows, Witzen und Privatgesprächen naturalisiert ZweiGenderung und HeteraGenderung, setzt sie voraus und macht sie in ihren machtvollen Formen Sexismus zu re_produzieren ent_wahrnehmbar. Eine häufig damit verbundene Strategie von AndroGenderung ist die zu Grunde liegende Annahme einer Machtgleichheit zwischen Frauisierten und Typisierten. Strukturelle, gesellschaftlich geschaffene und getragene Machtasymmetrien und die machtvollen Positionierungen durch Sexismus werden auf diese Weise ent_wahrgenommen. Wahrgenommene Kommunikationsprobleme beispielsweise sind auf diese Weise ›natürliche‹ Konsequenzen einer ›natürlichen‹ Unterschiedlichkeit von Frauisierten und Typisierten, die nicht auf ihre unterschiedlichen Positionierungen in Bezug auf Sexismus hinterfragbar sind.

3.1.4 ReproGenderung

Mögliche Fragestellungen, für die ReproGenderung als Realisierungsform von Sexismus ein analytischer Ansatzpunkt für ein Weiterdenken sein kann, sind beispielsweise:

- Warum wird die emotionale und soziale selbstgewählte Beziehungsform zwischen zwei oder mehreren Menschen ebenso als »Liebe« bezeichnet wie das vertikale Abhängigkeitsverhältnis zwischen Kindern und ihren Erziehungsberechtigten?
- Warum gilt es als ›Frauenförderungsmaßnahme‹ Kita-Plätze einzurichten?
- Warum ist gesellschaftliche Anerkennung so tendenziös verteilt? Es gilt z. B. als besonders zu würdigende Lebensleistung und Anstrengung, Karriere und ›Familie‹ (Kinder großziehen, Ehemann bekochen etc.) unter einen Hut zu bringen (HETERAGENDERUNG). Aber es zählt nicht, Energie und (zeitliche, finanzielle und psychische) Ressourcen in politische Aktivitäten (auf Demos gehen, Solipartys veranstalten, Dyke_Trans-Projekte umsetzen, feministische Texte schreiben etc.), Freundi_nnenschaften und sozial-politische Netzwerke sowie in die Produktion feministischen Wissens zu stecken.
- Warum ist es eine normalisierte unhinterfragte Vorstellung, dass Sex zu Schwangerschaft führt? Warum ist Abtreibung ein femini_stisches Thema?
- Warum wird in Alltagsgesprächen häufig Aussehens-, Charakter- und andere Ähnlichkeiten zwischen Personen, die einer ›Familie‹ zugerechnet werden und ›Abstammungsvorstellungen‹ über Generationen hergestellt und als selbstverständlich erklärt?

ReproGenderung stellt Frauisierte grundsätzlich und nahezu durchgängig als (potentielle) Mütter her und konstruiert damit Frauisierung über Mutterisierung. ReproGenderung ist dabei eng mit den anderen Realisierungsformen von Sexismus verbunden und naturalisiert, biologisiert und familisiert soziale Netzwerke und bestätigt diese juristisch sowie moralisch als Norm und re_produziert sie ständig. Insbesondere Frauisierte werden in einer asymmetrischen Relation innerhalb von ZweiGenderungsnormen über Reproduktionstätigkeiten und -fähigkeiten hergestellt – als Mütter, als kinderlos, als »doppelt belastet« durch Haushalt/Kinder und Berufstätigkeit, als verantwortlich für familiären Zusammenhalt, der in der Regel heteragegendert ist. Repronormativität wird von der Annahme getragen und re_produziert diese zugleich, dass jede Person genau zwei direkte, hetera_zweigegenderte Elternteile habe und sich der Verlauf einer so konstruierten Linie theoretisch unendlich zurückverfolgen ließe. Vorstellungen und Begriffe wie ›gebärfähiges Alter‹, ›Fortpflanzung‹, ›Empfängnisunfähigkeit‹, ›Gebärmutter‹, ›kinderlose Frauen‹, ›Wechseljahre‹ stellen biologisierte Re_Produktion und darauf ausgerichtete Körperlichkeit als Norm und Normalität her, als gesellschaftlich verantwortungsvoll sowie individuelles Glück verheißend. Frauisierte werden (körperlich, psychisch und sozial) pathologisiert, wenn sie keine Kinder haben, d. h. ›erfolgreiche‹, ›gesunde‹ Frauisierung realisiert sich zentral auch über ReproGenderung. Dass es ›kinderlos‹ als konventionalisiert gängigen Begriff gibt, jedoch nicht ›haustierlos‹, ›freun_dinnenlos‹, ›politgruppenlos‹, ›feminismuslos‹ zeigt, dass eine Lebensweise mit (Bio-)Kindern diskursiv als selbstverständlich und eine Lebensweise ohne als Ausnahme (z. B. als Versagen, soziale Verantwortungslosigkeit, Unglück, biologisches tragisches Schicksal) hergestellt ist. Durch die in westlichen Kontexten verbreiteten Vorstellungen von ›Familienähnlichkeit‹, ›Familienangehörigen‹, ›Mutterliebe‹, ›familiärer Herkunft/Tradition‹, ›Vorfahrin_nen‹ etc. werden Lebensweisen mit Kindern biologisiert. Sie sind untrennbar von Genderungen, d. h. naturalisierte Re_Produktion wird als Gender_Norm vorausgesetzt und regelt mögliche Genderungen und ist grundlegende Annahme für soziale Bezüge.

Eine solche Normalvorstellung zeigt sich auch in »othernder« Sonderbehandlung von Personen, die über die gesellschaftliche Konstruktion der Adoption in familisierte Zusammenhänge gelangen. Begrifflich und in Diskursen fallen sprachliche Darstellungen von Sex und der Herstellung von Kindern häufig in eins und machen eine wichtige Trennung zwischen diesen beiden Handlungsformen schwer wahrnehmbar. Auch eine Verwendung des Wortes ›Liebe‹ für selbstgewählte Beziehungen zwischen Erwachsenen und gleichzeitig für von den Kindern nicht selbstgewählten Abhängigkeitsbeziehungen zwischen Kindern und Erwachsenen ist Teil einer Glorifizierung von ReproGenderung und Teil einer Vermengung von sozialen Verantwortungen Erwachsener gegenüber Kindern auf der einen Seite und der sozialen Verantwortung zwischen Personen ohne dieselben kulturell manifestierten Abhängigkeiten. Kulturtheoretische und klinische Praktiken wie die Psychoanalyse, die auf solchen konzeptuellen Vermischungen beruhen und sie immer wieder re_produzieren, bewegen sich innerhalb eines repro_normativen Zirkels und weisen keine Möglichkeiten auf, die Zwänge dieser Naturalisierungen von sozialen Netzwerken zu durchbrechen.

Es ist Teil westlicher Staatsdoktrin, ReproGenderung juristisch abzusichern und als Norm sozialer Bezüge und sozialer Verantwortungen zu fördern und zu normalisieren.[25] Dies zeigt sich neben der rechtlichen und sozialen Vorrangstellung von Familienkonzepten mit Kindern auch in der rechtlich abgesicherten mindestens finanziellen Verantwortung, die erwachsene Kinder für ihre Eltern haben, unabhängig davon, ob sie beispielsweise durch ihre Väter sexualisierte Gewalt erleben mussten.

Auf ReproGenderung beruhende Normativität, ReproGenderung regulierende und herstellende Normativität ist auch Realisierungsform von Diskriminierungen wie Rassismus, Migratismus[26], Antiziganismus, Antisemitismus.

3.1.5 CisGenderung

Mögliche Fragestellungen, für die CisGenderung als Realisierungsform von Sexismus ein analytischer Ansatzpunkt für ein Weiterdenken sein kann, sind beispielsweise:

– Warum gilt es als selbstverständlich Geschichten von Aufwachsen zum Erwachsensein mit der Vorannahme eindeutiger unveränderter Genderzuschreibung und -zuordnung zu erzählen?
– Warum müssen Neugeborene in Deutschland Namen bekommen, die innerhalb einer Einteilung von Personen in zwei Gendergruppen eindeutig sind (ZWEIGENDERUNG, KATEGORIALGENDERUNG)? Warum ist der Wunsch nach Vornamenwechsel staatlich reglementiert und bedarf verschiedener medizinisch-psychiatrischer Gutachten? Warum ist damit verbunden, dass ein Namenswechsel auch einen Wechsel von einer Gendergruppe in eine andere bedeutet (ZWEIGENDERUNG)?
– Warum glauben Personen in westlichen Kulturkreisen aus Kindheitsfotografien Rückschlüsse auf die Genderung von Erwachsenen ableiten zu können?

CisGenderung ist die Realisierungsform von Sexismus, die Frauisierung als über bestimmte Zeiträume hinweg kohärente, natürliche, von Geburt an gegebene und über das Leben einer Person damit konstante Genderung herstellt. CisGenderung setzt ZweiGenderung voraus und bestätigt diese damit gleichzeitig auch immer wieder. Durch die hegemoniale Normalisierung von CisGenderungen werden z. B. Dykes, Trans und Butches über Ent_Erwähnung von Genderzugehörigkeiten und -identifikationen diskriminiert, die nicht über Zeit hinweg eindeutig sind oder die an einer Norm von Kohärenz und Eindeutigkeit über Zeit gemessen und eingelesen

---

[25] Vgl. Rubin 1975 für eine Analyse von ›kinship‹ als Modus, der das ›sex/gender system‹ stabilisiert. Vgl. Butler 2000 für das kritische Zusammendenken von ›kinship‹ und ›state‹.
[26] Vgl. Tudor 2010a: 408.

werden, die sie nicht erfüllen. In dieser Weise wirkt CisGenderung sexistisch auf Dykes, Trans und Butches. CisGenderung beruht also auf der Konstruktion von Kohärenz über Zeit und in Wahrnehmung.

Der Ausdruck ›Cisgender‹ ist aus Transgenderbewegungen und -kontexten entstanden – dort nicht in Bezug auf Sexismus, wie hier vorgeschlagen –, verwendet[27] und entnormalisiert Vorstellungen von angeborener und beibehaltener ZweiGenderzuordnung als biologistische Normalität, die durch Be_Nennungen wie ›weiblich‹, ›männlich‹, ›Frau‹, ›Mann‹ als ›natürlich‹ und selbsterklärend re_produziert werden. Wir schließen uns somit nicht Definitionen von ›Cisgender‹ an, die sich auf die Annahme einer Kohärenz zwischen Sex (verstanden als biologischer Körper) und Gender beziehenen, da wir die sex/gender-Trennung als Essentialisierung von bestimmten Gendervorstellungen verstehen und kritisieren. Dennoch sind Zuschreibungen von biologisch eindeutig gegenderten Körpern und damit zusammenhängenden Genderrollen in den Kontexten, in denen wir uns bewegen, nach wie vor wirkmächtig und müssen de_konstruiert werden. Durch eine Be_Nennung als CisGender bzw. cisgendernd für eine konventionalisiert entnannte Positionierung wird dieVorstellung von Kohärenz irritiert und ihrer Vorgängigkeit enthoben. Wir schließen uns der Definition von Heyes an:

Cisgender: identifying with a gender that matches one's initial assigned sex; someone who experiences hir gender as consonant with hir socially assigned gender. This increasingly popular term is backformed from »transgender«, where »trans« means crossing or changing, while »cis« means the same as, on the same side as.[28]

Durch die Benennungsform ›Cisgender‹ wird somit eine Perspektivenverschiebung in Bezug auf jegliche Genderung vorgenommen und eine Norm der Eindeutigkeit und Selbstverständlichkeit in Frage gestellt.

Ebenso wie Transgender sehr viele verschiedene Bedeutungsbelegungen hat, die teilweise ZweiGenderung bekräftigen, teilweise in Frage stellen, ist auch CisGenderung momentan kein eindeutig belegter und von allen in unterschiedlichen Kontexten gleich verwendeter Begriff. Eine genauere Ausformulierung von Ent_Normalisierungen, die über CisGenderung stattfinden, stehen ebenso aus wie eine detaillierte Auseinandersetzung mit unterschiedlichen Gebrauchsweisen und -möglichkeiten dieses analytischen Begriffs. Fragen, die hier in zukünftigen Analysen zu klären wären, sind u. a.:

– Welche Rolle spielt zeitliche Kohärenz? Was sind relevante Zeiträume und -phasen für die Bestimmung von Genderkohärenz über Zeit? Können dabei lineare Zeitvorstellungen in Frage gestellt werden?
– Inwiefern basiert CisGenderung als Konzept auf der Annahme und Tradierung von ZweiGenderung? Welches Potential bietet eine Infragestellung von Cis-

---

[27] Vgl. Stryker 2008: 22.
[28] Heyes 2009: 152.

Genderung für eine Infragestellung von ZweiGenderung? Was könnte eine Infragestellung von CisGenderung sein, die nicht ZweiGenderung als Grundlage nimmt?

– Wie ist das Wechselverhältnis zwischen Selbst- und Außenwahrnehmung für die Frage der Zu_Schreibung von CisGenderung bzw. die Abweichung von CisGenderung? Welches Potential zur Selbstbestimmung Diskriminierter ist mit dem Konzept CisGenderung als Be_Nennung einer Norm gegeben?

– Bildet Cisgender einen dichotomen Gegenpol zu Transgender oder welche anderen Formen einer widerständigen Umgangsweise mit CisGenderung wären denk- und konzeptualisierbar? Welches Konzept von Transgender ist welchen Ansätzen zu Cisgender unterlegt und welche Ausschlüsse finden darüber statt?

Die hier aufgeführten Fragen sind mögliche Anknüpfungspunkte für eine zukünftige Ausformulierung von CisGenderung als Realisierungsform von Sexismus. Sie sind eine offene Liste, die zeigen soll, inwiefern momentane Analysen zu Sexismus sich immer auch in einem offenen Prozess einer fortwährenden Reflexion und weitergehenden Ausdifferenzierung befinden.

Ebenso wie den übrigen, hier diskutierten Realisierungsformen von Sexismus liegt auch dieser analytischen Ebene unsere Überlegung zu Grunde, dass Gender grundsätzlich konstruiert ist. Eine solche Analyse könnte beispielsweise die folgenden Ideen und Konzeptualisierungen weiter ausdifferenzieren:

– Eine genauere Betrachtung von CisGenderungen kann die zeitliche Dimensionierung einer Naturalisierung von Genderung analytisch fokussieren. Auf welchen Ebenen und mit welchen Mitteln wird eine eindeutige und kohärente Genderung über Zeit hinweg re_produziert?

– Prozesse der staatlichen Regulierung von Genderung sind in einer genauen Betrachtung dessen, wo, wie und wann CisGenderung aktiv angestrebt, bestätigt oder reguliert wird, analysierbar, wie dies beispielsweise in Bezug auf rechtliche Diskurse und Gesetzgebungen der Fall ist.

3.1.6 KategorialGenderung

Mögliche Fragestellungen, auf die KategorialGenderung als Realisierungsform von Sexismus ein analytischer Ansatzpunkt für ein Weiterdenken sein kann, sind beispielsweise:

– Warum erscheint es so selbstverständlich in allen Diskursen Menschen in Bezug auf Gendervorstellungen zu kategorisieren, nicht aber nach Jahreszeiten ihrer Geburt, nach Sternkreiszeichen (oder ähnlich konstruierten Kriterien) oder dies jeweils erst nachgeordnet zu machen?

– Warum erscheint es so unvorstellbar, dass es *keine* soziale Einteilung von Menschen in Frauen und Männer gibt, dass Transgender nicht auch irgendwas mit Gender zu tun hat, dass Transsexuelle »zwischen« zwei Gendern liegen oder von einem ins andere gewechselt haben?

In und durch KategorialGenderung wird diskursiv eine Differenzierung zwischen gegenderten Ver_Ortungen auf der einen Seite und Anti-Gender-Ver_Ortungen auf der anderen Seite hergestellt. KategorialGenderung ist die Annahme von Genderung als unumstößlichem Prinzip, als einziger Form von Intelligibilität, als Außerungsmöglichkeit und -bedingung. Gender ist der Bezugsrahmen für Intelligibilität, es gibt keine Position außerhalb von Gender. Auch wenn Gender zunehmend flexibel-normalistisch ist, d. h. nicht nur durch fixierte Normierungen und Abweichungen hergestellt wird, ist doch Gender immer die Grundbedingung von Intelligibilität. KategorialGenderung wird im momentanen deutschen Kontext v. a. über ZweiGenderung realisiert, hat aber durchaus auch othernde Strategien von Drei- oder MehrGenderung bezogen auf als Andere hergestellte in Bezug auf das deutsch-statisierte momentane Selbstverständnis. Diese ›Anderen‹ können sowohl im Inneren wie im Äußeren eines deutsch-statisierten Selbstverständnisses verortet sein. Sie sind Indiz für die flexibel-normalistische kontinuierliche Re_Produktion von Gender.

KategorialGenderung impliziert die Annahme von Genderung als grundlegendem Modus und Bezugspunkt von sozialen Positionierungen, die durch Genderung geschaffen sind, egal wie flexibel-normalistisch sie gestaltet sind, d. h. egal inwiefern unterschiedliche Performances, Genderüberschreitungen und -wechsel, Gendertransformationen und -brüche als möglich konzeptualisiert werden. KategorialGenderung als sexistische Realisierungsform hinterfragt die Bezugnahme auf Gender als selbstverständlich und überhaupt, egal in welchen Brechungen und Infragestellungen. Eine darin enthaltene Strategie der Diskriminierung von Dyke_Trans ist jedoch paradoxerweise auch ihre ›EntGenderung‹, die Un_Intellegibilität in hegemonialen KategorialGendervorstellung und damit Monsterung, so dass Dyke_Trans auf verschiedene Weisen durch Realisierungen von Genderregimen diskriminiert werden. Dies ist die Ebene, die wir bisher als vielleicht am stärksten dispositiv verankert verstehen und analysieren. Wir versuchen, sie hier in eine diskursive Dimension zu überführen. Positionierungen und Ver_Ortungen, Bündnisse und Netzwerke, kollektive Zusammenschlüsse, die eine grundlegendere Frage nach der Konstitution durch Genderung an sich stellen, werden auf diese Weise sexistisch diskriminiert.

Dies bedeutet jedoch nicht, dass v. a. Aussagen von Typisierten, dass der ganze Feminismus Quatsch sei und es keine sexistische Diskriminierung gebe, eine Strategie wäre, KategorialGenderung abzuschaffen. Dies sind stattdessen rhetorische Strategien der Ent_Wahrnehmung von Sexismus (Genderismus).

Dyke_Trans können diskursiv über frauisierende, heterasierende, lesbisierende und dykisierende/transisierende/butchisierende etc. Strategien sexistisch diskriminiert werden. Transdependenter Sexismus ist die immer wieder re_produzierte, unbrechbar scheinende Wahrnehmung, dass es irgendwie ja doch Menschen unterschiedlichen Genders und dann noch einiges andere gebe, sind die Nichtinfragestellungen von Körper als Körper, Re_Produktion als natürlich, von Erblehren

und persönlichen Eigenschaften, die auch angeblich auf Genderungen_Rassifizie-
rungen_Ableisierungen zurückführbar, über Genderungen_Rassifizierungen_Ab-
leisierung erklärbar sein sollen.

Eine Analyse, die KategorialGenderung fokussiert, könnte beispielsweise untersuchen, wo und wie KategorialGenderung in unterschiedlichen Diskursfeldern
re_produziert wird und wo es möglicherweise widerständige Les- und Schreibar-
ten zu KategorialGenderung gibt. Es erscheint uns momentan am schwierigsten
konkret zu umreißen, wie eine Analyse von KategorialGenderung aussehen könnte, die über eine Analyse von Zwei-, Cis-, Repro-, Hetera- und AndroGenderung
hinausgeht. Diese Überlegung hat uns u. a. dazu veranlasst, analytisch zwischen
einer Ebene des Diskurses und des Dispositivs zu differenzieren.

3.2 Zusammenfassung: Sexismus als komplexe
und ambivalente Diskriminierung

Durch eine Zentralsetzung von Gleichstellungsideen, die auf einer Herstellung von
Frauen und Typen in Ausschließlichkeit beruhen, wird die über Zwei-, Hetera-,
Repro-, Cis- und KategorialGenderung getragene sexistische Diskriminierung
machtvoll ent_erwähnt. In einer gesamtgesellschaftlichen Vorstellung, die auf der
Naturalisierung von Frauisierten und Typisierten gründet, dass Sexismus durch
Quoten überwindbar sei, ist Sexismus als machtvolle dispositive Voraussetzung
bereits eingeschrieben – auf eine Weise, die die Thematisierung ebendieser Weg_
Nennung von Sexismus zu verunmöglichen scheint.

Frauisierte können also unterschiedlich sozial positioniert sein, d. h. in Bezug auf Sexismus teil- oder absolut diskriminiert werden. Sexismus funktioniert
über Zuschreibung und Herstellung von Frauisierung, Frauisierte sind jedoch nicht
in jedem Fall absolut sexistisch diskriminiert. D. h., Frauisierte mit Zwei_Kate-
gorial_Cis_Repro_HeteraGender-Privilegierungen können weder Nichtsexismus
für sich beanspruchen noch ihre eigene Teildiskriminierung als ›Sexismus‹ absolut setzen. Sexismus ist vielmehr über die gegenseitige Konstitution von Zwei-/
Andro-/Hetera-/Repro-/Cis-/KategorialGenderung realisiert und konstruiert diese
wechselseitig. Diese umfassendere Definition von Sexismus, wie wir sie hier vorschlagen, kann ein wichtiger Bezugspunkt für detaillierte Analysen zu Sexismus
sein. Wird nicht eine entsprechende Ausdifferenzierung vorgenommen – was oft
der Fall ist –, wirken Politiken und Interventionen lediglich auf der Ebene der
Gleichstellung von Frauisierung mit Typisierung, was eine erneute Ent_Erwäh-
nung und Nicht_Wahrnehmbarmachung von Dyke_Trans bedeutet und eine Ze-
mentierung und Naturalisierung von sexistischer Zwei_Cis_Hetera_Repro_Kate-
gorial_Genderung sowie eine Relativierung von AndroGenderung (Typisierung
als symmetrisch und gleichwertig gesetzter Gegenpart zu Frauisierung). Auf diese
Weise wird der Dispositivcharakter der Diskriminierung von Dyke_Trans re_pro-
duziert und weiter verstetigt (was das ist, wird gleich im anschließenden Kapi-

tel erklärt). Maßnahmen zur Gleichstellung von Frauen mit Männern stärken also die Sedimentierung von Sexismus zum Dispositiv (d. h., sie re_produzieren die Undenkbarkeit von Nichtgenderung) und wirken ihr nicht entgegen; dafür müsste viel grundsätzlicher angesetzt werden. Alle ›Frauenförderpolitiken‹ und ›Gleichstellungsmaßnahmen‹ werden auf diese Weise auf der Grundlage der hier vorgenommenen Ausdifferenzierung von uns als auch reformistisch und damit sexistisch (Dyke_Trans gegenüber) analysiert. Gleichzeitig zeigt dieser analytische Zugang auch, warum Sexismus so beharrend und wenig veränderbar erscheint.

Die Realisierungsformen können lediglich analytisch getrennt werden, in ihrer Verflechtung sind sie Teil von Sexismus und stellen in ihrem Zusammenspiel Dyke_Trans als diskriminierte Positionierung her.

Das, was wir hier kollektiv selbstbenennend als Dyke_Trans-Ver_Ortung formuliert haben, kann von Anderen auch anders benannt worden sein und werden. So lesen wir bestimmte Selbstbenennungen als Lesbe/n, Trans, Intersex etc. in unserem Verständnis auch als Dyke_Trans-Ver_Ortungen ein. Wir kleben auch nicht an unserer Be_Nennung, sie stellt lediglich einen punktuellen Wortungsversuch dar, den wir selbst in dem Moment dieser ver_suchten Be_Nennung auch schon wieder in Frage stellen: Inwiefern übernehmen wir mit der Be_Nennung als Dyke_ einen US-amerikanisch geprägten, von *weißen* Akade_mikerinnen angeeigneten Begriff, der selbst auch wieder Ausschlüsse schafft bzw. Homogenität suggeriert, wo es keine gemeinsame Ver_Ortung geben kann?[29] Welche Ent_Erwähnungen lesbischfeministischer Politiken vollziehen wir mit dem Verwerfen des Begriffs ›Lesbe‹? Diese Fragen spielen für uns fortlaufend eine wichtige Rolle, und wir versuchen für diesen Text und das gesamte Buch eine Be_Nennungsform auszuprobieren, die wir selbst als immer notwendigerweise nur momentan und vorläufig verstehen. Der entscheidende Punkt für unser Selbstverständnis und unsere kritische Ver_Ortung ist die kritische Bezugnahme auf den Umgang mit Frauisierung und Zwei_Hetera_Repro_Cis_KategorialGenderung. Gleichzeitig bleibt dabei aber immer auch eine Unklarheit und ein Spannungsverhältnis dazu, wie das Verhältnis zwischen strukturellen Prozessen der Genderung und eigener Gender-Performance ist und in welchem Zusammenhang strukturelle Positionierung und widerständige Ver_Ortung stehen.

Sexismus ist in unserem Verständnis immer auf der diskursiven Ebene mit anderen Diskriminierungen interdependent und auf der dispositiven Ebene theoretisch-konzeptuell mit anderen Machtverhältnissen transdependent. Vor allem KategorialGenderung in ihrer momentanen für uns fast umfassenden Unbe_nennbarkeit und Unangreifbarkeit verweist für uns auf eine besondere Ebene der Realisierung von Sexismus, die wir als dispositiv bezeichnen und im nächsten Kapitel erläutern. Sexismus gibt es nicht als losgelöste Diskriminierung von anderen Diskriminierungen, und er ist deswegen auch nicht trennbar von diesen analysier- und

---

[29] Vgl. Anzaldúa 2009 [1991]: 164.

bekämpfbar. Jegliche Einzelbe_Nennung von Sexismus ist lediglich eine analytische Trennung, die manchmal sinnhaft ist, um mit den Begrenzungen linearer Wortungsmöglichkeiten Differenzierungen diskutieren zu können und politische Trennschärfe zu erreichen.

Sexismus in seiner komplexen und umfassenden Form ist das Machtverhältnis, das Dyke_Trans herstellt. Ein zentrales Moment des Dyke_Trans konstituierenden Sexismus ist die Ent_W_Ortbarkeit von Dyke_Trans, was es in unserem momentanen Analysemodell zu einem Indiz von Dispositiv macht – und auf diskursiver Ebene die kontinuierliche Ent_Erwähnung. Diese Ent_Erwähnungen funktionieren auch darüber, dass der Begriff Sexismus auf eine Weise verwendet wird, die die Diskriminierung von Dyke_Trans ent_wahrnehmbar macht, indem Sexismus häufig und entnannt auf AndroGenderung oder HeteraGenderung reduziert wird. Dies sind wichtige Strategien von Sexismus, die selbst jedoch auch wieder bestimmte Positionen und Vorstellungen normalisieren und andere sexistische Strategien ent_wahrnehmbar machen, wenn Diskurse zu Sexismus ausschließlich auf z. B. AndroGenderung bezogen sind. Eine Herstellung von Sexismus als Diskriminierung von Frauen und eine Verwendung des Begriffs als Diskriminierung gegen Frauen, wie es vielen der Beispiele zu Beginn des Artikels unterlegt ist – von Gewalt gegen Frauen über Quotierungen bis hin zu Fragen des Rechts auf Abtreibung –, ist somit in unserer Analyse und Vorstellung – auch – sexistisch.

Sexismus konstituiert sich in allen Situationen durch ein komplexes Zusammenwirken von AndroGenderung, HeteraGenderung, ZweiGenderung, ReproGenderung, CisGenderung und KategorialGenderung, die über verschiedene Strategien realisiert werden. In vielen Diskursen wird AndroGenderung als eine mögliche problematische gesellschaftliche Situation wahrgenommen und explizit zum Thema gemacht; die anderen, hier zu analytischen Zwecken differenzierten sexistischen Strategien werden auf diese Weise weg_genannt und die damit verbundenen Gendervorstellungen so gleichzeitig normalisiert: Geht es in Fragen von Quotierung z. B. um den Anteil von ›Frauen‹ in Führungspositionen, so ist die Annahme, dass es ›Frauen‹ – und, ungenannt, auch ›Männer‹ – als Normvergleichsfolie gibt, impliziert, und diese Konzeptualisierung – es gibt ›Frauen‹ und ›Männer‹, ZweiGenderung in unserer analytischen Begrifflichkeit – wird auf diese Weise machtvoll re_produziert. D. h., ob es Personen und Ver_Ortungen gibt, die nicht in ein solches Modell von ZweiGenderung passen und damit auch nicht in Ideen zu einer entsprechenden Quotierung beispielsweise wird ent_wahrgenommen, und konkrete Personen müssen sich zwangsläufig mit einer Seite in diesem dichotomen Modell identifizieren, um gesellschaftlich vorzukommen. Ein weiteres Beispiel hierfür sind Sprachveränderungen wie sog. Doppelnennungen (Täterinnen und Täter, Täter/innen) oder Binnen-I (TäterInnen). Auch diese basieren auf der Annahme von ZweiGenderung und haben es zum Ziel, ›Frauen‹ präsenter, wahrnehmbarer in öffentlichen Kontexten zu machen. Auf diese Weise wird diskursiv die Annahme erzeugt, dass Menschen grundsätzlich in ›Frauen‹ und ›Männer‹ einteilbar wären und damit die Idee von ZweiGenderung re_produziert; sie fungiert als Vorausset-zung für entsprechende (hetera)feministische Sprachveränderungen. Der Zwang zur Genderung in einem Zweigendermodell ist der Gesellschaft ganz grundlegend eingeschrieben und realisiert sich u. a. über Regelungen gendereindeutiger Vor-namen, Einträgen in Geburtsurkunden und einem kontinuierlichen Zwang einer Identifizierung mit einer von zwei Gendergruppen in den verschiedensten admi-nistrativen und rechtlichen Angelegenheiten.

Argumentationsstrategien, die nur einen oder zwei dieser Aspekte als Grundla-ge ihrer Definitionen und Vorstellungen von Sexismus machen, können in unserer Analyse selbst wiederum sexistisch wirken, da sie die Ausschlüsse und Normset-zungen, die auf diese Weise vollzogen werden, re_produzieren. Sie ent_wahrneh-men (diskursive Ebene) und/oder machen in einem langen, tradierenden histori-schen Prozess der Sedimentierung (Dispositiv) Dyke_Trans-Diskriminierungen entwahrnehmbar: Sie vereinnahmen den Begriff Sexismus wie auch Feminismus für Positionen und Handlungen, die die interdependente Komplexität der Diskri-minierung durch AndroGenderung, ZweiGenderung, HeteraGenderung, CisGende-rung, ReproGenderung und KategorialGenderung zusammen für einen oder zwei dieser Aspekte aufgeben.

3.3 Kritische Ver_Ortungen in und zu Sexismus

Es gibt keine Selbstvorstellung von Feminismus für uns, die nicht auch anti-/contra_rassistisch ist.[30] Darüber hinaus streben wir für uns selbst an, auch con-tra_antisemitisch, contra_antiziganistisch und contra_ableistisch zu handeln; es sind Reflexions- und Handlungsaufgaben und -ansprüche, die wir momentan an uns selbst formulieren können, ohne sie als eine abgeschlossene Liste interdepen-denter Diskriminierungen zu verstehen. Die Umsetzung in ver_ant_wortungsvolle Handlungen und Reflexionen ist ein unabschließbarer Prozess und ist in Bezug auf diese drei Dimensionierungen für uns erst am Anfang. Auch haben wir, wie ein-gangs schon erwähnt, angefangen, uns intensiver mit Klassismus, Religiosizismus und Migratismus zu beschäftigen. Diese Machtverhältnisse und Diskriminierun-gen, zu denen wir ebenfalls ver_ant_wortungsvolle Handlungsformen in einem nicht abschließbaren Prozess entwickeln wollen, verstehen wir zugleich als inter-/transdependent. Transdependenz ist lediglich eine theoretisch angenommene Grö-ße auf Ebene des Dispositivs. Mit diesem Begriff wollen wir ausdrücken, dass eine analytische Trennung in einzelne Machtverhältnisse, wie wir es begrifflich und analytisch vornehmen, ›nur‹ eine analytische Trennung ist, die gleichzeitig die Begrenzung von Analysen ist und aufzeigt. Transdependenz drückt für uns an diesem Punkt aus, dass die von uns momentan begrifflich formulierbaren und als

---

[30] Vgl. Alyosxas Artikel in diesem Band für eine Klärung der Unterschiedlichkeit von ›con-tra_‹ und ›anti-‹ in kritischen Ver_Ortungen.

zentral analysierten Machtverhältnisse sich nicht nebeneinander befinden, nicht optional in ihrer Wahrnehmung und Bearbeitung sind, sondern dass sie sich gegenseitig bedingen, dass sie theoretisch einen gesellschaftlichen Rahmen bilden, über den offenbar nicht hinausgegangen und -gedacht werden kann, welcher Norm(al) vorstellungen bedingt, Machtverhältnisse bestimmt, Wertvorstellungen und Un/ Denkbarkeiten voraussetzt und impliziert. Soziale Positionierungen erscheinen fixiert, in dem normalisierenden Dispositiv hegemonialer Selbstverständnisse, die dieses herstellen, dieses re_produzieren, klar zuorden- und wortbar; sie sind die sedimentierten Diskursmöglichkeiten, die Vorstellungen davon, wann und wie etwas wortbar ist, wogegen sich Kämpfe und Widerstände richten – all das zuletzt Formulierte befindet sich auf der Ebene der konkreten diskursiven Verhandlung. Das Dispositiv ist die Möglichkeitsbedingung für diese Verhandlungen, bedingt diese, ist ihnen folglich vorgängig und grundlegend, was jedoch nicht heißt, dass es jenseits von gesellschaftlichen Konstruktionsprozessen liegt.

3.3.1 Wo und wie ist in diesem Analysemodell Widerstand möglich?

Widerstand hat für uns viel mit Sprechen – das Wort ergreifen – zu tun, und sprachliche Widerstandsmöglichkeiten, Interventionen in diskursive Effekte von Diskriminierungen müssen paradoxerweise mit und durch Sprachhandlungen, die durch ebendiese Diskriminierungen und Machtverhältnisse konstituiert sind, ausgehandelt werden: »this is the oppressor's language / yet I need it to talk to you«[31], formuliert Rich diesen Punkt und hooks greift ihn auf und überträgt ihn auf kolonialistische Praktiken der Sprachreglementierung und antikolonialen Widerstand.[32] Lorde macht eine empowernde Nutzung von Sprache als Widerstands- und Solidaritätspraktik stark und betont das inhärente Handlungsmoment:

> Each of us is here now because in one way or another we share a commitment to language and to the power of language, and to the reclaiming of that language which has been made to work against us. In the transformation of silence into language and action, it is vitally necessary for each one of us to establish or examine her function in that transformation and to recognize her role as vital within that transformation.[33]

Einer der Impulse, die wir für unsere contra_rassistische Konzeptualisierung von Feminismus daraus lesen, ist z. B. ›Widerstand‹ als immer schon positioniert zu begreifen und Fragen nach Widerstandsmöglichkeiten immer mit Fragen nach kritischer Ver_Ortung zu verbinden.

In und durch und mit dem hier nur angedachten transdependenten Diskriminierungsdispositiv wird zugleich denk- und konzeptualisierbar, was beispielsweise

---

31 Rich 1993b: 40-43.

32 Vgl. hooks 1995.

33 Lorde 2007b [1984b]: 42f.

Widerstand überhaupt sein kann – auf welchen Ebenen, und zwar den Ebenen der Diskursivierungen, er greift und wie er sich konstituiert, ohne dass die Konstitutionsbedingungen eben dieses Widerstands, das Dispositiv, in Frage gestellt würden. Auf der Ebene des Dispositivs sind direkte Zugriffe nicht möglich, wohl ist es aber denkbar, die Prozesse der Sedimentierung langfristig zu verändern, allerdings nicht über willentliche, klar identifizierbare, steuerbare Handlungen.

Sprachlich ist es so ›normal‹, zwischen verschiedenen strukturellen Machtverhältnissen trennen zu können, sie ausdifferenzieren zu können, und der Schritt dazu, sie als nur analytisch trennbar aufzufassen, so schwierig. Sexismus ist nie nur Sexismus, sondern impliziert immer auch – nach unserem momentanen Reflexionsstand – Antiziganismus, Rassismus, Ableismus und Antisemitismus. Mindestens diese fünf zusammen bilden gerade im deutschen Kontext die Folie deutscher Selbstverständlichkeiten und Selbstvergewisserungen[34], die Folie, auf der Bestimmtes gesagt und anderes nicht gesagt werden kann, bestimmte Kategorisierungen gezogen, Entscheidungen getroffen, Wertevorstellungen überlegt werden können. Dispositive können als Netz, auf dem Praktiken basieren, aufgefasst werden, als Grundlagen gesellschaftlicher Selbstverständlichkeiten, auf denen dann Diskurse, diskursive Praktiken basieren, die durch sie realisiert, aufgebaut werden. Die Ebene des Dispositivs bleibt dabei unangetastet, ungewortet entkonzeptualisiert.

3.3.2 Ist es beliebig, ob wir Rassismus schreiben und ihn transdependent verstehen oder Antiziganismus, Antisemitismus oder Ableismus oder Sexismus?

Nein, wir nehmen mit unseren Analysen Setzungen vor, die wir zu reflektieren versuchen. Diese Setzungen zeigen wir auch in und durch die Schreibweisen, die wir wählen und die Aus_Druck davon sind, was wir analytisch als Startpunkt unserer interdependenten Analysebewegungen nehmen. Wir verstehen den Versuch, neue Sprachformen zu finden, um interdependenten Sexismus zum Aus_Druck zu bringen, als einen Versuch, Diskriminierungen in ihren Interdependenzen zu formulieren. Sprachliche Benennungen mit ihrem Hintereinander und ihrer Linearität unterstützen eher additive und komplementäre Vorstellungen, und es erscheint uns weiterhin schwierig, die komplexe grundlegende Bedingtheit von Diskriminierungen, die sich unseres Erachtens nur analytisch ausdifferenzieren lässt, so zu benennen, dass diese Komplexität in den Sprachformen Aus_Druck findet. In diesem Buch verwenden wir viele unterschiedliche neue Schreibformen, um uns schreibend der Interdependenz unseres Sexismusverständnisses anzunähern, dieses zu be_greifen, zu verstehen, neu zu fassen und neue Um_Bewegungen, Handlungsformen damit und dazu zu finden und auszuprobieren. Die Abwehr im Lesen und Ausprobieren neuer Schreib- und Sprechformen, die uns häufig begegnet und

---

[34] Für diesen Begriff vgl. Brunner 2010.

die wir in bestimmten Situationen auch selbst empfinden, reflektieren wir für uns als Abwehrstrategien gegen genau ein Bewusst_Sein zu diesen Interdependenzen. Weil es schwerer auszuhalten ist, weil die Handlungsweisen und Aktionen komplexer werden, weil die Reflexionen prozessualer, unendlicher, weil der Frust und die Wut zu groß werden können vielleicht. Weil ein genaueres Sprechen und Schreiben Personen immer wieder auch an die Ränder ihres (Über)Lebens bringen kann.

Wir sind in Bezug auf Antizigani_Antisemi_Ablei_Rassismus privilegiert und leiten für uns daraus die Verantwortung ab, die mit dieser Privilegierung einhergehenden Normalisierungen und Selbstverständlichkeiten fortwährend zu reflektieren zu versuchen, ohne damit gleichzeitig die privilegierte Positionierung im Fokus belassen zu wollen. Wir leiten daraus unsere Verantwortung ab, verschieden ver_ortetete Wissensproduktionen als handlungsleitend zu begreifen: Momentan bedeutet dies für uns, unsere Äußerungen und Überlegungen kritisch ver_ortet zu reflektieren und uns Zusammenarbeitsformen zu überlegen, in denen wir nicht den ganzen Raum einnehmen, in denen wir reflektieren und formulieren, wozu wir überhaupt etwas sagen können, für wen wir meinen sprechen zu können, also z. B. kein Buch zu Rassismus nur mit *weißen* Aut_orinnen zu verfassen, uns vor der Durchführung von Seminaren zu überlegen, auf we_lche wir unsere Wissensvermittlung fokussieren.[35] Dies ist ein ständiger Prozess der Auseinandersetzung, in dem wir ver_suchen, alleine, mit Anderen, immer wieder neu zu überlegen, wie wir strukturelle Privilegierungen reflektieren können, ohne sie zum alleinigen Gegenstand zu machen, wie wir Privilegien nutzen können, ohne damit Macht auszuüben.[36] Unsere Ver_Ortungen sind in einem Spannungsverhältnis interdependenter Privilegierungen und Diskriminierungen.

4. Dispositiv

Als wichtigen Teil unserer Vorstellung von Dyke_Trans als die in diesem Artikel vorgeschlagene Ausformulierung von Feminismus differenzieren wir analytisch zwischen einer Ebene des Dispositivs und einer Ebene des Diskurses. Das Dispositiv bildet in diesem analytischen Vorschlag die Ebene transdependenter Machtverhältnisse momentaner als deutsch konstruierter Verhältnisse. Dieses Dispositiv bildet den Rahmen und die Möglichkeitsbedingungen interdependenter diskursiver struktureller Diskriminierung. Nur auf der Ebene letzterer sind nach unserem momentanen Denken und in dem hier vorgeschlagenen Modell direkte Interventionen und Widerstand möglich.

---

[35] Vgl. Evelyns Artikel in diesem Band.

[36] Für die Unterscheidung von Privilegien und Privilegierungen vgl. Alyosxa in diesem Band, S. 64.

Die Ebene des Dispositivs bildet in der hier angedachten Vorstellung den Rahmen möglicher Diskursivierungen und damit auch Interventionen, ist quasi das Gerüst möglicher Äußerungen, also Diskursivierungen. Das Dispositiv ist also nicht durch einzelne (Sprach)Handlungen, weitere soziale Handlungen oder klar identifizierbare (Sprach- oder soziale) Handlungsensembles konstituiert, sondern bildet die konstituierende Grundlage für diese. Diese Grundlage ist nicht vorgängig, d. h. nicht einfach gegeben und immer da, sondern durch historisierte Sedimentierungsprozesse entstanden und entsteht kontinuierlich neu. Diese Sedimentierungen sind so verselbstständigt, dass diese Prozesse als nicht mehr nachvollziehbar und als gegebene, selbstverständliche, nicht hinterfragbare Voraussetzungen erscheinen. Die Idee, zwischen Prozessen der Diskursivierung und einem Dispositiv zu unterscheiden, ist ein Analysemodell, keine Wirklichkeitsabbildung (was grundsätzlich unserer Vorstellung von Welt widersprechen würde) und stellt für uns einen momentanen und offenen Ver_Such dar, komplexe Prozesse, die zu Diskriminierungen führen, besser zu verstehen und daraus konkrete und detaillierte Handlungen ableiten zu können.[37]

4.1 Was verstehen wir unter Dispositiv und welche Rolle spielt es für eine Analyse von Sexismus?

Um zu verdeutlichen, was wir unter Dispositiv verstehen, beginnen wir mit einem weiteren Szenario: Wie kann es sein, dass es ca. seit nunmehr einem halben Jahrhundert, gerechnet von dem Beginn der sog. ›neuen Frauenbewegung‹ in Deutschland an, eine Auseinandersetzung mit sog. sexistischen Diskriminierungen gibt – und sich doch gleichzeitig, selbst in den Bereichen, in denen bereits in den 70er Jahren des letzten Jahrhunderts massive Kritik geübt und Interventionen von Feministi_nnen vorgeschlagen worden sind, noch nicht viel verändert hat? Noch immer gibt es, ausgehend von unserer feministischen Analyse und unserem Feminismusverständnis als Bewertungsnorm, sog. ›häusliche‹ Gewalt von Typisierten gegen Frauisierte, Lesbisierte und Trans-Personen und wird sexistische Gewalt öffentlich runtergespielt, verharmlost, zu einem ›Privat‹-problem erklärt. Noch immer gibt es sog. generisch maskuline Personenreferenzformen, die aus hegemonialer Perspektive doch »alle« meinen sollen, psycholinguistisch und sozialpsychologisch nachweisbar beim Hören_Sprechen_Lesen_Schreiben, aber nur Vorstellungen von Typisierten aufrufen – und auf diese Weise Frauisierte und Lesbisierte ent_erwähnen und Dyke_Trans entwahrnehmbar machen.[38] Noch immer können Professoren behaupten, dass Gender keine Rolle in ihrer Wissensproduktion spielen würde und androzentrisierende – anscheinend neutrale – Wissenschaft betreiben und Uniprä-

---

[37] Vorüberlegungen zur Sedimentierung von Normen, die den Rahmen diskursiver Möglichkeiten bilden, finden sich bei Hornscheidt 2006: 75.

[38] Vgl. Lanns Artikel in diesem Band, vgl. auch Hornscheidt 2008a.

sidenten so tun, als wüssten sie nicht, was Gender sei. Noch immer können Anmerkungen und Kritiken zu Sexismus als albern, hysterisch, übertrieben, humorlos und vieles mehr abgetan werden. Noch immer gibt es offen sexistische Werbung, was alle oben genannten Ausdifferenzierungen von Realisierungsformen von Sexismus betrifft. In allen diesen Bereichen und zu allen diesen Fragen – und unaufzählbar vielen mehr – gibt es zahlreiche feministische Untersuchungen, Diskussionen, feministische Aktionsformen, Ideen und Umsetzungen von Interventionen. Und doch gibt es offenkundig die Problemlagen, die Verstetigungen, Normalisierungen und kontinuierlichen Realisierungen von Sexismus alle noch immer und noch viel mehr ›versteckte‹ sexistische Diskriminierungen, die erst durch detailliertere Analysen wahrnehmbar gemacht werden können: dass das Binnen-I doch gleichzeitig auch wieder ZweiGenderung re_produziert,[39] dass die rechtliche Möglichkeit zu Lebenspar_tnerinnenschaften auch für Lesben eine heteranormative Lebensweise naturalisiert oder rechtlich bevorteilt[40], dass es keine Be_Nennungen für Personen gibt, die sich nicht als frauisiert oder typisiert verstehen, keine Umkleiden, keine Modekataloge, keine Soaps im Fernsehen, keine Werbung, die Dyke_Trans als Zielgruppe ansprechen würde.[41]

Wie kann es sein, dass sexistische Diskriminierungen so nachhaltig sind, so beständig, so durchgängig und so ungebrochen – trotz aller gleichzeitig stattfindenden diskursiven Verhandlungen, trotz oder auch wegen: Theoretisierungen, Aktionsformen, Institutionalisierungen wie beispielsweise Gender Studies-Studiengänge, Gender Mainstreaming- und Diversity-Instituten und -Beratungsstellen, trotz der Institutionalisierung von sog. Frauenbeauftragten und Ministerien, die für sog. Frauenbelange zuständig sind? Trotz Kinderbüchern, in denen auch Mädchen mal die wichtigste Rolle einnehmen dürfen, trotz Alice Schwarzer als Kommentatorin in der BILD-Zeitung?

Unsere These ist: Nicht trotz alldem, sondern auch genau deswegen! Dies ist eine wichtige Annahme, die uns dazu geführt hat, über eine analytische Differenzierung zwischen Diskurs und Dispositiv nachzudenken.

---

[39] Vgl. Hornscheidt 2006 und in diesem Band.

[40] Wobei hier wie in allen Fällen gilt, dass subversive Aneignungen möglich sind und inter-/ transdependent analysiert sich vielleicht andere Möglichkeiten der subversiven Aneignung ergeben können, als wenn nur ein einziges Machtverhältnis fokussiert würde.

[41] Wir wollen hier auf die alltägliche Durchgängigkeit der Verunmöglichung von Identifikation für Dyke_Trans aufmerksam machen. Dass den meisten dieser Beispiele kapitalistische Konsumgewohnheiten zu Grunde liegen, ist Teil der Problematik von Subjektivierungsprozessen in kapitalistischen, neoliberalen Gesellschaften (vgl. z. B. Engel 2009). Auch ist es unseres Erachtens nach wichtig, im Kopf zu behalten, dass hegemoniale Strategien auch widerständig benutzt und eingelesen werden können, wie es auch in der letzten Fußnote schon angesprochen worden ist. Es geht hier also nicht um möglichen Widerstand in dieser Aufzählung, sondern um die prototypisierten Lese- und Sehgewohnheiten, die in diesen Diskursen re_produziert werden.

4.2 Dispositiv und Diskurs

Dispositiv ist in unserem momentanen Verständnis für den hier thematisierten Kontext der Versuch, analytisch zu fassen, wie konkrete Diskriminierungen, die wir als diskursiv auffassen, durch den Rahmen bedingt sind; die Möglichkeitsbedingungen, die diese Diskriminierungen überhaupt erst als Diskriminierungen wahrnehmbar machen.[42] Diese Möglichkeitsbedingungen be_nennen wir hier als Dispositiv. Sie bilden die nicht über und in Diskursen momentan thematisierbaren Grundlagen von Wortungen und damit von möglichen diskursiven Verhandlungen. Diskriminierungen, von uns hier grundsätzlich als strukturell verstanden, sind erst über Diskursivierungen fassbar, verstehbar, verhandelbar und damit auch veränderbar, bekämpfbar. Auch soziale Institutionalisierungen fassen wir unter Diskursivierungen, als besonders stark verselbstständigte Formen davon. Dispositiv ist also eine abstrahierende Größe, die gerade nur an Punkten fassbar wird, an denen es zu Veränderungen kommt, an denen Unsagbarkeiten in Äußerungsversuche transformiert werden. Dyke_Trans ist ein solcher Ver_Such der wortenden Diskursivierung von etwas, was zuvor mit der hier versuchten Aus_Sage unsagbar war: Die Idee von ZweiGenderung und die damit einhergehenden Diskursivierungen personaler Appellationen – der Möglichkeiten, wie Personen sprachlich benannt werden – ist Aus_Druck davon, dass Dyke_Trans sich mit Sprachformen arrangieren mussten, ohne sich von diesen appelliert zu fühlen. Die kontinuierliche An_ Sprache mit und die bruchstückhafte und gebrochene Akzeptanz von nichtstimmigen Sprachformen wie »Frau« hat für uns als Schreibende dieses Artikels immer mal wieder zu einer ent_wahrgenommenen, zwangsmäßigen Teilidentifizierung geführt. Diese ist auch Aus_Druck einer sprachlichen Ignorierung einer Positionierung jenseits von ZweiGenderung. Dyke_Trans wäre in diesem Modell also vor ihrer versuchten Be_Nennung, wie wir sie jetzt hier vornehmen, Abjekt gewesen. Sie wären nicht weg_genannt gewesen,[43] was die Möglichkeit einer Nennbarkeit impliziert, sondern Dyke_Trans waren schlichtweg nicht nennbar, sie waren das

---

[42] Unsere Definition unterscheidet sich damit in bestimmter Hinsicht von anderen gängigen Definitionen von Dispositiv (z. B. Agamben 2008; Foucault 1978; Keller 2005; Bührmann/Schneider 2007, 2008, 2010). In diesen Ansätzen ist Diskurs ein Bestandteil des Dispositivs neben anderen nichtdiskursiven Praktiken und nicht sein analytisches Gegenstück bzw. die Vorbedingung für eine Diskursivierung. Wir haben uns trotzdem entschlossen, denselben Begriff zu verwenden, da die Überschneidungen in Bezug auf die Konzeptualisierung von Dispositiv überwiegen, u. a. in Bezug auf die Hervorbringungen von Subjektivationen durch Dispositive bzw. in der von uns hier vorgeschlagenen Begrifflichkeit Ent_Subjektivationen. Lorey bezieht sich auf das Dispositivkonzept nach Foucault, ohne das Wort zu übernehmen, und leitet daraus einen Diskursbegriff ab, der zwischen Sprache und Nichtsprache als diskursiven Praktiken unterscheidet (Lorey 1996: 144ff). Vgl. auch Claudia Brunners Forderung nach Dispositivanalysen, die über Diskursanalysen hinausgehen (Brunner 2010).

[43] Vgl. zum Begriff ›Weg_Nennung‹ Hornscheidt/Nduka-Agwu 2010.

Ausgeschlossene, Undenkbare in der Struktur von ZweiGenderung, AndroGenderung, HeteraGenderung und CisGenderung, wie wir weiter unten noch erläutern werden. Das, was nicht denkbar ist, kann auch nicht diskriminiert sein, d. h., Diskriminierung setzt eine Wahrnehmbarkeit voraus.

If a subject becomes a subject by entering the normativity of language, then in some important ways, these rules precede and orchestrate the very formation of the subject. Although the subject enters the normativity of language, the subject exists only as a grammatical fiction prior to that very entrance.[44]

Jenseits von Diskriminierung gibt es aber offenbar Ausschlüsse, Unsagbarkeiten, die Prämissen dessen, auf denen Diskriminierungen stattfinden. Diskriminierungen also verstehen wir als diskursiv, als äußerbar, wahrnehmbar, les-, hör-, schreib- und sprechbar. Das bedeutet nicht, dass nur Be_Nanntes diskriminiert ist, sprachliche Diskriminierungen können gerade auch durch Weg_Nennungen realisiert sein, und Diskriminierungen können un_wortbar sein.[45] Weg_Nennungen aber sind überhaupt nur auf der Folie des Wissens möglicher Nennungen wahrnehmbar. Was aber liegt jenseits dieser Möglichkeiten der Nennungen, was bildet den Rahmen möglicher Äußerungsbedingungen? Das versuchen wir, durch das Konzept Dispositiv analytisch zu fassen. Dispositiv als analytischer Begriff ist dabei in dem Moment, wo Elemente des Dispositivs be_nannt werden, in dieser Logik als Dispositiv schon wieder hinfällig. Eine Annahme einer dispositiven Verfasstheit ist damit immer auch vage und Teil einer zeitlich gesprochen historischen Bestandsaufnahme. In unserem Konzept von Dispositiv sind die Möglichkeiten, etwas zu be_nennen oder wegzunennen, immer von der Folie des Nichtsagbaren abhängig, die das Dispositiv konstituiert und strukturiert, die aber nicht fassbar und zugänglich ist. Strukturelle interdependente Diskriminierungen sind in unserem Verständnis diskursiv verfasst und auf diese Weise im günstigsten Fall angreifbar, be_nennbar, veränderbar. Diese unterschiedlichen Handlungen, re_produzierende wie interventionierende und verändernde, basieren aber auf den Möglichkeitsbedingungen des Dispositivs, welches dadurch gerade nicht in Frage gestellt ist, gar nicht in der selben Art und Weise in Frage gestellt werden kann. Während wir strukturelle Diskriminierungen also in unserem Konzept auf der Ebene des Diskurses fassen, ist das Dispositiv die Ebene der transdependenten Machtverhältnisse, auf deren Basis die diskursiven interdependenten Diskriminierungen realisiert und bearbeitet werden. Diese Idee, dass es jenseits der diskursiven Ebene der Diskriminierung eine weitere Dimension gibt, basiert u. a. auf unseren Wahrnehmungen, dass es trotz aller Ver_Suche gesellschaftlicher Veränderungen ein umfassendes beharrendes Potential struktureller Diskriminierungsformen gibt, eine Unhinterfragbarkeit der Vorgängigkeit von rassifizierenden und Gendervorstellungen beispielsweise. So ist, wie unsere

---

[44] Butler 1997: 135.

[45] Vgl. hierzu auch Hornscheidt/Nduka-Agwu 2010 und Hornscheidt 2011.

Analyse zeigt, Gender in als deutsch hergestellten gesellschaftlichen Konzeptualisierungen immer auch grundlegend zweigegendert organisiert: Eine grundlegendere Infragestellung von Gender an sich als Bezugsgröße, als gesellschaftliche Ordnung findet nicht statt. Gender ist in seinen Ausformungen, Realisierungen und potentiellen Diskriminierungseffekten benenn- und verhandelbar, Gender als Größe und Kategorisierung, als Bezugspunkt und Wahrnehmungsmerkmal per se aber wird dabei nicht in Frage gestellt. Auf diese Weise, so unsere These, re_produziert sich in allen diskursiven Verhandlungen, egal ob sie nun bestimmte Gendervorstellungen herausfordern, kritisieren, analysieren oder verändern, doch auch immer wieder Gender als unhinterfragte Bezugsgröße, mit der ZweiGenderung, AndroGenderung, CisGenderung, ReproGenderung und HeteraGenderung immer auch wieder manifestiert werden. Eine grundsätzlichere Infragestellung von Genderung würde Gender an sich als Bezugsgröße und -kategorisierung de_konstruieren, wie wir es durch den analytischen Begriff KategorialGenderung als eine Realisierungsform von Sexismus be_nennbar machen wollen. Eine These in Bezug auf Veränderungen und Interventionen in strukturelle Diskriminierungen, wie wir sie weiter oben als Szenarien exemplarisch vorgestellt haben, ist, dass sie in der Regel eine oder mehrere Strategien und Realisierungsformen von Sexismus (ZweiGenderung, AndroGenderung, ReproGenderung, CisGenderung und HeteraGenderung) fokussieren, aber häufig andere unhinterfragt lassen und auf diese Weise re_produzieren. Allen diesen analytisch ausdifferenzierten Realisierungsformen von Sexismus ist gemeinsam, dass sie auch in ihrer kritischen Reflexion und in einer analytischen Dekonstruktion immer wieder Gender als Bezugsgröße aufrufen und auf diese Weise die hier sog. KategorialGenderung weiter betreiben.

Mit der zu Beginn des Artikels vorgeschlagenen Bezugnahme auf unterschiedliche sexistische Strategien und Realisierungsformen auf der Ebene des Diskurses wird es möglich, die komplexen Verbindungen von antidiskriminierenden Kämpfen und ihrem gleichzeitig sexistischen Potential genauer auszuloten und auf diese Weise feministische Politiken weiter zu verändern.

Die Ebene der KategorialGenderung würde in dem hier vorgeschlagenen Analysemodell ein Indiz für ein Dispositiv transdependenter Machtverhältnisse sein, indem Sexismus als Machtverhältnis neben anderen (lediglich analytisch trennbaren) Machtverhältnissen konstituierend ist. Anders herum formuliert bedeutet dies, dass Sexismus als gesellschaftliches Dispositiv Gender überhaupt erst schafft – und auf diese Weise dann zu nichtbenennbaren, ent_sagten Ausschlüssen führt. Gemäß der hier eröffneten Logik wäre ›Genderismus‹ ein geeigneterer Name für ›Sexismus‹, denn es geht nicht um die Konstruktion von ›sex‹[46], sondern von Gender. Die ent_sagten Ausschlüsse sind die sog. Abjekte des Dispositivs.

---

[46] ›Sex‹, das schon immer auch Gender war, vgl. Butler 2008 [1990]: 9; vgl. auch unsere Anmerkungen zum Wechsel der Begrifflichkeit von Heterasexualität zu HeteraGenderung weiter oben.

Abjekte sind die unsagbaren, die ent_sagten Außenseiten des Dispositivs, der diskursiven Äußerungsmöglichkeiten. Abjekte können ent_abjektiviert werden, indem sie aus der Sphäre der gedachten Unsagbarkcit in mögliche Sagbarkeiten überführt werden. Dazu gibt es viele Beispiele, über die politische Ver_Ortungen über Be_Nennungen geschaffen wurden und dadurch neue Standortbestimmungen und neue Politiken möglich gemacht worden sind. Die Be_Nennung von Lesben als ›eigene Gruppe‹, als getrennt von der fiktiven kollektiven Gruppe der Frauen, ist dafür ein historisches Beispiel. Adrienne Rich, die mit *Compulsory Heterosexuality and Lesbian Existence*[47] Lesben ent_abjektiviert hat, ist vielleicht eine der Feministinnen, deren Schreiben ein Beispiel für nie aufhörende Selbstreflexion in feministischer Wissensbildung ist, mit den selbstkritischen Reflexionen der eigenen Texte und ihrer klaren Ver_Ortung durch die Konzeptualisierung von ›politics of location‹[48]. Barbara Smith' Formulierung von ›Black Feminist Criticism‹ lesen wir als Wahrnehmbarmachung und Wortung der spezifischen Tradition von ›Black Feminist Literature‹, als Empowerment für ›Black feminist critics‹, mit eigenen Lesarten und Interpretationen von Literatur Deutungsmacht zu erkämpfen[49] und gleichzeitig als Vorlage für ein ›lesbian reading‹ von ent_explizierten lesbischen Inhalten. Aus contra_rassistischer Perspektive sind es v. a. Smith' Rassismuskritiken und ihre Aufforderung an *weiße_*Feministinnen, verantwortlich mit den Wissensproduktionen Schwarzer_Feministinnen umzugehen, die contra_rassistische Aspekte als Handlungsaufforderungen unseres Feminismusverständnisses prägen. Smith macht deutlich, dass es ein fast unmögliches politisches Unterfangen ist, als ›Black lesbian poet‹ die vielen Schichten der eigenen Unterdrückung zu worten.»What kind of things are finally said, when we name the unnameable?«[50], fragt sie.

Welche contra_rassistischen Fragen können wir an diese antirassistische Fragestellung anschließen? Wir sind uns bei unserem in Bezug auf Rassismus privilegiert positioniertem Lesen von Smith' Text bewusst – und leiten dieses Bewusstsein auch zentral aus ihren Theoretisierungen von Rassismus ab –, dass der Text ein anderes kollektives ›We‹ aufmacht, als wir in unserem Schreiben. Deshalb können wir Smith' Frage nicht einfach mit unserem Ver_Such, Dyke_Trans zu ent_abjektivieren, analogisieren, da in Smith' Formulierung die Bedeutungsebene des Widerstands gegen Rassismus zentral ist und wir eine solche Frage immer aus rassistisch privilegierter Positionierung stellen, was dadurch andere Bedeutungsebenen in Bezug auf Rassismus eröffnet. Außerdem wäre eine Analogisierung eine implizite Herstellung von Dyke_Trans als *weiß*, da ein additives Verständnis von Machtverhältnissen implizit zu Grunde liegen würde.»Naming the Unnameable«

---

[47] Rich 1994 [1980].
[48] Rich 2003 [1984].
[49] Smith 2000: 10, 19.
[50] Ebd.: 39; vgl. ebd.: 17, 20, 39.

ist ein antirassistischer Ansatz, der unsere contra_rassistische Formulierung von Dyke_Trans inspiriert, der literarische Wissensproduktionen heranzieht, in dem Ver_Such, nichtwortbare – nichtintelligible – Positionierungen zu worten, und uns gleichzeitig die Notwendigkeit Praktiken kritischer Ver_Ortung verdeutlicht. Smith betont z. B. die Wichtigkeit des Zusammenhangs von sozialer Positionierung, Aut_orinnenschaft und Inhalt am Beispiel der Lyrikerin Pat Parker: »Parker writes the poems that only a Black feminist dyke can write.«[51]

4.3 Was hat Dyke_Trans mit dem Analysekonzept Dispositiv zu tun?

Konkret im Rahmen unserer Konzeptualisierung ist Dyke_Trans unser aktueller Ver_Such, das Unwortbare wortbar zu machen, der Ver_Such einer Ent_Abjektivierung. Ent_Abjektivierungen können nicht aus privilegierter Positionierung stellvertretend vorgenommen werden, schlicht weil der Ver_Such nicht eine Ent_ Abjektivierung, sondern eine Re_Abjektivierung zur Folge hätte. Im Anschluss an Spivaks zahlreiche Weiterentwicklungen des Konzepts der Subalternen[52] basieren Abjekte nicht auf einem völligen Unvermögen, sich Hörbarkeit zu verschaffen, sondern sich als Abjekt Hörbarkeit zu verschaffen – eine paradoxe, sich selbst erfüllende Zirkeldefinition, die zugleich die Macht sprachlicher Be_Nennungs- und Hörmöglichkeiten deutlich aufzeigt. Spivak verdeutlicht dies mit dem Unterschied zwischen »talk« and »speak«:

> The actual fact of giving utterance is not what I was concerned about. What I was concerned about was that even when one uttered, one was constructed by a certain kind of psychobiography, so that the utterance itself – this is another side of the argument – would have to be interpreted in the way in which we historically interpret anything.[53]

D. h. z. B., dass wir uns auch vor der Ent_Abjektivierung von Dyke_Trans durch diverse Privilegierungen (relativ beschränkte? oder relativ breite?) Hörbarkeit verschaffen konnten, jedoch nicht als Dyke_Trans, sondern als Frauisierte, Weiße, deutsche_Staatsbürgerinnen etc. – und dass diese Positionierungen zugleich der Preis und die Folie für Hör- und Sprechbarkeiten gewesen sind und durch diese auch immer wieder re_produziert wurden.

Eine Folge dieser Überlegungen ist unser Ver_Such der Ent_Abjektivierung (Diskursivierung, Ver_Such der W_Ortbarmachung) von Dyke_Trans und damit eine zusammenhängende weitreichende Neukonzeptualisierung der Vorstellung von Sexismus in Bezug auf als deutsch hergestellte Verhältnisse.

---

[51] Ebd.: 42.

[52] Vgl. Spivak 1988. Vgl. Keim 2009 zu einem Zusammenbringen von Interdependenztheorien mit dem Konzept der Subalternen.

[53] Spivak 1996: 291.

48

Dyke_Trans ist für uns eine kritische Ver_Ortung, aus der eine soziale Positionierung abgeleitet werden kann und von der aus Widerstand gegen Sexismus interdependent mit anderen Machtverhältnissen denkbar wird.

5. Dyke_Trans

Dyke_Trans[54] als eine politisch verstandene, von uns in der »AG Einleitung« diskutierte und entwickelte explizite Ver_Ortung ist für uns eine momentane empowernde positive Selbstappellation für eine bisher durch Sexismus verworfene unwortbare Nichtposition, die wir als [---] darzustellen versuchen. Durch die in diesem Artikel formulierte Analyse und Neufassung von Sexismus wird Dyke_Trans zu einer Be_Nennbarkeit einer diskriminiert konstruierten Positionierung und ist damit wortbar, analysierbar, ansprechbar. Damit ist auch die Möglichkeit gegeben, auf der diskursiven Ebene spezifisch und gezielt gegen die Diskriminierung von Dyke_Trans anzugehen – was nicht möglich ist, wenn es eine so ausdifferenzierte Be_Nennung nicht gibt. Die Be_Nennung ist erst durch die zuvor in diesem Artikel erläuterte Ausdifferenzierung sexistischer Realisierungsformen entstanden. Erst durch diese Ausdifferenzierung ist es uns möglich gewesen, die komplexe und spezifische Diskriminierung von Dyke_Trans zu worten. Die Wortung der Diskriminierung ist zugleich die Voraussetzung für die Wortung einer positiven kollektiven Appellation, die Dyke_Trans daraus geworden ist. Dyke_Trans als empowernde Selbstappellation drückt eine positive, kollektive Identifikation mit Fe_minismus, eine antisexistische Ver_Ortung, widerständiges Aneignen von Räumen, politisches Selbstverständnis, eine Lebenseinstellung aus.

Die Be_Nennung Dyke_Trans ist die auch begrifflich zum Ausdruck gebrachte positive Bezugnahme auf und Identifikation mit Feminismus im hier verstandenen Sinne. Sie kritisiert damit die Ausschlüsse, die mit konventionalisierten Be_Nennungen von gegen zwei_cis_hetera_kategorial_repro_gegenderte Vorstellungen von Gender, wie ›Frau‹, ›Hetera/s‹, ›Lesben‹ etc. einhergehen. Die Be_Nennung Dyke_Trans ist damit auch eine völlige Abgrenzung von konventionalisierten Be_Nennungen von ›weiblicher Homosexualität‹ oder auch ›lesbischen Frauen‹ (in unserer momentanen Gebrauchsweise der Appellationsform nicht das selbe wie ›Lesben‹), die in einem naturalisierten KategorialGendermodell verhaftet sind und dieses re_produzieren.

Dyke_Trans ist der Ver_Such einer Be_Nennung, die bisher nicht durch positive strategische Re_Signifizierungen funktioniert – dazu hätte sie in der Vergangenheit diskursiv sein müssen –, sondern die konventionalisierten, ent_feministischen Be_Nennungen eine neue Be_Nennung entgegensetzt und auf diese Weise [---] als Dyke_Trans ent_abjektiviert. Ausgehend von der These, dass es in

---

54 Zu Vorüberlegungen vgl. Tudor 2010b.

Bezug auf die Be_Nennung von Machtverhältnissen keine symmetrischen Appellationspraktiken geben kann,[55] ist die personale Appellationsform Dyke_Trans die selbstgewählte, jenseits von Symmetrien gedachte Form für feministisch ver_ortete Personen.

Femi_nistinnen sind für uns Dyke_Trans zum momentanen Zeitpunkt an den Orten unserer Leben. Zu unserer eigenen Ver_Ortung als Dyke_Trans gehört auch eine kontinuierliche Reflexion unserer Positionierungen. Dyke_Trans ist für uns eine prozessuale Ver_Ortung und daraus abgeleitete Positionierung, die immer wieder neu überlegt, gefüllt, re_signifiziert und gedeutet werden kann und muss, von Personen, die sich als Dyke_Trans ver_orten. Die Positionierung ist einerseits durch Sexismus bedingt, durch die sie erst geschaffen ist (ohne Sexismus gäbe es keine Dyke_Trans-Personen), ist gleichzeitig und zuerst Aus_Druck einer widerständigen Ver_Ortung, die nicht nur durch sexistische Machtverhältnisse re_Produziert ist, sich nicht in ihnen auflöst, sondern eine eigene widerständige Ver_Ortung zu genau diesem transdependenten Machtverhältnis einnimmt.

Die personale Appellation ›Lesben‹ wird in deutschen momentanen Kontexten oft als die Be_Nennung einer Orientierung auf ›Frauen‹ bzw. Frauisierte gebraucht, nicht aber notwendigerweise auf Femi_nistinnen. Auch wenn wir uns teilweise ›historisch‹ auf Begriffe wie ›Lesbe‹ oder ›Transgender‹ positiv bezogen haben, geben wir sie hier aufgrund ihrer häufig Zwei-, Cis-, Repro- und/oder KategorialGenderung herstellenden konventionalisierten Gebrauchsweisen zugunsten von Dyke_Trans auf.[56] Die Formen Dyke_Trans und Femin_istin sind also gegenseitig häufig ersetzbar und je nach Kontext und Situation anwendbar.[57] ›Lesben‹ verstehen wir als mehrdeutige Appellation und sind uns als Schreibykes[58] dieses Textes auch nicht einig über die genauen Bedeutungen, die wir mit dem Begriff verbinden.

---

[55] Vgl. Lanns Artikel in diesem Band.

[56] Das heißt nicht, dass ›Lesbe‹ oder ›Transgender‹ als Selbstbezeichnungen unserem Verständnis von Dyke_Trans notwendigerweise entgegenstehen, sondern durchaus anschlussfähig sind, wenn sie in dem hier eröffneten Sinne von ›Dyke_Trans‹ gebraucht werden. Vgl. auch Verwendungsweisen und Diskussionen zu Verwendungsweisen in Zimmerman/McNaron 1996; Clarke 2002; Wilchins 2002; Nangeroni/McKenzie 2002. Zur Kritik an lesbischer Identitätspolitik und einer Konzeptualisierung von ›devianten Subjekten‹ als ›Differenz innerhalb von Identität‹ vgl. Hark 1996a. Auch im Sammelband *Grenzen lesbischer Identitäten* (Hark 1996b) werden Fragen nach Definition und Abgrenzung von lesbischen Politiken und Identitäten verhandelt.

[57] Wie bereits weiter oben kurz erwähnt, würden wir für zukünftige und nachfolgende Texte die personale Appellationsform Fem_inistin mit Dyke_Trans ersetzen. Vgl. auch Clarke 2002: 234:»Lesbianism and feminism are mutually instrumental practices. In fact, I said earlier – they are ›dopplegangers‹. Each stands in for the other. I prefer what dykes are putting down.«

[58] Für eine Erläuterung dieser Form, die eine personale Appellationsform ist, um Dyke_Trans sag-, hör-, schreib- und lesbar zu machen, vgl. den Artikel von Lann in diesem Band.

›Lesbisch‹ als mühevoll angeeigneter positiver Begriff in Teenag_erinnenjahren, als ein ständiges Kämpfen darum, sein zu dürfen. ›Lesbe‹ als ausschließender Begriff für frauenbezogene Frauen, ›Lesbe‹ als Be_Nennung für sich klar als Frauen definierende Personen. ›Lesbe‹ als das, was im öffentlichen Sprachgebrauch immer hinten runterfällt – entweder es geht um ›Homosexuelle‹ (meint Typen) oder um ›Schwule‹ (meint auch Typen) oder um ›Queers‹ (meint sehr oft auch Typen) oder um ›Frauen‹ (meint Heten) oder seit Neuestem vermehrt um ›Ladyz und Trans‹ (meint ... was eigentlich?). Auf der anderen Seite: ›Lesben‹ inflationär angedeutet und aber dennoch reduziert auf das ›L‹ – in ›L-Word‹ und der ›L-Mag‹ und den ›L-Tunes‹ oder sonstigen konsumorientierten Medienvermarktungen –, Lesben, die auf keinen Fall aussehen wie Lesben oder eben nicht anders aussehen, leben, konsumieren als Heten: heteroide Lesben. Heteroide. Lesben!

Oder: ›Lesben sind keine Frauen‹?[59] Wittigs Ausführungen sind spannend für unsere Konzeptualisierung von Dyke_Trans, denn Wittig stellt die Möglichkeit radikal in Frage, sich als Femini_stin positiv auf Weiblichkeit zu beziehen. ›Frau‹ ist eine unterdrückende Kategorie, die ausschließlich in einem heterasexistischen Rahmen Bedeutung hat, betont Wittig. ›Heterosexualität‹ sei ein politisches Regime, das sich durch die Herstellung, Unterdrückung und Aneignung von Frauen konstituiert.[60] Die lesbische Weigerung, eine Frau zu werden oder zu bleiben, und die Abkehr von gesellschaftlich zugeschriebener Weiblichkeit trage dementsprechend zur Überwindung heterasexistischer Unterdrückung bei.[61]

Bevor wir uns also als ›Ladyz‹ bezeichnen, nehmen wir lieber Trans, auch wenn wir wissen, dass es anders als das ›Trans‹ in ›Dyke_Trans‹gemeint ist. Ist Trans ein Begriff, der Sexismus ent_wahrnehmbar macht? Ist ›Lady‹ irgendwie antisexistisch re_signifizierbar? Wieso haben eigentlich alle vergessen, dass Lesben keine Frauen sind (und deswegen auch keine Ladyz)? Wieso gibt es ›auf Deutsch‹ eigentlich kein Wort für ›Dyke‹? ›Bollera‹? ›Flata‹? Würde das irgendwas besser machen? Ist ›Dyke‹ ein Modewort, das in deutschen Kontexten nicht mit Widerstand assoziiert wird, steht ihm deswegen eine ›Karriere‹ wie dem Wort ›queer‹ bevor? Hat Anzaldúas Bemerkung, ›Dyke‹ sei in den USA von *weißen*_akademischen_Lesben angeeignet worden und sei eigentlich eine Ver_Ortung, die von Schwarzen, PoC und Arbeiteri_nnenklassekontexten ausgehend geprägt wurde,[62] Auswirkungen auf die Möglichkeit, den Begriff aus unserer Positionierung heraus

---

[59] Vgl. Wittig 1992: 13.

[60] Ebd.: xiii.

[61] Ebd.: 13. Wittigs Tendenz zu einem universalisierenden und in Bezug auf Rassismus macht_ent_nennenden Ansatz birgt jedoch diskriminierende Aneignungen und bietet deshalb für unsere Konzeptualisierung von Feminismus keine unproblematischen Anknüpfungspunkte (vgl. auch Tudor 2010b).

[62] Vgl. Anzaldúa 2009: 164. Anzaldúa machte diesen Vorwurf der Aneignung auch für den Begriff ›queer‹.

verantwortlich zu verwenden? Ist es möglich, einen unproblematischen, nichtaus-
schließenden, nichtangeeigneten Begriff zu finden?

Wieso fahren deutsch_statisierte_Lesben nach Lesbos? Um dafür zu demons-
trieren, Flüchtlinge aus den Lagern zu befreien und sich für offene Grenzen einzusetzen? Oder um am Strand im Bikini Cocktails zu trinken? Oder zum Wandern
und Rad fahren in den Bergen?

Sind Feministinnen Frauen und heteragegendert und Lesben Frauen und nicht-
feministisch? Sind Lesben ›weibliche Homosexuelle‹ oder ›maskuline Frauen‹ oder
›gay girls‹? Sind Lesben zwei- und kategorialgegendert und Trans... äh ... auch?
Ist Trans queer? Ist Trans irgendwie feministisch? Sind Dykes trans? Sind Trans
dyke? Ist es allen Lesykes klar, dass wir hier nicht über ›Identitäten‹ sprechen?
Und von wo kommt eigentlich das Gerücht, bei Feminismus müsse es um ›Frauen‹
gehen? Wieso gibt es ›auf Deutsch‹ eigentlich kein Wort für ›Dyke_Trans‹? – Jetzt
gibt es eins! Vielleicht, kurz mal.

> Indeed, gender would be a kind of cultural/corporeal action that requires a new
> vocabulary that institutes and proliferates present participles of various kinds, re-
> signifiable and expansive categories that resist both the binary and substantializing
> grammatical restrictions on gender.[63]

Dyke_Trans ist der Versuch einer Diskursivierung einer verworfenen Position hin
zu einer kritischen Ver_Ortung; ein positiv gemeinter, stark gewollter Selbstbe-
nennungsver_Such. Dyke_Trans ist hier als Aus_Druck einer kontinuierlichen
Infragestellung hegemonialisierter KategorialGenderungsvorstellungen überhaupt
– und darin Frauisierungsvorstellungen, eine kontinuierliche Überschreitung von
Konventionen, eine Herausforderung und Irritation, keine Identifikation mit einer
Seite in einem Modell von ZweiGenderung, sondern eine Ablehnung und Kritik
der Idee von Zwei- und darüber hinausgehend KategorialGenderung, eine Ablehnung von Pathologisierungen, Eineindeutigkeiten, Vereinnahmungen und dem
Rahmen, in dem diese stattfinden.

Gender Trouble[64] ist ein wichtiger Punkt in den Bildungen unserer Verständnisse von Feminismus. Gender Trouble ist eine Intervention in Feminismus, die
gleichzeitig feministisch ist und die neue Maßstäbe dafür bietet, was ›feministisch‹
bedeutet. Butler erklärt: »I was writing in the tradition of immanent critique that
seeks to provoke critical examination of the basic vocabulary of the movement
of thought to which it belongs.«[65] Wir haben viel von dem ›basic vocabulary‹,
das Butler anbietet, aufbereitet, strategisch re_signifiziert, gelernt. Für uns empowernd: Sex war schon immer Gender,[66] Körper sind keine Essenzen und Subjekten

---

[63] Butler 2008: 153.
[64] Butler 2008 [1990].
[65] Ebd.: vii.
[66] Ebd.: 9.

zu Grunde liegend, sondern durch Machtverhältnisse konstruiert und naturalisiert, ›Frauen‹ sind keine vorgängigen, sich-selbst-erklärenden Subjekte des Feminismus, Gender muss nicht unbedingt heteragegendert bedeuten...

Und für das Verstehen von Machtverhältnissen wichtig, jedoch auch sehr schmerzhaft: »[...] ›persons‹ are only intelligible through becoming gendered in conformity with recognizable standards of gender intelligibility«.[67] Was bedeutet: Passt du nicht, bist du innerhalb der Regeln, die die Bedingungen von Lesbarkeit bestimmen, nicht ›lesbar‹, fällst du aus dem, was westliche Gesellschaften unter ›Personen‹ verstehen, heraus. Dyke_Trans. Abjekte, Dispositiv.

Dyke_Trans ist eine mögliche W_Ortung für eine solidarische gemeinsame Ver_Ortung für Personen, die sich selbst vielleicht als Lesben, Transgender, butch boys, Genderqueers, femmes, Dykes, Trannies, Butches oder Intersexed etc. verstehen. Was alle diese Selbstverständnisse unserer Idee nach gemeinsam haben können, ist eine Ablehnung und De_Konstruktion von und/oder ein Nichtpassen in Zwei_Hetera_Repro_Cis_KategorialGenderung sowie ein politisches Handeln aus einer sozialen Positionierung heraus, die durch sexistische Diskriminierung über genau Zwei_Hetera_Repro_Cis_KategorialGenderung hergestellt ist. D. h., die eigene (kollektive) Anti-Gender-Ver_Ortung ist die politische Ver_Handlung von sozialen Positionierungen, die über Sexismus hergestellt werden – und zwar Sexismus in dem Sinne, wie wir es hier analytisch konzeptualisieren.

Unsere Fassung von Sexismus verwirft geläufige (queere und heteragegenderte) Bedeutungsebenen, die eine (macht_ent_nennende) Unterscheidung von Gender und ›Sexualität‹ oder gar ›sexueller Orientierung‹ oder ›Neigung‹ vornehmen oder gar eine Dreiteilung in Sex, Gender und Begehren und damit wieder eine Naturalisierung in das Modell hereinholen: »Mein Begehren ist nun mal so...«

Eine Dyke_Trans-Ver_Ortung wird über einen Bezug zu antisexistischen Bewegungen und Geschichte_N hergestellt und ist dort politisch und genealogisch ver_ortet. Die Konzeptualisierung von ›Dyke_Trans‹ ist der Ver_Such der Wortung einer Abjekt-Positionierung, die paradoxerweise erst durch (unsere) Diskursivierungen als eine soziale Positionierung gefasst werden kann, d. h. als Abjekt eigentlich keine Positionierung sein kann und deswegen weder wort- noch fassnoch denkbar ist. Eine Be_Nennung als Abjekt ist immer eine posthoc analytische Zu_Schreibung. Mit der Selbstappellation als Dyke_Trans ent_abjektivieren wir Dyke_Trans und schaffen damit – potentiell – auf diskursiver Ebene eine kollektive soziale Positionierung, die vorher nicht nur lediglich ent_erwähnt war (was sich auf die Ebene der Diskursivierung bezieht), sondern jenseits der Diskursebene als Abjekt im Rahmen des Diksriminierungsdispositivs nicht konzeptualisierbar war. Vor unserem Ver_Such einer Ent-Abjektivierung gab es lediglich das diffuse kollektive normalisierte Übelkeitsgefühl und die ständige Frage, warum wir die Analysen von als fassbar hergestellten Diskriminierungen (wie z. B. das herkömmliche

---

[67] Ebd.: 22.

Verständnis von Sexismus, sog. Homophobie, sog. Transphobie, sog. Lesbenfeind-
lichkeit etc.) weder einzeln noch teilweise noch intersektional oder interdependent
passend fanden. Ent_abjektivierte soziale Positionierungen (Dyke_Trans) sind
also als solche über die W_Ortung der kritischen Ver_Ortung (Dyke_Trans) fassbar gemacht worden. Wann wird eine ent_abjektivierte kritische Ver_Ortung zu
einer sozialen Positionierung? Wenn sie expliziter, fass- und konzeptualisierbarer
Teil von diskursiven Diskriminierungen wird, d. h., wenn explizit diskriminierend
Dyke_Trans appelliert werden und es Widerstandsstrategien dagegen geben kann.

Wir schlagen mit unseren Überlegungen zu Sexismus und Feminismus in diesem Artikel damit abschließend eine kritische Ver_Ortung über die Be_Nennung
Dyke_Trans vor und benutzen dazu ein (relativ) machtvolles diskursives Mittel,
eine (auch wissenschaftlich einlesbare) Publikation in Buchform. Wenn dieses
Buch das einzige ist und bleibt, welches Dyke_Trans benutzt und als kollektive
kritische Ver_Ortung sexistischer Diskriminierung verwendet, d. h., wenn die
Konzeptualisierung nicht in weiteren kollektiven kritischen Selbstver_ortungen
verwendet wird, könnte es gemäß unserer Vorstellung von Dispositiv also sein,
dass Dyke_Trans ein kurzzeitiger Ver_Such einer Wortung einer Diskriminierung
ist, die durch ihre fortgesetzte Nichtwortung wieder zu einem Abjekt wird. Hier
kommt es aber nicht auf das Aufnehmen des genauen Begriffs an, sondern auf das
Anschließen an die hier eröffneten Bedeutungen von Dyke_Trans. Die Entscheidung darüber, ob Dyke_Trans ent_abjektiviert wird, liegt also in umfassenderen
diskursiven Bewegungen der Verwendung und Verwerfung von kritischen Ver_Or-
tungen und den damit einhergehenden Entscheidungen zu positionierten Politiken
und damit gleichzeitig auch in einem Spannungsverhältnis dazu Teil diskursiver
Diskriminierungen zu werden. D. h. nicht, dass es vor der W_Ortung als Dyke_
Trans keine Diskriminierungen gegen Dyke_Trans gegeben hat, sondern nur, dass
sie nicht wortbar waren, dass sie so grundlegend waren, dass sie nicht intelligibel
waren, dass sie unter frauisierenden, heteragenderisierenden, reprogenderisieren-
den und/oder cisgenderisierenden Diskriminierungen, die gleichzeitig in ihrer Ausschließlichkeit als sexistische Diskriminierungen in öffentlicher Wahrnehmung
Dyke_Trans als Abjekt re_produziert haben, subsumiert waren.

Durch die Ausdifferenzierung von Sexismus als das Machtverhältnis, das
Dyke_Trans als über Zwei_Andro_Hetera_Repro_Cis_KategorialGenderung diskriminiert konstruiert und die hier vorgenommene Analyse, dass diskursiv bei
Verhandlungen von Sexismus bisher lediglich auf die Ebene der Zwei_Andro_He-
tera_Repro_CisGenderung (= Frauisierung) zugegriffen wurde und werden konnte, wird Dyke_Trans erst über die widerständige kritische Ver_Ortung als soziale
Positionierung denkbar. Nur damit werden die Effekte der Machtverhältnisse, die
diese Positionierung herstellen, angreifbar.

Die Appellation Dyke_Trans macht somit auch antisexistischen Widerstand
denk-, leb- und handelbar. Mit der analytischen Ausformulierung von Andro_He-
tera_Repro_Zwei_Cis_KategorialGenderung können Prozesse der Privilegierung,

Diskriminierung und Deprivilegierung differenziert in Bezug auf Sexismus analysiert werden. Damit wird auch die Möglichkeit eröffnet, die eigene Beteiligung von androsexistisch Diskriminierten (also HeteraGegenderten) an Sexismus zu hinterfragen. Im Anschluss an Rich re_definieren wir »compulsory heterosexuality« – HeteraGenderung mit unserem Begriff – (Rich 1994) als Teil der Frauisierung von Lesben, Trans und Dyke_Trans, über die sie diskriminiert werden. HeteraGenderung lässt Hetisierte jedoch an Privilegien von AndroGenderung teilhaben. Von Zwang kann also nicht ausschließlich die Rede sein, sondern vielmehr wirkt ein Teilaspekt von Sexismus, den wir in Anlehnung und Weiterentwicklung von Butler als HeteraGenderung analysiert haben. Butler de_konstruiert mit der Konzeptualisierung des Terms ›Heterosexuelle Matrix‹ die normierenden und normalisierenden Machtpraktiken, die grundlegend gesellschaftsbildend wirken und die jenseits von individuellen Willensentscheidungen liegen.[68] Es geht auch bei den hier konzeptualisierten Dyke_Trans Ver_Ortungen nicht um individuelle Lebensentwürfe oder Identitäten, sondern um die Bildung von widerständigem Bewusstsein und daraus folgenden grundlegenden Veränderungen von Lebens-, Liebens- und Bezugsmustern als Veränderung von gesellschaftlichen Strukturen. Dyke_Trans ist also auch eine Epistemologie und politische Bewegung, was sich in Begriffen wie »Dyke_Trans Theories«, »Dyke_Trans Bewegungen« zeigen könnte.

Femin_ismus ist immer und grundsätzlich prozessual für uns, und dieses Prozesshafte ist ein wichtiger Bestandteil des Feminism_us als Dyke_Trans und nicht ersetzbar, nicht abschließbar. Das Prozessuale bezieht sich auf die kontinuierliche Reflexion transdependenter Machtverhältnisse und wie sie sich diskursiv interdependent realisieren. Wenn Femin_ismus abschließend und fertig definiert ist, würde dies unserem Verständnis widersprechen. Fe_minismus muss immer auch konkret situativ, auf bestimmte Zeiten und Räume bezogen sein, die konkreten strukturellen Machtverhältnisse zu einem bestimmten Zeitpunkt an einem bestimmten Ort (mit all seiner zeitübergreifenden Bedingtheit, mit all seiner ortsübergreifenden, translokalen Bedingtheit) mitreflektieren und sich auf diese beziehen. Feminis_mus ist keine Hülle, kein jemals fertig werdendes Konzept, sondern ist die kontinuierliche kritische und handlungsbezogene Reflexion, das kontinuierliche reflektierte Kämpfen gegen inter- bzw. transdependenten Sexismus. Wir können uns als Dyke_Trans be_nennen, aber nur‹ wenn wir nie damit fertig sind, diese Ver_Ortung zu reflektieren und vielleicht auch in Frage zu stellen, sonst wäre es nicht mehr feministisch, wenn wir glauben würden, irgendwann mit der Reflexion und Auseinandersetzung mit strukturellen Machtverhältnissen und ihren Effekten und unseren Privilegierungen fertig zu sein.

So wie unsere Dyke_Trans-Ver_Ortung durch Sexismus (Genderismus) geschaffen ist, und auch Notwendigkeit des Über_Lebens und Widerstand gegen Sexismus in einer paradoxen Bewegung ist, so ist sie gleichzeitig auch speziell

---

[68] Butler 1990, 1993.

in unserem Fall durch die Ver_Ant_WOrtung zu contra_rassistischen Handlungen und auch weiterbewegenden Lernprozessen und Reflexionen in Bezug auf andere Machtverhältnisse, die hoffentlich zukünftig zu ver_ant_wOrtungsvollen Handlungen führen, konstituiert: Wir sind in Bezug auf verschiedenste Machtverhältnisse privilegiert positioniert, und diese komplexe Positionierung führt zu komplexen Handlungsmöglichkeiten und -unmöglichkeiten, von Selbstverständlichkeiten. Für dieses Buchprojekt bedeuten sie die Notwendigkeit, einen Aus_Tausch mit anderen Dyke_Trans zu haben, immer wieder, immer wieder neu.

Audre Lorde macht ein ›Wir‹ als punktuelle Möglichkeit des solidarischen Zusammenschlusses, der gemeinsamen vorübergehenden femini_stischen Ver_Ortung auf, an das wir uns aus contra_rassistischer Perspektive in Bezug auf Dyke_ Trans-Ver_Ortungen als nichthomogene komplexe politische Zusammenschlüsse von interdependent privilegiert und diskriminiert Positionierten anschließen:

> Change means growth, and growth can be painful. But we sharpen self-definition by exposing the self in work and struggle together with those whom we define as different from ourselves, although sharing the same goals. (Lorde 2007c [1984c]: 123)

Wir wollen mit diesem Text unsere Such_Bewegungen transparent machen, unsere Fragen formulieren, Anknüpfungspunkte zum Weiterdenken und -handeln, zum Re_Agieren für andere Dyke_Trans schaffen. Wir wollen in Kommunikation treten und Netzwerke bilden, Handlungsformen andenken und – wie durch diesen Text – ausprobieren. Wir wollen uns zeigen und wir wollen uns ›safe spaces‹ erdenken, wir wollen verstehen und neue Fragen stellen und Verstehen und neue Fragen bekommen.

Alyosxa Tudor

feminismus w_orten lernen

*Praktiken kritischer Ver_Ortung
in feministischen Wissensproduktionen[1]*

»Praktiken kritischer[2] Ver_Ortung« ist eine Konzeptualisierung, die auf Ideen von Positionierung und Lokalisierung von und in feministischen Wissensbildungen wie »Black feminist thought« (Collins) und »politics of location« (Rich) aufbaut und Handlungsimpulse aus ihnen generiert. Alleine die Be_Nennung dieser Konzepte macht deutlich, dass sie aus unterschiedlichen Ver_Ortungen heraus konzeptualisiert wurden und dementsprechend nicht einfach in jeden Kontext übertragbar sind – kritische Ver_Ortungen sind also nötig, um die verschieden ver_orteten Konzeptualisierungen verantwortungsvoll zu lesen und für die eigenen Wissensbildungen umzusetzen.

Praktiken kritischer Ver_Ortung ist eine Konzeptualisierung, die von mir für einen als deutsch konstruierten Kontext und für → dyke_trans-politische Bewegungen und damit verbundene Wissensbildungen formuliert ist. Es sind Ver_Suche (eigene) → soziale Positionierungen bei der Produktion von Wissen zu reflektieren und zu hinterfragen bzw. empowernd einzusetzen, auf verschiedenen Ebenen der Wissensproduktion zu explizieren und zu theoretisieren und Interventionen in Effekte gesellschaftlicher → Macht- und in → Diskriminierungsverhältnisse[3] daraus abzuleiten. Dies bedeutet auch, Erkenntnisperspektivierungen in gegenseitiger Konstitution mit → privilegierten oder

---

[1] Dieser Artikel wäre in dieser Form nicht möglich gewesen ohne die enge Zusammenarbeit und die Diskussionen in der »AG Einleitung« mit Evelyn und Lann und deren wichtigen Kommentierungen in allen Entstehungsphasen dieses Artikels. Im Rahmen dieses Buchprojekts danke ich auch Aistė Paškauskaitė, Claude Preetz und J.ay für Anmerkungen an frühere Fassungen. Für spannende Kommentierungen einer sehr frühen Ideensammlung danke ich Adibeli Nduka-Agwu.

[2] Zu meiner Verwendung von ›kritisch‹ vgl. unten.

[3] Ich schreibe hier von Interventionen in (Effekte) von Macht- und Diskriminierungsverhältnisse(n), weil ich ein Nachdenken darüber anregen will, auf welcher Ebene Interventionen wirken und wie beispielsweise Interventionen in Effekte auch Auswirkungen auf die Effekte herstellenden Verhältnisse haben. Direkte Interventionen in Machtverhältnisse auf dispositiver Ebene sind sehr schwer vorstellbar, aber theoretisch über Interventionen in deren Effekte indirekt und nicht willentlich steuer- oder vorhersehbar möglich (vgl. Feminismus-Artikel in diesem Band, S. 39f). Ich danke Lann für Hinweise zu diesem Punkt.

→ diskriminierten → Positionierungen zu begreifen. Privilegierungen und Diskriminierungen sind durch Machtverhältnisse getragene, ständig auf verschiedenen gesellschaftlichen Ebenen wirkende und Machtverhältnisse re_produzierende Herstellungsprozesse von sozialen Positionierungen. D. h. konkret, dass meine soziale Positionierung auf verschiedene Weisen für meine Wissensproduktion konstituierend ist. Kritisch ver_ortete Wissensproduktionen reflektieren diese Zusammenhänge, de_konstruieren fortwährend die Wirkweisen der gegenseitigen Konstitution von sozialer Positionierung und Wissensbildungsprozessen und – dies ist grundlegend für meine Konzeptualisierung – leiten → widerständige Handlungsimpulse daraus ab. Solche Handlungen, die ich als → contra_rassistisch, → antimigratistisch und _antisexistisch ver_ortet verstehe, sind es, meine eigenen Wissensbildungen kritisch zu ver_orten und Forderungen nach kritischer Ver_Ortung an andere feministische Wissensproduktionen zu stellen. In meinen Reflexionen zentriere ich Sexismus und → Migratismus[4], über die ich als diskriminiert hergestellt werde, sowie Rassismus, der mich als privilegiert positioniert. Die Fokussierung auf diese drei bedeutet nicht, dass ich Machtverhältnisse wie Antisemitismus, Antiziganismus und → Ableismus als nicht so wichtig erachte, sondern lediglich, dass mir eine tiefer gehendere Auseinandersetzung, die eine mehr als punktuelle Reflexion ermöglichen würde, noch fehlt.[5]

Praktiken kritischer Ver_Ortung sind nie bloße Selbst_Benennungen (und schon gar nicht lediglich vorangestellte), sondern finden auf verschiedenen Ebenen der Wissensproduktion statt. Zu kritischer Ver_Ortung gehören explizite Reflexionen der Konstruktionen von Material und Forschungsliteratur, von Kanonisierungen, Genealogisierungen, → Sprachgebrauch, Themenwahl, Adressierungen, Be_Nennungspraktiken, Selbst_ und Außen_Re_Positionierungen und Außen_ Ver_Ortungen etc. Da jegliche Wissensproduktion in der einen oder anderen Form Ver_Ortung auf den genannten Ebenen herstellt, vertrete ich die These, dass es keine nicht ver_orteten Wissensproduktionen gibt, sondern lediglich ent_ver_ortete Wissensproduktionen, die über Neutralisierungen und Universalisierungen der eigenen Ver_Ortung diskriminierend wirken.

Wie lässt sich gegen ent_ver_ortete Wissensbildungen intervenieren? Auf welchen Ebenen des eigenen Produzierens von Wissen und wie können Ver_Ortungen expliziert werden, um Ent_Ver_Ortungen zu vermeiden? In welchem Verhältnis stehen kritische Ver_Ortungen und soziale Positionierungen? Und wie können Mo-

---

4   Vgl. Tudor 2010a.
5   Handlungsimpuls ist hier ganz klar, das zu verändern. Wichtig an diesem Verständnis von Handlung ist, dass es nicht um voluntaristische Ideen im Sinne von »Ich entscheide jetzt autonom, mich mal mit Machtverhältnissen zu beschäftigen« geht, sondern dass diese ›Entscheidungsfähigkeit‹ durch meine positionierten Implikationen in politischen Kämpfen und das dort gebildete Wissen mithervorgebracht wird. Zum Zusammenhang von politischen Kämpfen, sozialen Positionierungen und kritischen Ver_Ortungen vgl. unten.

mentaufnahmen prozesshafter komplexer Machtpositionierungen in ihren Ambivalenzen und Brüchen für feministische Wissensproduktionen gew_ortet werden? Die hier eröffnete Idee ist eine Ausdifferenzierung von feministischen Interventionsmöglichkeiten und Wissenschaftskritik auf Basis des machtanalytischen Feminismusmodells, das in der »AG Einleitung« konzeptualisiert wurde. Wir unterscheiden darin analytisch zwischen der Ebene → transdependenter Machtverhältnisse als → Dispositiv momentaner deutscher Verhältnisse und → interdependenter → diskursiver struktureller Diskriminierung. Nur auf letzterer Ebene sind Interventionen möglich und auch Praktiken kritischer Ver_Ortung sind als diskursive Strategien dort angesetzt. Das W_Orten einer vorher nicht be_nennbaren Diskriminierung ist auch eine widerständige Handlung – kritische Ver_Ortung kann also paradoxerweise manchmal die Ebene des Dispositivs berühren (vgl. Feminismus-Artikel in diesem Band, S. 49ff).

Mit dem Begriff ›Ver_Ortung‹ fängt mein Schreiben an, die Infragestellung der Metapher des Ortes[6] zeigt, wie prekär Ver_Suche sind, soziale_politische Positionierungen zu theoretisieren. Wenn eine Metapher dafür gefunden, wenn eine Möglichkeit ausprobiert ist, kann sie im nächsten Moment verändert, problematisiert oder verworfen werden. Nichts mehr auszuprobieren und sich damit scheinbar nicht mehr angreifbar zu machen, kann jedoch keine feministische Intervention sein!

Ich beginne mit einer Feststellung, die ich als politisch verantwortungsvoll deklariere, einem Aneignen von Definitionsmacht, einem Bekräftigen dessen, was mir politisch wichtig ist, was sich aus den Diskussionen und Texten und Aktionen der letzten Jahre für mich herausgeformt hat, was auch nicht meine Idee alleine ist, sondern eine unaufdröselbare Assemblage aus (anti/contra_rassistischen) feministischen Solidaritäten, Interventionen, Geschichte_N und Ver_Ant_W_Ortungen:[7] Praktiken kritischer Ver_Ortung sind für feministische Wissensproduktionen – seien sie nun akademisch, aktivistisch oder beides oder nichts davon – dringend nötig, nicht wegred- und unverzichtbar!

Es wird in diesem Text kein vorgefertigtes Schema, keine kleine Abhakliste,

---

[6] Vgl. Unterkapitel »Metaphern der W_Ort_Losigkeit« in diesem Artikel und Keim 2011, unveröffentlichtes Manuskript.

[7] Für viele Diskussionen um inter-/transdependente Macht- und Diskriminierungsverhältnisse und Praktiken fe_ministischer Ver_Ant_W_Ortung und v. a. Möglichkeiten des Widerstands ein Dankeschön an meine Freu_ndykes/innen und feminist_ischen Verbündeten AnouchK Ibacka, Evelyn, Franziska Maetzky, Ja'n Sammler und Lann. Ganz besonders großer Dank geht an Desiree Pilz, mit der ich am Anfang meines Studiums ein Referat zu »Black Feminism und Critical Whiteness« gehalten habe und die mich aus antirassistischer Perspektive aufgefordert hat, mich dazu zu positionieren. Danke auch an Aretha Schwarzbach-Apithy als Leiterin eines Projekttutoriums und an Grada Kilomba und Maisha Eggers als Doze_ntinnen, Vortragende und Workshopleiterin_nen für Interventionen und Analysen, die mir die Chance gegeben haben, etwas über Machtverhältnisse und meine eigenen Privilegierungen in Bezug auf Rassismus zu lernen.

keinen Freifahrschein und keine Gebrauchsanweisung für feministische Ver_Ortung geben, sondern die Aufforderung, Verantwortung zu übernehmen, und zwar nicht statisch und festgeschraubt, sondern immer neu reflektiert, im solidarischen Austausch mit anderen, immer offen für neue Infragestellungen und Impulse – immer unterwegs, nicht auf der Stelle bleibend.

Praktiken kritischer Ver_Ortung – Politics of Localization

> What makes us decide we have to re-eduacte ourselves? Even those of us with »good« educations? A politicized life ought to sharpen both the senses and the memory. (Adrienne Rich)[8]

Kontinuierliche Such_Bewegungen sind grundlegend für kritische Ver_Ortungen und notwendiger Bestandteil von Praktiken feministischer Wissensproduktion (vgl. Feminismus-Artikel). Die Relevanz kritischer Ver_Ortung ist hier von mir aus den Praktiken und Problematiken von anti/contra_rassistischen_feministischen Wissensproduktionen generiert (und ist auf weiter gefasste Interdependenzen kritisch ver_ortet übertragbar), denn diese stellen die Annahme grundlegend in Frage, dass es objektive, allgemeingültige und universelle Wahrheiten gebe, die jenseits von Machtverhältnissen Bedeutung haben.

Die Idee von Ver_Ortung ist grundlegend für viele anti- und teilweise auch contra_rassistische_feministische Wissensbildungen und ich beziehe mich im Folgenden auf viele solcher Konzeptualisierungen. Zunächst werde ich beispielhaft meine Lesarten von zwei Ausformulierungen von positionierter feministischer Wissensbildung skizzieren, die ich als wichtige Fundamente und Impulse für meine Konzeptualisierung verstehe.

a) »politics of location« – Adrienne Rich[9]
Adrienne Rich interveniert mit ihren »Notizen« zu »politics of location« in *weiße* feministische Wissensbildungen und deren Tendenz, das Verständnis von ›Frauen‹ zu universalisieren. Sie macht klar deutlich, dass es kein universelles Wissen zu den Lebensbedingungen von ›Frauen‹ geben kann und kritisiert und revidiert ihre eigenen früheren Texte, in denen sie ein ›universelles Patriarchat‹ postulierte. Grundlegend für meine Konzeptualisierung ist Richs Selbstreflexion und -revidierung der eigenen Wissensproduktion sowie die Mahnung, dieser Prozess könne nie abgeschlossen werden. »This is the end of these notes, but it is not an ending«, ist das programmatische Fazit des Textes. Rich betont die Wichtigkeit feministischer »politics of location«. Mit »when, where and under what conditions has the statement

---

[8] Rich 2003 [1984]: 37.
[9] Vgl. Rich 2003 [1984].

been true?«[10], formuliert sie eine grundlegende Frage für feministische Wissensproduktionen und -kritiken. Ich schließe daran die Frage an, wie, auf welche Weisen
und auf welchen Ebenen ›Wahrheit‹ in Wissensproduktionen hergestellt wird.

b) »Black Feminist Thought« – Patricia Hill Collins[11]
Patricia Hill Collins ist eine der Vertreterinnen der ›Feminist Standpoint Theory‹[12],
eine in den 1980er und 1990er Jahren zentrale feministische wissenschaftskritische
Theoriebildung in den US-amerikanischen feministischen Sozialwissenschaften.
Während andere bekannte Vertreterinnen wie Hartsock, Harding und Haraway
weiß positioniert sind und teilweise nur in Ansätzen contra_rassistische Ideen umsetzen, eröffnet Collins eine antirassistische_feministische Konzeptualisierung,
die in meiner contra_rassistischen Lesart eine Trennung von sozialer Positionierung (»Black Women«) und kritischer Ver_Ortung (»Black Feminists«) aufmacht.
Was eine solche Differenzierung genau bedeuten kann, formuliere ich in diesem
Text aus und verstehe diese Unterscheidung als einen zentralen Teil meiner Konzeptualisierung von kritischer Ver_Ortung. Collins' »Black Feminist Thought«
ist die Be_Nennung einer empowernden kritischen Ver_Ortung antirassistischer
Feministinnen. Es wird durch ihre Ausführungen deutlich, dass sowohl ›Black‹
als auch ›Feminist‹ keine ›natürliche‹ oder sonstwie essentialisierte Identität, sondern eine kritisch ver_ortete Erkenntnisperspektivierung ist. ›Black Women‹ konzeptualisiert Collins als soziale Positionierung, als eine konstruierte Gruppe, die
auf gemeinsamen Erfahrungen basiert, sich derer jedoch weder notwendigerweise
bewusst sein noch widerständig dagegen vorgehen muss.[13] Erst eine Politisierung
und die Reflexion dieser ›Erfahrungen‹ lasse ›Black Women‹ zu ›Black Feminists‹
werden und somit zu Produzentinnen von ›Black Feminist Thought‹.[14] Theoretisch
sei es denkbar, dass aus anderen sozialen Positionierungen heraus ›Black Feminist
Thought‹ vertreten werden könne, jedoch sei es ohne die Erfahrungen, die mit der
sozialen Positionierung verknüpft seien, kaum möglich, Wissen über diese Erfahrungen zu produzieren. Deswegen seien ›Schwarze Frauen‹ zentrale definitions-
mächtige Wissensproduzentinnen für ›Black Feminist Thought‹.
Als contra_rassistische Lesweise des Konzepts schlage ich erstens vor, daraus den
Schluss zu ziehen, antirassistische Wissensproduktionen nicht zu vereinnahmen

---

[10] Ebd.: 31.

[11] Vgl. Collins 2000a.

[12] Vgl. Palm 2007 für eine Metaanalyse.

[13] Einer meiner größten Kritikpunkte (von vielen) an Standpunkttheorien ist die Fassung
    und der Stellenwert von ›Erfahrung‹, was ich an anderer Stelle ausformulieren werde.
    Collins' Verwendung von ›Erfahrung‹ ist jedoch sehr viel ent-essentialisierter als das in
    anderen Formulierungen von Standpunkttheorien der Fall ist (vgl. Collins 1999: 406f)
    und kann auch als Kritik an vereinfachten unreflektierten Bezugnahmen auf ›weibliche
    Erfahrung‹ gelesen werden (kritisch: vgl. Reynolds 2002; Palm 2007).

[14] Vgl. Collins 2000b.

(was auch eine Unterscheidung von anti- und contra_ als sinnvoll bestätigt), sondern daraus kritisch ver_ortet Handlungsimpulse für die eigenen Wissensbildungen zu ziehen (also z. B. als rassistisch Privilegierte nicht als vermeintliche Ex_pertin über ›Black Feminist Literature‹ zu schreiben, sondern darüber, was dieses Feld für die Infragestellung hegemonialer Verständnisse von ›Literatur‹, Literaturwissenschaft und Kanon bedeutet).

Und zweitens erscheint es mir an Collins' Ausformulierung als zentral, dass es kein ›Äquivalent‹ zu ›Black Feminist Thought‹ geben kann, das sich als ›White Feminist Thought‹ bezeichnen könnte. Im Gegenteil macht Collins deutlich, dass eine kritische Ver_Ortung eben nicht mit sozialen Positionierungen gleichgesetzt ist. Daraus folgt, dass privilegiert Positionierte nicht symmetrisierende Selbst_Be_Nennungen als kritische Ver_Ortungen wählen können.[15] Eine kritische Ver_Ortung für *weiß* positionierte Fem_inistinnen wäre z. B. ›contra_rassistischer Feminismus‹, wobei immer explizert werden muss, dass dieser ohne ständige Bezugnahmen auf antirassistischen Feminismus und daraus abgeleitete Reflexionen eine leere Hülle bleibt.

Im akademischen (sozialwissenschaftlich-dominierten) Feld kritisieren F_eministinnen seit langem hegemoniale, disziplinierte Wissenschaften und deren Akt_eurinnen und vor allem → Typen-Akteure. Diese leugnen häufig das Vorhandensein und die grundlegende Konstruktionshaftigkeit/-fähigkeit von Macht- und Diskriminierungsverhältnissen und suggerieren dementsprechend, strukturelle Diskriminierung und Privilegierung spielten bei der Produktion von Wissen und der Konstruktion von Realität keine Rolle. Feministische Interventionen richten sich nicht nur gegen konventionalisierte Wissenschaften, sondern auch gegen Hegemonialisierungen von sich selbst als feministisch bezeichnenden Wissenschaften.[16] Sie definieren damit nicht etwa eine eigene Sonderstellung innerhalb des Feminismus, sondern kritisieren die diskriminierenden Wissenspraktiken hegemonialisierender ›Feminismen‹ und weisen in Konsequenz diesen eine defizitäre Sonderstellung zu.

Bei dem hier entwickelten Konzept aufbauend auf »politics of location«[17] geht es um ›politics of localization‹ – Politiken der De_Konstruktion von sozialen_politischen Positionierungen und der Explizierung von Positionierungen und deren Implikationen als Praktik feministischer Ver_Ant_W_Ortung. Die Endung -ization macht deutlich, dass es um Prozesse der Analyse von Diskriminierungsverhältnis-

---

[15] Vgl. Hornscheidt/Nduka-Agwu 2010 und Lann in diesem Band.

[16] Vgl. exemplarisch Lorde, *»Open Letter to Mary Daly«* (2007a [1984a]); Hull/Scott/Smith (1982): *But Some of Us Are Brave* als Intervention in Women's Studies; Butler (2008 [1990]), *Gender Trouble* als Intervention in heteragendernormativen ›Feminismus‹.

[17] Ich beziehe mich auf die Konzeptualisierung von Adrienne Rich (2003 [1984]). Vgl. auch die Verwendungen von Frankenberg/Mani (1993); Caplan (1996).

sen und der Aus_Handlung von Bedeutung geht und nicht um fixierte, schon gegebene Orte – sondern darum, Orte zu er_finden, zu be_setzen. Diese Suchbewegungen sind, wie ich unten weiter ausführe, nicht willkürlich und autonom, sondern immer schon durch Machtverhältnisse und deren Effekte konstituiert.

Es geht nicht nur um eine Neudefinition des Objektivitäts- und Wirklichkeitsbegriffs, sondern um die De_Konstruktion der Idee von Objektivität und Wirklichkeit. Praktiken feministischer Ver_Ortung sind keine Identitätspolitiken oder ›Bekenntnisse von Wahrheiten‹, sondern fortwährende, unabschließbare, situative und kontextbezogene kritische Reflexionen von Privilegierungen und Diskriminierungen auf verschiedensten Ebenen feministischer Wissensbildungen in gegenseitiger Konstitution mit sozialen Positionierungen.

Wenn ich ›kritisch‹ verwende, interessiert mich nicht die etymologisierende Konstruktion einer statischen Bedeutung und auch nicht disziplinäre Engführungen und Universalisierungen à la ›in den Politikwissenschaften heißt das aber das und das, deswegen kannst du das hier nicht so verwenden‹. ›Kritisch‹ bedeutet hier für mich vielmehr entdiszipliniert ein (selbst)reflektierendes Infragestellen von Norm(alität)en und eine Kontextualisierung in Bezug auf Macht- bzw. Diskriminierungsverhältnisse betreffend sowie den stetig neuen Ver_Such, in deren Effekte zu intervenieren.

Sara Ahmed deutet darauf hin, dass der Begriff ›critical‹ sehr oft verwendet wird, um sich vordergründig gegen den Vorwurf, Privilegierungen zu re_produzieren, abzusichern.

But I think the »critical« often functions as a place where we deposit our anxieties. We might assume that if we are doing critical whiteness studies, rather than whiteness studies, that we can protect ourselves from doing – or even being seen to do – the wrong kind of whiteness studies.[18]

Das Wort als Label zu verwenden, bedeutet jedoch nicht automatisch, dass die Inhalte dadurch wirklich kritisch – d. h. Norm(alität)en in Frage stellend und in Machtverhältnisse intervenierend – wirken (vgl. ebd). In meiner Verwendung von ›kritisch‹ soll ein derartiger Automatismus nicht suggeriert werden: ›Kritisch‹ ist nicht ein für alle Mal beanspruchbar und muss ständig neu reflektiert, transformiert und hinterfragt werden.

In diesem Artikel geht es darum, wie sich ›politics of localization‹ fassen, analysieren und theoretisieren lassen, um feministische Verantwortung für Wissensproduktionen zu übernehmen und immer wieder neu auszu_handeln (ohne simple Kausalitäten zwischen Identitäten[19] und epistemologischen, theoretischen und po-

---

[18]   Ahmed 2004: 8. Da es sich um einen Internettext handelt, gebe ich keine Seitenzahlen, sondern die von Ahmed durchgeführte Nummerierung der Thesen an.

[19]   Für mich stellt sich die Frage, was mit ›Identitäten‹ überhaupt gemeint ist und ich befürworte generell eher eine Theoretisierung von politischen Kämpfen und kritischen Ver_ Ortungen und strebe keine Re_Signifizierung von Identitätspolitiken an. Oft sind jedoch

litischen Positionierungen aufzumachen). Dazu gehören auch die nicht endgültig zu beantwortenden Fragen, welche Macht- und Diskrimnierungsverhältnisse (in Bezug auf eigene Positionierungen warum und wie) relevant sind und welche Konsequenzen das für kritische Ver_Ortungen hat.

Soziale Positionierungen und kritische Ver_Ortungen

Privilegierungen und Diskriminierungen w_orten

Wie ich eingangs deutlich mache, verstehe ich unter Privilegierungen und Diskriminierungen Effekte von Machtverhältnissen; es sind durch Machtverhältnisse getragene, ständig auf verschiedenen gesellschaftlichen Ebenen wirkende und Macht- und Diskriminierungsverhältnisse re_produzierende Herstellungsprozesse von sozialen Positionierungen. Ich mache eine Unterscheidung zwischen → Privilegien und → Privilegierungen. Während Privilegierungen Herstellungsprozesse von sozialen Positionierungen sind, fasse ich unter Privilegien kristallisierte gesellschaftliche Vorteile, die oft durch Privilegierungen gesichert und verteidigt werden, jedoch auch manchmal trotz Diskriminierungen erlangt werden können. So ist z. B. ein gesellschaftlich hoch angesehener beruflicher Status ein Privileg, das meist von strukturellen Privilegierungen getragen wird und sich darüber re_produziert, jedoch auch manchmal trotz Diskriminierungen erreicht werden kann. D. h. Professuren an deutschen Universitäten sind meist durch strukturell privilegierte (weiß_statisiert_typisiert_christlich-sozialisiert_ableisiert_mittel-/ oberschichtisiert) Positionierte besetzt. Wenn dennoch vereinzelt z. B. migratisierte Lesben, Schwarze Feministinnen, Dyke_Trans ohne klassistisch privilegierten Background etc. eine Professur innehaben, ist das ein Privileg, das quer zu gesellschaftlichen (interdependenten) Diskriminierungen liegt und das längst nicht bedeutet, dass die gesellschaftlichen Machtverhältnisse dadurch irgendwie verschoben wurden. Diese punktuellen Errungenschaften zeigen jedoch die Möglichkeit auf, Privilegien von Privilegierten anzugreifen und umzuverteilen; Privilegierungen können hingegen nicht geteilt, sondern als machtverwobene Herstellungsprozesse lediglich de_konstruiert und nicht autonom und voluntaristisch unterbrochen werden.[20]

Ein Merkmal von dispositiven Machtverhältnissen ist, dass die Effekte und ständig re_produzierten Abläufe und Herstellungsprozesse derartig ungreifbar sind, dass sie hegemonial-konventionalisiert nicht als Diskriminierungen be_nenn,

---

sog. Identitätspolitiken antiessentialistischer, als viele Kritiken sie einlesen, und bieten inspirierende Anknüpfungspunkte für mein Verständnis von kritischer Ver_Ortung.

[20] Hier würde sich z. B. die Frage anschließen, ob StaatsbürgerInnenschaft (zur Schreibweise vgl. Tudor 2010a) ein Privileg oder eine Privilegierung ist.

denk- und an_greifbar sind (vgl. Feminismus-Artikel). Machtkritische interdependente Analysen auf → Diskursebene legen diese Herstellungsprozesse bzw. deren Wirkweise offen und dekonstruieren die gegenseitige Konstitution von Diskriminierung und sozialer Positionierung. Eine zu dekonstruierende Strategie, Diskriminierungen zu re_produzieren, ist z. B. die fortwährende Normalisierung von Privilegierungen durch → EntNennung[21] und somit Neutralisierung. Deswegen ist die Be_Nennung von Privilegierungen ein Schritt von vielen in dem zusammenwirkenden Ensemble von Praktiken kritischer Ver_Ortung. Jedoch ist es keineswegs auf der Hand liegend, wie Privilegierungen be_nannt werden können, ohne pseudo-symmetrisierende – macht_entnennende – Begrifflichkeiten zu konstruieren.[22] Die ›Entscheidung‹ für die Explizierung von bestimmten Privilegierungen oder privilegierten Positionierungen in Wissensproduktionen ist immer schon mit Analyse- und Konstruktionsleistungen verbunden, die kritisch ver_ortet werden müssen, und kann sich im Laufe der Auseinandersetzung mit Machtverhältnissen und Diskriminierung verschieben, ist jedoch niemals unabhängig von eben durch diese Machtverhältnisse hergestellten sozialen Positionierungen.

Obwohl ich Forderungen nach kritischer Ver_Ortung in erster Linie an privilegierte Wissensproduktionen richte, sind feministische Ver_Ortungen nicht unbedingt nur kritische Explizierungen und Reflexionen (eigener) privilegierter Positionierungen und daraus abgeleiteter Handlungen, sondern können auch Ver_Ortungen in Bezug auf eigene Diskriminierungen sein. Dies ist sinnvoll, wenn deutlich gemacht werden soll, dass der eigene epistemologische Ansatzpunkt eng mit den eigenen Kämpfen gegen Diskriminierung zusammenhängt und Definitionsmacht empowernd beansprucht wird. Die Herstellung von Wissen über Macht- und Diskriminierungsverhältnisse ist nie neutral, denn die Herstellung von Wissen als Wissen ist nie neutral[23], sondern immer durch Macht- und Diskriminierungsverhältnisse konstituiert und erscheint durch die dispositiven Möglichkeitsbedingungen → intelligibel.[24] Diskriminierungen und Privilegierungen konstituieren soziale Positionierungen und diese haben Einfluss auf die Entstehung von Erkenntnisperspektiven und somit auf epistemologische Prozesse und sind oftmals gesellschaftlich konstruierte Voraussetzung für das Erreichen eines bestimmten Sprechstatus, von dem aus Wissen vermittelt werden kann. Wenn das nicht explizit gemacht wird, sind Bedeutungsaushandlungen in Wissensproduktionen nur bedingt anknüpf- und nachvollziehbar und es besteht die Gefahr, Objektifizierungen vorzunehmen, weil Ent_Ver_Ortung immer auch bedeutet, ein ›Schreiben über Andere‹ herzustellen.

---

[21] Vgl. Hornscheidt/Nduka-Agwu 2010.

[22] Vgl. ebd., Lann in diesem Band und meine Ausführungen unten.

[23] Vgl. Kilomba 2008 und Kurria 2010.

[24] Intelligibilität ist die Möglichkeit, die durch dispositive Möglichkeitsbedingungen auf diskursiver Ebene überhaupt als möglich gedacht werden kann. Zu ›intelligible genders‹ vgl. Butler 2008 [1990]: 2.

Kritische Ver_Ortungen sind nicht mit sozialen Positionierungen übereinstimmend, sondern auf verschiedenen Ebenen der Wissensproduktion stattfindende Reflexionen sozialer Positionierungen und daraus abgeleiteter Handlungsimpulse. Mein Konzept der kritischen Ver_Ortung fasst soziale Positionierungen als durch Diskriminierungen und Privilegierungen trans- bzw. interdependent konstituiert und kritisiert Konzepte von politischer Positionierung, die sich den Anschein geben, jenseits von durch Effekte von Machtverhältnissen konstruierter sozialer Positionierungen zu stehen.

Smashing the Abwehrstrategien: Ambivalenzen w_orten

Dieser Artikel richtet sich gegen banalisierte Verständnisse von Selbstpositionierung, die ich in mehrere Kategorien einteile: erstens gegen Selbstpositionierungen, die als bloße Be_Nennungen vollzogen werden, die Texten meist vorangestellt werden und die nicht viel mehr bewirken als eine Re_Produktion von Privilegierungen ohne Reflexion und Interventionsver_such in (die Effekte von) Diskriminierungs- und Machtverhältnisse(n), zweitens gegen ein undifferenziertes Bashing jeglicher ›politics of location‹[25].

Ich gehe hier den mehr oder weniger subtilen und aus meiner Perspektive problematischen Setzungen nach, die diesen abwehrenden Mechanismen zu Grunde liegen und zeige die daraus folgenden Konsequenzen für feministische Politiken auf. Darüber hinaus diskutiere ich Ver_Suche von Ver_Ortungen und schlage statt essentialisierenden Festschreibungen de_konstruktivistische Praktiken kritischer Ver_Ortung vor. Damit wird deutlich, dass ein de_konstruktivistisches Wissenschafts- und Politikverständnis nicht mit verantwortungsloser und macht_entnennender Dethematisierung von Privilegierungen einhergehen kann. Ich wende mich also sowohl gegen Meinungen, die Dekonstruktion oder Poststrukturalismus anführen, um gegen kritische Ver_Ortung zu argumentieren, als auch gegen solche, die kritische Ver_Ortungen als notwendigen, ›strategischen Essentialismus‹[26] bezeichnen und damit ausschließen, dass es de_konstruktivistische Möglichkeiten der feministischen Ver_Ant_W_Ortung geben kann und in der hier vertretenen Vorstellung geben muss.

---

[25] Ich verwende den Begriff als Sammelbegriff für Praktiken der Selbstpositionierung, Reflexion und Kontextualisierung von Wissensproduktionen und verstehe die Konzeptualisierung von Praktiken kritischer Ver_Ortung als eine konkretisierte, weiterentwickelte Theoretisierung davon.

[26] Spivak benutzt diesen Begriff und distanziert sich später davon (vgl. Spivak in Danius et al. 1993). Mir geht es hier jedoch nicht um die Spivak'sche Verwendung oder Verwerfung des Begriffs, sondern um die Kritik an einer Idee von Essentialisierungen aus vermeintlich strategischen Gründen.

Antisexistische Wissensproduktionen z. B. wollen in sexistische Verhältnisse intervenieren und zwar aus diskriminierter Perspektive. Oft ist es eine Voraussetzung für Interventionen, Diskriminierung auszusprechen und analytisch auszuformulieren. Dazu gehört, wie ich unten in Bezug auf Definitionen von politischen Kämpfen zeige, eine kritische Ver_Ortung.

Eine verantwortungsvolle Forderung nach kritischer Ver_Ortung ist selbst kritisch ver_ortet,[27] d. h., privilegiert Positionierte können von anderen Privilegierten kritische Ver_Ortungen explizit einfordern, von Diskriminierten jedoch keinesfalls eine bestimmte Form der Ver_Ortung verlangen. Diskriminiert Positionierte müssen selbst entscheiden können, wie und in welcher Form sie sich kritisch ver_orten. Falls ich mich dagegen entscheide, mich in Bezug auf Diskriminierungen explizit zu ver_orten, muss mir auch bewusst sein, dass ich evtl. die macht_entnennenden Spielregeln hegemonialer Wissenschaftspraktiken nicht durchbreche, sondern versuche als ›one of the white boys‹ – d. h. in hegemonialen Zu_Schreibungen ent_wahrgenommen – zu passen, was mir unter Umständen schlecht gelingt, weil mich andere doch wieder als ›Frau‹, Migrationsliteratur, gender-deviant, hysterisch, typisch Balkan oder Spezialmeinung herstellen werden. Und weiter: Warum sollte ich so unverantwortliche Wissensproduktionen wie die der ›white boys‹ als anstrebenswerten Maßstab nehmen?

Falls ich mich in Bezug auf ein Thema ambivalent – das könnte z. B. heißen, interdependent privilegiert und diskriminiert – positioniere, dann tue ich gut daran, mich ein wenig anzustrengen und diese Positionierung zu theoretisieren, damit meine Zielgruppe meine Thesen und Ansätze nachvollziehen kann und ich für diesen Moment und Kontext feministisch verantwortungsvoll handle.[28] Und ja, Ambivalenzen zu w_orten ist schwierig und immer nur punktuell möglich – genauso schwierig, wie jegliche politische Positionierung mit all ihren Widersprüchen, Implikationen, Ambivalenzen, komplexen Konstruktionsprozessen und nicht endenden Verschiebungen verantwortungsvoll zu theoretisieren. Oder andersherum: Die Annahme, es gebe nichtambivalente – leicht und eindeutig w_ortbare – Ver_Ortungen, ist vielleicht ein Wunsch nach Eindeutigkeiten und Klarheiten, aber wird der Komplexität von Diskriminierungen und Machtverhältnissen in ihrer Dynamik

---

[27] Hier wird es z. B. zum Problem, wenn ich in der schriftlichen Ankündigung zu dem von mir unterrichteten Seminar ein kritisch ver_ortetes Motivationsschreiben als Teilnahmevoraussetzung einfordere, ohne mich selbst kritisch zu ver_orten. Da kritische Ver_Ortung aber mehr ist als eine bloße Selbstbe_Nennung, ist es schwer möglich, sie in einem kurzen Ankündigungstext zumindest in Bezug auf Privilegierungen verantwortungsvoll umzusetzen. Die Kunst ist hier kurz und nicht verkürzt zu formulieren, was vielleicht immer nur eine Annäherung sein kann.

[28] Vgl. Tudor 2010a zur Relevanz der Differenzierung von Rassismus und Migratismus für Ver_Ortungen innerhalb migratisierter Zusammenschlüsse.

nicht gerecht und ist besonders dann problematisch, wenn als diskriminiert hergestellten Positionierungen der vermeintliche ›Vorteil‹ der eindeutigen Ver_Ortung
zugeschrieben wird.

Ob und wie ich Diskriminierungen und Deprivilegierungen im wissenschaft-
lichen_aktivistischen_künstlerischen Arbeiten explizit und transparent mache,
hängt auch mit der Frage zusammen, wen ich adressiere.[29] Sind es in Bezug auf
meine Diskriminierungen Privilegierte, dann kommt es sehr darauf an, wie und
ob diese sich ver_orten, und ich muss überlegen, wie ich mit der Gefahr der Re-
traumatisierung umgehe, wenn andere auf die von mir transparent gemachten
Diskriminierungen Bezug nehmen. Wichtig ist hier jedoch die Reflexion, ob und
warum ich überhaupt zu Privilegierten sprechen/schreiben/bildern will. Es ist eine
empowernde Strategie, sich mit der eigenen Wissensproduktion nicht in erster Linie an Privilegierte zu richten und diese so wieder als Norm zu bestätigen und
zu normalisieren. Wissensproduktionen aus diskriminierter Positionierung müssen
nicht notwendigerweise ihre Diskriminierungen be_nennen, um politisch verantwortungsvoll zu handeln, können jedoch Ver_Ortung über viele andere Ebenen der
Wissensproduktion explizit machen und sich damit als verantwortlich legitimieren,
was vielleicht auch nur für Le_serinnen zugänglich und verständlich ist, die die
widerständigen Formulierungen teilen.

Diskriminierte vermeiden es manchmal, soziale Positionierungen zu reflektieren und diese Reflexionen explizit zu machen, weil sie nicht als ›betroffen‹
hergestellt werden möchten. Der Betroffenheitstopos[30] – also der Vorwurf, als
›Betroffen_e‹ nicht ›neutral‹ zu forschen, emotional verfangen zu sein – impliziert eine Nichtbetroffenheit von Privilegierten und suggeriert somit in einem
Zirkelschluss, dass sie die neutralen For_scherinnen seien, die ›Betroffene‹ zu
Objekten der Forschung machen können, weil diese qua ›Betroffenheit‹ gar nicht
in der Lage seien, objektiv an das Thema heranzugehen. Widerständige und empowernde Wissensproduktionen werden so unter dem Topos der Betroffenheit
eingelesen und ent_autorisiert, was im Umkehrschluss legitimiert, aus privilegierter Positionierung Diskriminierte fremd zu be_nennen und zu objektifizieren,
während die eigene Positionierung un_be_nannt bleibt und als neutrale, maßgeb-
liche und repräsentative Instanz hergestellt wird. Erel hält z. B. fest, dass »ethni-
sierten Forscher/-innen oft die Fähigkeit abgesprochen [wird], wissenschaftlichen
Gültigkeitsansprüchen zu genügen, da sie im Verdacht stehen, qua ihrer Identität
voreingenommen zu sein«.[31]

M. E. ist deswegen nur die De_Konstruktion von Argumentationsstrategien,
die sich über den Betroffenheitstopos herstellen, eine wirkungsvolle Intervention
und nicht der Ver_Such, die eigene Positionierung zu ent_ver_orten.

---

[29] Zu Adressierung als politischer Praxis vgl. Yildiz 1999/2009 und Lann in diesem Band.

[30] Lann hat mir diesen Begriff in einem Kommentar zu meinem Text vorgeschlagen.

[31] Erel 2007: 148.

Kritische Ver_Ortung findet also auf verschiedenen Ebenen der Wissensproduktion statt und ist nicht statisch definierbar, sondern von fortwährenden Bedeutungs_Aus_Handlungen abhängig und deshalb immer ambivalent und vorläufig. Es geht also nicht um ein ›Reinwaschen‹ oder sonstige Ritualisierungen; SelbstPositionierungen, die dies bezwecken oder unbeabsichtigt herstellen, lese ich kritisch ein, da sie eher macht_entnennende Konsequenzen haben, als die De_Konstruktion von Privilegierungen und Diskriminierungen zu erreichen. Wenn jedoch über den Vorwurf der Ritualisierung oder der ›Unwahrnehmbarmachung von Ambivalenzen‹ pauschal jegliche ›politics of location‹ abgelehnt bzw. verleugnet werden, kommt es zu diskriminierenden Effekten über die Verweigerung, sich differenziert mit den Zusammenhängen von sozialen Positionierungen und Wissensbildungen auseinanderzusetzen.

Die Herausge_berinnen von *Re/visionen. Postkoloniale Perspektiven von People of Color auf Rassismus, Kulturpolitik und Widerstand in Deutschland* machen in ihrer Einleitung deutlich:

> In einer solchen postkolonialen Gegenwart kann auf das Privileg maßgebender und somit »repräsentativer« Geschichten oder Erzählungen nicht zurückgegriffen werden, weil es sie nicht gibt. Vielmehr geht es darum, den eigenen gesellschaftlichen und diskursiven Standpunkt zu verorten, die ungleichen Ausgangsbedingungen jedes Sprechens und jeder Sprechposition in Betracht zu ziehen und jedes dabei zutage tretende Wissen als gesellschaftlich und historisch verfasst und notwendigerweise unvollständig zu begreifen.[32]

Theorien, die einen ›eigenen Tellerrand‹ konstruieren, der dann als feststehende Begrenzung der eigenen Perspektive fungiert, sind nicht das Ziel von kritisch ver_ orteter Wissensproduktion – im Gegenteil! Transnationale Anschlussfähigkeit bedeutet, in feministischen transnationalen Zusammenhängen Impulse zu bekommen und zu geben und durch kritisch ver_ortete Wissensproduktionen herauszufordern und sich herausfordern zu lassen. Chandra Talpade Mohanty definiert Solidarität über gemeinsame Kämpfe und »in terms of mutuality, accountability, and the recognition of common interests as the basis for relationships among diverse communities«. Dieses Verständnis von feministischer Solidarität sei der konsequenteste Weg, Grenzen zu überwinden: »to decolonize knowledge and practize anticapitalist critique«.[33] Auch hier ist jedoch die Akteurin_nenschaft nicht symmetrisch oder autonom und Macht- und Diskriminierungsverhältnisse in transnationalen feministischen Kontexten müssen bei der Aushandlung von Wissenstransfers immer bedacht werden. Es ist eine wichtige Differenzierung globalisierte (post)koloniale Zusammenhänge und deren Implikationen für lokalisierte Kontexte in eigene Wissensbildungen grundlegend einzubeziehen und gleichzeitig nicht mit den eigenen

---

[32] Ha/Lauré al-Samarai/Mysorekar 2007: 15.

[33] Mohanty 2003: 7.

Theorien globale Gültigkeit zu beanspruchen, sondern dies als gewaltvolle Universalisierung abzulehnen.

Zu feministischer Verantwortung gehört es gerade *nicht* zu universalisieren – die eigenen Begrifflichkeiten und Konzeptualisierungen ent_verortet anzuwenden –, sondern transnationale Anschlussfähigkeit erfordert immer Praktiken kritischer Ver_Ortung und basiert notwendigerweise auf einem kollektiven Wissensbildungsprozess.

Politische Kämpfe [34]

Anti/contra_rassistische_feministische Ansätze thematisieren die Verschränkung sexistischer_[kolonial]rassistischer Wissensproduktionen und somit Konstruktionen hegemonialen Wissens. Konsequent ausgelegt lässt sich mit diesen Ansätzen festhalten, dass feministische Wissensbildungen selbstreflexiv eigene Konstruktionsprozesse von Wissen analysieren müssen, wenn sie nicht diskriminierende Universalisierungen betreiben wollen, wie die von ihnen kritisierten Wissenschaftspraktiken. Akademische feministische Wissensbildungen haben den Anspruch, wissenschaftskritisch zu sein. Dazu gehört auch die explizite Reflexion der eigenen Positionierung als feministische Akt_eurin – und die damit zusammenhängende Frage, was Feminismus überhaupt bedeutet (vgl. Feminismus-Artikel). Der Ver_Such, diese Positionierung und ihre Implikationen explizit zu machen, ist eine Praktik kritischer Ver_Ortung. Sog. ›Feminismen‹ ohne transnationalen/anti/contra_rassistischen/postkolonialen Ansatz üben z. B. vielfach nur Kritik an der androzentrisierenden Konstituierung von Wissensproduktionen, macht_entnennen ihre eigenen Privilegierungen und universalisieren damit gleichzeitig ihre durch strukturelle Machtverhältnisse konstruierte Perspektive. Sie sind damit selbst diskriminierend. Oft wird in diesen Theorien nicht einmal Sexismus analysiert und wenn, dann ein zwei_hetera_repro_cis_kategorialgegendertes_ent-dependentiertes Verständnis davon – was wir in diesem Buch gar nicht als Sexismus, sondern als Frauismus be_nennen. Bei einer Fokussierung auf ›Geschlechtergerechtigkeit‹, wie das bei vielen sog. ›Feminismen‹ der Fall ist, werden jedoch Machtverhältnisse, deren Sedimentierung als transdependentes Dispositiv und die eigene Verant-

---

[34] Ich habe lange überlegt, ob ich das deutsche Wort ›Kampf‹ hier verwenden will, denn auch ohne Verbindung mit einem Possesivpronomen und noch vielmehr mit ist der Nazibegriff Teil der Bedeutungskonventionalisierung, so sehr dass jede Re_Signifizierung problematisch erscheint. Dennoch wurde und wird das Wort von emanzipatorischen Bewegungen gebraucht und es wäre nur ein Neologismus in Frage gekommen, um es zu ersetzen. Der Anschlussfähigkeit halber behalte ich es bei, benutze es aber im Plural oder als Verb. Ich danke den Studen_tinnen, die im WiSe 2010/11 mein Seminar zu feministischen Interventionen gegen Rassismus und Migratismus besucht haben, für Diskussionen zu diesem Punkt.

wortung der Akteurin_nen in Diskriminierungsverhältnissen oftmals ent_wahrge-
nommen. Ebenso wie es rassistisch ist, ausschließlich Migratismus und nicht in
Interdependenz mit Rassismus zu analysieren, d. h. den Schwerpunkt der Analysen nicht deutlich auf Rassismus zu legen, ist es sexistisch, → Frauisierung zu
fokussieren (also ›Frauismus‹) und nicht den viel umfassenderen Sexismus (vgl.
Feminismus-Artikel). Frauisierung monolitisch zu theoretisieren und Handlungsmöglichkeiten dagegen zu suchen, ist keine femin_istisch-ver_ant_w_ortungsvolle
politische Intervention, da ›Sexismus‹ in solch einem Ansatz nicht differenziert
konzeptualisiert wird und somit die Schlagkraft einer Intervention auch weit hinter
ihren Möglichkeiten zurückbleibt (vgl. Feminismus-Artikel).

Gegen explizite fortwährende Reflexionen von sozialen Positionierungen wird
oft die Abwehr geäußert, es gehe ausschließlich um die politischen Kämpfe, in
die ein Individuum involviert ist und nicht um Positionierungen in diesen. Aber
ist es nicht so, dass alle Kämpfe auch schon aus bestimmten Positionierungen heraus stattfinden und diese Positionierungen ein untrennbarer Teil dieser Kämpfe
sind – seien sie nun reflektiert und damit explizit gemacht oder nicht?[35] Wird nicht
das Risiko eines Kämpfens und damit die Vorstellung davon, worum es überhaupt
geht, erst durch die Positionierung, die in dem Kämpfen eingenommen wird, eingenommen werden muss, definiert? Und ist es wirklich gleichgültig, wie hoch dieses Risiko ist und welche Qualität es hat? Ich würde Kämpfen nicht nur über Ziele,
sondern auch über Risiken definieren. Und jedes Kämpfen ist schon über diese
Risiken ver_ortet, jede politische Handlung ist über diese Risiken ver_ortet, sei
dies nun reflektiert oder nicht.

Z. B. Sexismus: Dieses nur analytisch ent-dependierbare Machtverhältnis stellt
über Zwei_Andro_Cis_Hetera_Repro_KategorialGenderung strukturelle Diskriminierungen und Privilegierungen her (vgl. Feminismus-Artikel). Ist es wirklich
so egal, ob aus einer → typisierten, also absolut sexistisch-privilegierten Positionierung gegen Sexismus gekämpft wird, aus einer Hetera-Positionierung, die teil-
diskriminiert ist oder aus – in diesem analytischen Modell in Bezug auf Sexismus –
absolut sexistisch-diskriminierten Dyke_Trans-Positionierung?

Ich richte mich mit meiner Intervention gleich gegen drei macht_entnennende
Moves: gegen die Propagierung, dass kritische Ver_Ortungen unnötig sind, weil
jedes Individuum jede politische Haltung einnehmen kann, unabhängig von Privilegierungen (was in Bezug auf Sexismus heißen würde, dass Cis-Typen sich
schon als Cis-Typen verstehen, aber meinen sie könnten dennoch feministisch
sein). Zweitens gegen Strategien, die behaupten, dass ›wir‹ eigentlich alle trans*,
queer, hybride[36], prekarisiert und doch ein wenig migratisiert oder PoC sind und
kritische Ver_Ortung deshalb schlichtweg sinnlos ist (was in Bezug auf Rassismus
heißen würde, dass *Weiße* meinen, sie seien gar nicht richtig *weiß* und kritische

---

[35] Vgl. Tudor 2010a.
[36] Zu Kritik an verallgemeinernden Hybriditätskonzepten vgl. Ha 2005.

Ver_Ortungen seien erzwungene, einengende, nicht stimmige Festlegungen und damit auch so eine Art von Rassismus). Und drittens gegen die Strategie, die auch Ahmed (2004) in Bezug auf Rassismus kritisiert, die privilegierte Positionierungen nicht als solche erkennt und Handlungsimpulse daraus generiert, sondern in einem macht_entnennenden Move von der Vorstellung ausgeht, dass jegliche Positionierung innerhalb eines Machtverhältnisses je nach Kontext diskriminiert und privilegiert werden kann (also Typen, die meinen, auch sexistisch diskriminiert werden zu können; *Weiße*, die behaupten »we are coloured too«[37] und damit suggerieren, sie seien eine grundsätzlich unhierarchisierte rassifizierte Gruppe unter vielen etc.).[38]

Die hier vorgestellte Konzeptualisierung zeigt, warum es problematisch ist, diese grundlegende Konstitution sozialer Positionierungen und politischer Kämpfe zu → entwahrnehmen. Machtverhältnisse konstituieren privilegierte sowie diskriminierte Positionierungen und funktionieren asymmetrisch und unumkehrbar.[39] Sowohl die Positionierungen als auch die Ver_Ortungen sind nicht diskursiv vorgängig und essentiell, sondern konstruiert, instabil und prozesshaft. Jedoch sind sie auch nicht einfach willentlich wähl- und austauschbar. Kritische Ver_Ortungen – Explizierungen und Reflexionen von sozialen Positionierungen und daraus abgeleitete Handlungsimpulse – sind in politischen Kämpfen nötig und wichtig, um überhaupt sinnhaft intervenieren zu können.

Auf Sexismus bezogene Ansätze, die argumentieren, Gender spiele keine Rolle, da Gender performativ hergestellt sei und durch Praktiken wie Cross-Dressing jederzeit unterlaufen werden könne, erteilt Judith Butler eine Absage. Butler betont, »gender *is constructed through relations of power* and, specifically, normative constraints that not only produce but also regulate various bodily being«[40]. Butler warnt davor anzunehmen, Genderpositionierungen könnten jeden Morgen neu und unabhängig von Machtverhältnissen aus dem Schrank geholt werden: »Such a willful and instrumental subject, one who decides *on* its gender, is clearly not its gender from the start and fails to realize that its existence is already decided *by* gender.«[41] In unserer Konzeptualisierung im Feminismus-Artikel nehmen wir doppelte Verschiebungen vor. Erstens betrachten wir nicht Gender als Kategorisierung, sondern – wie auch bei Butler teilweise schon angelegt – Sexismus als das Machtverhältnis, das Genderungen als normativ zwei_andro_hetera_repro_cis_kategorial herstellt.

---

[37] Ahmed 2004: 6.

[38] Ein Beispiel für eine solche hochproblematische Selbstherstellung ist bei Anne Brewster zu finden, die für sich selbst »a postcolonial Anglo-Celtic creole Whiteness« (Brewster 2009: 234) feststellt, also versucht sich über eine Selbstethnisierung als Teil eines ›multiethnischen‹ Australiens zu inszenieren.

[39] Vgl. Hornscheidt/Nduka-Agwu 2010.

[40] Butler 1993: x; Hervorhebung A. T.

[41] Ebd.; Hervorhebung J. B.

Zweitens liegt unser Ansatz nicht auf Sexismus in einer → ent_dependierten Form, sondern wir verstehen Sexismus als eine analytische Differenzierung für eine Annäherung an die Funktionsweise eines transdependenten Dispositivs struktureller Machtverhältnisse. Das bedeutet – in Bezug auf Sexismus –, dass Dyke_Trans durch Sexismus ge_ent_gendert werden und aus dieser diskriminierten Positionierung – mehr oder weniger – subversiv mit Genderrollen ›spielen‹ können. Dieses Intervenieren liegt auf der Ebene der Diskriminierungsverhältnisse und greift das Dispositiv nicht an – vor allem dann nicht, wenn lediglich Gender und nicht transdependierende Machtverhältnisse im Fokus stehen. Durch Sexismus Privilegierte können jedoch ebenso wenig ›subversiv spielen‹, also z. B. in Gender-Performances Gender de_konstruieren (sondern werden immer Diskriminierungen re_produzieren), wie willentlich ihre Subjektwerdung durch Andro-Privilegierung aufgeben, wie auch Dyke_Trans ihre Diskriminierung nicht einfach ablegen können: Diskriminierungen sind keine ausschließlich willentlichen, individualisierbaren und von Intentionen abhängigen Handlungen. Hier zeigt sich, dass – selbst wenn es solidarische Zusammenschlüsse von unterschiedlich kollektiv Positionierten geben kann (wie z. B. FrauenLesbenTrans-Kontexte) – ein Kämpfen gegen Sexismus aus privilegierter Positionierung nicht das selbe Kämpfen wie aus deprivilegierter oder diskriminierter ist. Heteras (und erst recht Typen) profitieren von Sexismus über Zwei__Hetera_Repro_Cis_KategorialGenderung bzw. AndroGenderung und ihr Einsatz und Risiko gegen Sexismus ist deswegen grundlegend anders als von Dyke_Trans. Ebenso verhält es sich mit privilegierten und diskriminierten Positionierungen in Bezug auf andere Machtverhältnisse und dem Widerstand dagegen. Es ist also ganz und gar nicht gleichgültig, ob aus anti- oder contra_Positionierung gegen Diskriminierungsverhältnisse gekämpft wird. Bei antipositionierten Kämpfen geht es für einzelne und kollektive Subjekte um ein Ringen um das eigene kollektive und individuelle (Über)Leben und die De_Konstruktion der strukturellen Diskriminierungsverhältnisse, die die eigene kollektive und individuelle Existenz in Frage stellen. Demgegenüber steht bei contra-positionierten Kämpfen nie das eigene kollektive und individuelle Überleben auf dem Spiel, folglich ist das Kämpfen, um das es geht, samt Einsatz und Risiko grundlegend anders. Denn es überhaupt aufzunehmen, ist aus Contra_Positionierung eine wählbare Möglichkeit, während aus Anti-Positionierung nicht von einer Wahl gesprochen werden kann, sondern wohl eher von einer lebenswichtigen Notwendigkeit.

Anti-, Pro- und Contra_

Ich gehe bei der Forderung nach kritischer Ver_Ortung weder von körperlichen Essenzen noch von essentialisierten Positionierungen aus (und auch nicht unbedingt von konstruierten Körpern – vielleicht eine weitere Verschiebung in Bezug auf Butler, die von ›bodily being‹ spricht), sondern von durch Machtverhältnissen konstruierten sozialen_politischen Positionierungen, die nicht frei und autonom wählbar sind (und die sicherlich mit der Konstruktion, Un_Intelligibilisierung und Hierarchisierung von ›bodily being‹ zusammenhängen). Privilegierte oder diskriminierte Sozialisierungen und Subjektivierungsprozesse können nicht einfach abgelegt und beliebig ausgesucht werden, sondern sind Teil der eigenen machtverwobenen prozessualen Positionierung, aus der heraus politische Kämpfe geführt werden. Dieser Feststellung entsprechend können Cis-Typen (= über Sexismus als privilegiert hergestellte Positionierungen) höchstens pro-feministisch agieren (und nicht feministisch) und *Weiße* allenfalls contra_rassistisch (und nicht antirassistisch). D. h., *Weiße* können für sich selbst nicht Nichtrassismus beanspruchen, so wie Cis-Typen sich nicht antisexistisch, sondern allenfalls contra_sexistisch betätigen und ver_orten können. Ahmed macht in Bezug auf akademische Privilegien deutlich:»[W]e cannot simply unlearn privilege when the cultures in which learning take place are shaped by privilege.«[42]

›Contra_‹ schreibe ich mit Unterstrich um deutlich zu machen, dass jeder ›Contra_Sexismus‹ potentiell Sexismus ist und jeder ›Contra_Rassismus‹ Rassismus etc. und aus privilegierter Positionierung keine Contra_-Ver_Ortung statisch angenommen werden kann, während das bei anti- dies nicht automatisch zu Grunde gelegt wird.

Nach Konventionalisierung dieser Verwendungen von contra_ und anti-[43] muss in feministischen Ver_Ortungen nicht gesagt werden, wie z. B. in meinem Falle ›Meine Wissensproduktion ist *weiß*-feministisch‹ und damit eine pseudosymmetrisierende Be_Nennung[44] re_produziert werden (im Gegensatz zu ›Black Feminism‹ ist ›*white* Feminism‹ nichts, worauf ein_e sich positiv beziehen könnte), sondern kann von ›contra_rassistisch-femin_istisch ver_orteten Rassismuskritiken‹ gesprochen werden und damit die Positionierung im Kampf gegen transdependente Diskriminierungen explizit be_nannt werden. ›Contra_rassistisch‹ ist kein Synonym der konventionalisierten Bedeutung von *weiß*, sondern be_nennt im Gegensatz dazu die Privilegierung durch Rassismus explizit und gleichzeitig eine rassismuskritische Haltung, ohne dabei jahrhundertealten Widerstand zu vereinnahmen, wie das bei einer Übernahme von ›antirassistisch‹ der Fall wäre. Deshalb kann diese Formulierung als eine Momentaufnahme fem_inistischer Ver_Ortung gelten. Es muss immer kritisch zum Thema gemacht werden, was aus einer *weiß*-privilegierten Positionierung eine contra_rassistische Ver_Ortung macht. Für sich selbst als contra_rassistisch Ver_Ortende ist das Contra_ immer nur vorläufig und konkret situativ be_nennbar, und die Gefahr ist immer groß, lediglich die eigene rassistisch-privilegierte Positionierung zu re_produzieren. Kriterien für eine Be_

---

[42] Ahmed 2004: 40.

[43] Vgl. Tudor 2010a. Ganz wichtig ist, dass es nicht um etymologisierende Bedeutungsunterscheidung von contra_ und anti- geht, sondern um das Angreifen der konventionalisierten Vereinnahmung von anti- aus privilegierter Perspektive.

[44] Vgl. Hornscheidt/Nduka-Agwu 2010; Hornscheidt 2010a.

Nennung als contra_rassistisch können aus antirassistischen Wissensproduktionen abgeleitet werden und sind niemals vollständig festlegbar. Jede Be_Nennung ist prekär, d. h., dass sie in verschiedenen → Sprachhandlungen unterschiedliche Bedeutungen konstruiert und nicht zu verhindern ist, dass ihre Konventionalisierung auch auf unterschiedlichen Ebenen Hegemonien aufrechterhaltend angeeignet werden kann.[45]

Ahmed betont, dass die Feststellung ›we are racist‹ problematisch und nicht mit Interventionen gegen Rassismus zu verwechseln ist.[46] Die Schreibweise von ›contra_rassistisch‹ mit Unterstrich als trotzdem rassistisch könnte als solch eine ›declaration of racism‹ gelesen werden. Und obwohl ich Ahmed völlig zustimme, dass die bloße Feststellung von Privilegierten, dass sie diskriminierend sind, keine Intervention darstellt, bin ich der Meinung, dass der Satz ›Mein Text ver_sucht eine contra_rassistische Ver_Ortung zu explizieren‹ etwas anderes herstellt, als der Satz ›Ich bin rassistisch‹, den Ahmed kritisiert.[47] In ›contra_rassistisch‹ steckt die Anerkennung, dass die durch Rassismus als privilegiert Positionierten nicht nicht-rassistisch handeln können, und dennoch gleichzeitig das Signal, nicht an dieser Stelle zu verharren, sondern gegen (Effekte von) Rassismus intervenieren zu wollen. Der Satz ›Ich ver_suche contra_rassistische Handlungsimpulse umzusetzen‹ ist alleine für sich kein Garant für Contra_Rassismus und entfaltet seine Bedeutung nur im Zusammenhang mit den vielen anderen Ebenen der kritischen Ver_Ortung, die feministische Wissensbildungen gleichzeitig, überlappend und sich gegenseitig konstituierend und v. a. in Kombination mit daraus abgeleiteten Handlungsimpulsen ausmachen.

Der zweite Einwand, der von Ahmeds Thesen inspiriert ist, ist die Feststellung, dass contra_rassistisches *Weißsein* kein »happy whiteness« werden darf, kein »new discourse of white pride«[48], der die Annahme beinhaltet: ›wir‹ (contra_rassistischen *Weißen*) haben's gecheckt, die anderen doofen (rassistischen) *Weißen* nicht. Hier schlage ich einen Bogen zu meiner obigen Aussagen, dass ›White Feminism‹ im Gegensatz zu ›Black Feminism‹ nichts ist, worauf ei_ne sich positiv beziehen kann, folglich sind Selbst_nennungen als ›weiß_femin_istisch‹ problematisch, da sie von symmetrischen sozialen Positionierungen ausgehen. Ich bin der Meinung, dass ›contra_rassistisch_ feminist_isch‹ nicht in der gleichen problematischen Weise einen positiven Bezug auf Privilegierung herstellt, wie ›weiß-femini_s-tisch‹ und deutlich weniger essentialisierend und pseudo-symmetrisierend wirkt. ›Black‹ in ›Black Feminism‹ bezeichnet keine körperliche Essenz, sondern ist re_ signifizierte Zuschreibung und Ausdruck für eine politische Bewegung,[49] während

---

[45] Vgl. Lann in diesem Band, Hornscheidt 2011.

[46] Vgl. Ahmed 2004.

[47] Vgl. ebd.: 20ff.

[48] Ebd.: 33.

[49] Vgl. Collins 2000a, 2000b.

›weiß‹ lediglich die durch Rassismus privilegierte Positionierung be_nennt, die in dem Begriff ›Weißer Feminismus‹ essentialisierend und rassistische Diskriminierung normalisierend wirkt. Ich lese in antirassistischen Texten, dass aus antirassistischer Perspektive ›weiße Femi_nistinnen‹ als Begriff verwendet werden kann, als Re_Positionierung von rassistisch privilegierten Femi_nistinnen.[50] Ebenso kann ›Hetera-Feminismus‹ für sexistischen Feminismus (das sollte eigentlich genauso wie ›rassistischer/antisemitischer/ableistischer Feminismus‹ ein Oxymoron sein) aus antisexistischer Positionierung verwendet werden. Sich selbst aber auf Hetera-Feminismus zu berufen, ist schlichtweg sexistisch, genauso wie es rassistisch ist, sich als ei_ne Ve_rtreterin von ›Weißem Feminismus‹ zu deklarieren.

Performativität

Ahmed behauptet, »declarations of whiteness« seien nicht performativ, denn sie tun nicht, was sie intendieren: »My argument is simple: antiracism is not performative. [...] An utterance is performative when it does what it says.«[51]

Nach Hornscheidt (2006/2008a) ist in Weiterentwicklung von Butler (1990, 1997) jede Sprachhandlung performativ, jedoch sind die Bedeutungsaus_Handlungen von vielen kontextuellen Faktoren abhängig, d. h., es ist der Sprachhandlung nicht eingeschrieben, was sie performativ konstruiert. Jede sprachliche Äußerung wird als eine »verschiebende Wiederholung eines Nicht-Ursprungs verstanden«[52] und die Idee von Ursprung grundlegend in Frage gestellt. Hornscheidts Ausführungen zeigen, dass Butlers Weiterentwicklung des Sprechaktmodells an vielen Punkten in der konstruktivistischen Durchgängigkeit konsequenter als Austins Ansatz und auch als die auf Austin basierende Konzeptualisierung von Bourdieu ist.[53] Während Austin gesellschaftliche Konventionen, nach denen Sprechakte Bedeutung erlangen, als feststehende Größen jenseits von Konstruktionsprozessen fixiere, verweise Bourdieu auf die Normen, die diese Konventionen festlegen. Butler kritisiere wiederum am Bourdieu'schen Ansatz, dass dieser die Etablierung der Normen, die zu Konventionalisierungen von Bedeutung führen, als vorgängig herstelle. Butler mache deutlich, dass die Annahme der »Vorgängigkeit der sozialen Positionierung des sprechenden Subjekts, die Bourdieu (1991) annimmt, [...] die Konstruktion sozialer Positionen, von denen aus gesprochen werden kann, nicht

---

[50] Vgl. exemplarisch die Verwendung von ›white feminists‹ bei Lorde 2007 [1984]: 113; zu Re_Positionierung vgl. meine Ausführungen unten.

[51] Ahmed 2004: 11. An dieser Stelle geht mein Sprachverständnis, das auf der pragmatisch-konstruktivistischen Sprachkonzeptualisierung nach Hornscheidt (2006, 2008a) beruht, mit dem Sprachverständnis von Ahmed auseinander, das sich auf die Sprechakttheorie nach Austin bezieht.

[52] Hornscheidt 2008a: 12.

[53] Hornscheidt 2006: 74.

berücksichtigt«.[54] Jedoch lege Butler ein semantisches und nicht pragmatisches Modell von Bedeutung zu Grunde. Hornscheidts Ansatz geht über Butler hinaus, indem → yke die Konventionalisierungen von Bedeutung als »eine in einem Prozess vollzogene Sedimentierung sozialer Normen« versteht, die nicht zeitübergreifend stabil sind und »zugleich Ausdruck und Effekte von Machtrelationen«.[55] D. h., eine kritische Bedeutungs_Aus_Handlung setzt nicht nur ein Sprechen(können) und Gehörtwerden voraus, sondern reflektiert die gegenseitige Konstitution von Spre_cherinnenpositionierung sowie Sprachhandlung (und nicht Wortinhalt, was auf Semantik beruhen würde) auf der Ebene von Ent_Normalisierungen von Diskriminierungsverhältnissen. Nur durch konkrete Analysen lassen sich Momentaufnahmen von Bedeutung aus_handeln und Prozesse der Konventionalisierung von Bedeutung auf Ebene der Ent_Normierungsprozesse wahrnehmbar machen. Hier bereitet Hornscheidts Argumentation von 2006 und 2008a die im vorliegenden Buch vertretene Konzeptualisierung von dispositiven – also sedimentierten – Machtverhältnissen vor, die die Grundlage unseres Transdependenzmodells bildet (vgl. Feminismus-Artikel).

Für Analysen der Performativität von Sprachhandlungen bedeutet die hier eröffnete erkenntnistheoretische Perspektive, dass nicht gefragt wird, ob oder ob nicht eine Sprachhandlung ›tut, was sie sagt‹[56], sondern wie, wann und auf welche Weise sie konstruiert, was sie (nicht)_sagt. Es geht bei diesem Verständnis von Performativität nicht um eine Essenz in der Übereinstimmung von Sagen und Tun, sondern das Potential der Theoretisierung ist gerade die Ent-Essentialisierung, die in einem Aufheben der Trennung von Sprachaussagen und Sprachhandlungen liegt.[57] Es gibt nicht die eine richtige, ursprüngliche Kernbedeutung, sondern die Sprachhandlung konstruiert Bedeutung und damit Wirklichkeit. Hier soll jetzt keine völlige Beliebigkeit der Bedeutungsaus_Handlung suggeriert werden, was wiederum macht_entnennend wäre, sondern, wie Hornscheidt und Nduka-Agwu (2010) in Bezug auf Rassismus zeigen, sind Bedeutungs_Aus_Handlungen von Faktoren wie aktuellen sprachlichen Konventionalisierungen einer Sprecherinne_ngemeinschaft, Beurteilung der Äußerung von Diskriminierten und von Sprach- und Sprechmacht de_r Äuß_ernden abhängig. Der Satz ›Ich bin [privilegiert]‹ konstruiert also verschiedene Bedeutungen je nach Sprecheri_nnen-Positionierung, Kontext und Wechselwirkung mit anderen (eigenen und äußeren) Sprachhandlungen und tradierten Bedeutungskonventionalisierungen. Er ist also performativ, stellt jedoch – und da gehe ich mit Ahmed mit – aus privilegierter Positionierung geäußert keineswegs eine nichtdiskriminierende Handlung dar, sondern re_produziert wohl in den allermeisten Fällen (eigene) Privilegierungen und damit auch Diskriminie-

---

[54] Ebd.

[55] Ebd.: 75.

[56] Vgl. Ahmed 2004.

[57] Vgl. Hornscheidt 2006, 2008a.

rungen (Anderer); und zwar dann, wenn er ritualisiert verwendet wird, d. h. ohne kontextuelle Bedeutungs_Aus_Handlungen und ohne weitere Handlungsimpulse zu explizieren. Im hier vorgeschlagenen Modell von Ver_Ortung werden solche Explizierungen jedoch als Grundlage für ein kritisches Potential der ver_ortenden (Sprach)_Handlungen gefordert.

Der Vorwurf der ›Ritualisierung‹ ist also gerechtfertigt, wenn Selbstpositionierungen und die damit eingeleiteten Wissensbildungen die Idee der Austin'schen Sprechakte nicht verlassen, d. h., wenn sie stark ritualisierte eingefrorene Sprachhandlungen sind, die die unhinterfragbare, quasi naturalisierte Autorität der Spr_echerin re_produzieren. Jedoch lässt ein generelles Bashing von ›politics of location‹, das nicht in der Lage ist, zwischen solchen ritualisierten ›Lippenbekenntnissen‹ und kritischen Bedeutungs_Aus_Handlungen von Ver_Ortung zu unterscheiden, wiederum auf ein verkürztes Performativitätsverständnis der Kriti_kerin schließen. Differenzierende Kritiken sind für verantwortungsvolle feministische Wissensbildungen in der hier vorgenommenen Analyse also nötig.

Alles Performance?

Ahmed richtet sich gegen ritualisierte Selbstbe_Nennungen von Privilegierten, argumentiert jedoch an keiner Stelle generell gegen ›politics of location‹, obwohl ihr Text mitunter gegen ebendiese ins Feld geführt wird. Die Infragestellung von bestimmten Interpretationen von Performativität, die Ahmed aufmacht und unter dem Schlagwort »›banalisation‹ of the performative«[58] verhandelt, sind m. E. vereinbar mit Forderungen nach kritischen Ver_Ortungen. Ahmed macht mit der Kritik an vereinfachten und undifferenzierten Vorstellungen von Performativität einen wichtigen Punkt, der nach meiner Lesart mit meiner Kritik an dem vermeintlich ›subversiven Spielen‹ mit Machtverhältnissen aus privilegierter Positionierung zusammenpasst (vgl. oben).

Ahmed argumentiert, dass ›race‹ als Kategorisierung solange eine Rolle spielt, solange es Rassismus gibt.

Such categories [like Black, white; Anm. A. T.] are effects and they have affects: if we are seen to inhabit this or that category, it shapes what we can do, even if it does not fully determine our course of action. Thinking beyond race in a world that is deeply racist is at best a form of utopianism, at worse a form of neo-liberalism: it imagines we could get beyond race, supporting the illusion that social hierarchies are undone once we have ›seen through them‹.[59]

---

[58] Vgl. Ahmed 2004: 51.

[59] Vgl. ebd.: 48, ihre Hervorhebung. Und richtet sich nach meiner Lesart damit an diesem Punkt gegen den Ansatz von Robert Miles (1991), der oft als ein Paradigmenwechsel hin zur Analyse von Neo-Rassismus unter Zentralsetzung von Migration gefasst wird.

Ahmed stellt in Frage, dass performative Herstellungsprozesse von ›race‹ ›einfach‹ unterlaufen werden können und betont dabei, durchaus mit Butler in dem Punkt übereinzustimmen, dass ›race‹ performativ hergestellt sei. Ihre Argumentation ist dabei ähnlich wie meine in Bezug auf Genderperformances (vgl. oben).

Ihr Text biete nicht in erster Linie Handlungsanweisungen an *weiß* Positionierte, betont Ahmed und weist darauf hin, dass die Idee von *weiß* Positionierten, sie könnten durch Handlungen Machtverhältnisse verändern, eine Re_Zentrierung »of white agency«[60] ist. Ahmed macht gleichzeitig deutlich, dass die Transparentmachung von Rassismus momentan grundlegend für antirassistische Politiken ist und an wessen Handlungen sie anschließt: »For me, the task is to build upon Black activism and scholarship that shows how racism operates to shape the surfaces of bodies and worlds.«[61]

Ich leite aus der hier aufgemachten Problematik den Impuls ab, zwischen anti- und contra-positionierten Kämpfen zu unterscheiden. Soziale Positionierungen von Akteurin_nen und Ver_Ortungen von Wissensproduktionen spielen eine wichtige Rolle in Ahmeds Theoretisierungen. Die bloße Be_Nennung von Privilegierungen aus privilegierter Positionierung ist für eine Offenlegung der Funktionsweisen von Machtverhältnissen nicht ausreichend und kann im Gegenteil diskriminierend wirken.[62] Obwohl eine meiner Thesen ist, dass Personen, die Contra-Handlungen anstreben, von Anti-Bewegungen lernen müssen und Contra-Bewegungen nicht autonom denkbar sind, ist im Umkehrschluss aus privilegierter Positionierung kein einfaches Konsumieren von Handlungsanweisungen möglich, was ein Abgeben und keine Übernahme von Verantwortung bedeuten würde. Ebenso wenig ist es sinnvoll anzunehmen, aus privilegierter Positionierung seien Machtverhältnisse durch willentliche, ›richtige‹ Handlungen veränderbar. Damit wäre in Bezug auf Rassismus ein autonom handelndes *weißes* Subjekt re_implementiert. Ahmed fordert einen ›Double Turn‹, um dies zu vermeiden:

> In other words, the task for white subjects would be to stay implicated in what they critique, but in turning towards their role and responsibility in these histories of racism, as histories of this present, to turn away from themselves, and towards others.[63]

Praktiken kritischer Ver_Ortung sind interdependente Reflexionen von sozialen Positionierungen, um verantwortungsvolle Handlungsmodi zu entwerfen und umzusetzen. Sie sind nicht mit einem selbstzentrierten Kreisen um eigene Privilegierungen zu verwechseln, auch wenn sie sich u. a. mit Privilegierungen beschäftigen, sondern implizieren Interventionen auf verschiedenen Ebenen. Was

---

[60] Ahmed 2004: 56.

[61] Ebd.: 49.

[62] Vgl. ebd.: 58.

[63] Ebd.: 59.

dabei ›verantwortungsvoll‹ bedeutet, muss ständig neu ausgehandelt werden. Wissensbildungen von antiver_orteten Bewegungen sind dabei zentraler Maßstab der Aushandlung.

Was kann unter antisexistischen Wissensbildungen verstanden werden?

Für antisexistische Ansätze beanspruche ich Definitionsmacht und schlage deswegen eine als unabschließbar verstandene Liste von Kriterien als Diskussionsgrundlage für Definitionen von antisexistischen Wissensproduktionen vor. Die Liste könnte aber auch teilweise und modifiziert eine Grundlage für Dyke_Trans bieten, contra_sexistische Wissensbildungen zu identifizieren. Es geht hier nicht darum, eine Idee von Vollständigkeit anzustreben oder in Wissensproduktionsprozessen ›alles richtig‹ zu machen, indem solche oder ähnliche Listen abgehakt werden. Sondern vielmehr erachte ich es als wichtig, fortwährende Diskussionen und Reflexionen darüber anzustellen, was unter femin_istischer Verantwortung zu verstehen sein kann. Anti/Contra_sexistische Wissensproduktionen explizieren also m. E. einige/viele der folgenden Punkte:

- explizite kritische Ver_Ortungen
- Genealogisierung über Dyke_Trans-Wissensbildungen
- Reflexion von Hetera- Zwei-, Repro-, Cis-, KategorialGendernormierungen (vgl. Feminismus-Artikel).
- kein monolithisches, ent-dependierendes Verständnis von Sexismus
- Rezeption, Diskussion und Zitierung unterschiedlich ver_orteter Ansätze zu Sexismus
- interdependente, historisierende und nicht universalisierende Analysen von Sexismus
- Dezentrierung von ›Typen‹, ›Männlichkeit‹, androzentrischen Perspektiven und Normalvorstellungen (vgl. Feminismus-Artikel: Androgenderung)
- Dezentrierung von ›Heteras‹, HeteraGenderung bzw. HeteraSexualität, heterazentrischen Perspektiven und Normalvorstellungen
- Dekonstruktion der Kategorie ›Frau‹, ›Weiblichkeit‹ etc. (vgl. Feminismus-Artikel: Frauisierung)
- Kritik an Genderungen über Biologisierungen und Essentialisierungen
- Transparentmachen und Anstreben von kollektiven Formen der Wissensproduktion
- Sensibilität für eigene Vorannahmen bei Lesweisen von Texten anderer
- Konstruktivistischer/De_Konstruktivistischer Ansatz
- Wertschätzung anderer feministischer Ansätze
- Formulierungen von Zweifeln, Unabgeschlossenheiten und Prozessen
- Bezugnahme auf aktivistische, transnationale Kontexte
- Fokussierung auf Dyke_Trans als zentrale Wissensprodu_zentinnen, erkenntnistheoretische Haltung und politische Bewegung
- machtkritische Destabilisierung von Kategorisierungen

- Ausgehen eher von Machtverhältnissen (wie Rassismus, Sexismus etc.) und Konstruktionsprozessen von sozialen Positionierungen, als von Kategorien (wie Gender, ›Race‹, Migration etc.)
- Definition von Sexismus als strukturelles Machtverhältnis, das asymmetrische, hierarchische soziale Positionierungen herstellt und nicht umkehrbar ist (d. h., es gibt keinen Sexismus gegen Typen)
- Reflexion von Privilegierungen, Konzepte zur Umverteilung von Privilegien
- keine Universalisierungen, sondern kontextbezogene Definitionen unter Reflexion globalisierter Zusammenhänge
- De_Konstruktion der Effekte von KategorialGenderung

nur für antisexistische Wissensbildungen:

- Empowerment für Dyke_Trans
- kritische Analysen von (Effekten von) Machtverhältnissen innerhalb antisexistischer Bewegungen
- widerständiges Aneignen von Definitionsmacht
- Schaffen kollektiver, prozesshafter Möglichkeiten der Ver_Ortung

Wissenskonstruktionen in Wissensproduktionen

Wenn Fe_ministinnen Praktiken kritischer Ver_Ortung in ihr_en Wissensbildungen generieren und einfordern, heißt das nicht, dass sie als einzelne Subjekte dadurch weniger diskriminierend und folglich bessere Menschen sind (denn das ist überhaupt nicht die Ebene der Intervention von kritischer Ver_Ortung), sondern lediglich, dass sie in ihren Wissensproduktionen diskriminierende Effekte angreifen und angreifbar machen bzw. ih_re Wissensbildungen empowernd und verantwortungsvoll an und für selbstdefinierte Communities anschlussfähig machen.

Kritische Ver_Ortung besteht, wie ich argumentiert habe, nicht nur aus expliziten → Appellationspraktiken, sondern findet ebenso auf anderen Ebenen der Wissensproduktion, z. B. in Themenwahl, Sprachgebrauch, impliziter und expliziter Adressierung, zu Grunde liegenden Vorannahmen, Genealogisierungen und Kanonisierungen, der Zitierweise und Art der Bezugnahme auf das Wissen anderer etc., statt. An dieser Vielschichtigkeit zeigt sich auch, dass eine fehlende explizite Ver_Ortung – also eine Ent_Ver_Ortung – dennoch Wissensproduktionen vielfach ver_ortet, jedoch potentiell auf selbstprivilegierende und damit andere diskriminierende Weise. Eine Ver_Ortung des eigenen Schreibens und Arbeitens ist nicht optional, und dies zu suggerieren, ist eine Universalisierung und Herstellung der eigenen entnannten Positionierung als Nichtpositionierung.

Sprachgebrauch

Ver_Ortung stellt sich über den Sprachgebrauch her: In welcher Sprache drücke ich mich aus? Wie ist mein Verhältnis zu hegemonialen Varietäten wie z. B. dem Standarddeutschen an der Universität/in akademischen sprachlichen Wissensproduktionen? Reflektiere ich das konstituierende Verhältnis von Sprache und Macht? Reflektiere ich durch mein sprachliches Handeln hergestellte Normalisierungen von Privilegierungen und Diskriminierungen?[64] Vermeide ich diskriminierende Begrifflichkeiten und bilde mich stetig weiter, damit ich diskriminierenden Sprachgebrauch reflektieren und verändern kann? Wende ich Strategien an, sprachlich in Effekte von Machtverhältnisse einzugreifen,[65] z. B. den dynamischen Unterstrich oder Infragestellungen von Metaphern?[66] Eigne ich mir in meinem feministischen Arbeiten Sprache kreativ und empowernd an? Benutze ich widerständige Formulierungen und Expertinnenvokabular selbstverständlich oder stelle es als ›Spezialmeinungen‹ her? Wen adressiere ich implizit und explizit und wie kann ich Adressierungen explizieren (vgl. unten)?

Themenwahl

Grundsätzliche Fragen, die sich ein_e For_scherin/Schrift_stellerin/Fil_memacherin o. ä. in Bezug auf das von ih_r bearbeitete Thema stellen kann, sind Fragen nach der eigenen Involviertheit und Positionierung in Bezug auf das Thema. Wie ver_orte ich mich in Bezug auf strukturelle Machtverhältnisse und was haben sie mit meinem Thema zu tun? Wenn ich mich aus privilegierter Positionierung damit beschäftige, wie gehe ich verantwortungsvoll damit um? Wie vermeide ich ein bloßes Schreiben/Reden/Bildern über andere? Bin ich überhaupt in der Lage, verantwortlich und politisch sinnvoll genau dieses Thema zu bearbeiten, ohne diskriminierte Positionierungen zu vereinnahmen oder meine eigene privilegierte Positionierung damit zu stärken?

Mit der hier eröffneten Perspektive ist es schwer vorstellbar, dass Statisierte feministisch verantwortungsvoll Schwarze, PoC und Migratisierte zu Diskriminierungsfragen in Bezug auf Rassismus und Migratismus beraten können, weiße_ Deutsche eine Konferenz zu ›Black Diaspora‹ ausrichten und kolonial-rassistisch-privilegiert_Migratisierte ent_ver_ortet postkoloniale Theorie aneignen können etc. Und trotzdem ist solche ent_ver_ortete Wissensproduktion (wozu auch künstlerische Produktionen, Beratungsarbeit und vieles mehr gehören) auch in ›feministischen‹ oder ›Genderkontexten‹ schon eher die Regel als die Ausnahme.

Es geht bei dieser Argumentation um über Diskriminierungsverhältnisse herge-

---

[64] Vgl. Hornscheidt 2007a; Hornscheidt/Nduka-Agwu 2010; Lann in diesem Band.
[65] Vgl. Lanns Artikel in diesem Band.
[66] Zu Metaphern vgl. Keim 2011, unveröffentlichtes Manuskript.

stelte sozial konstruierte Positionierungen, nicht um Identitäten. Solche Themenstellungen konstruieren Objektifizierungen von Diskriminierten, die ja durchaus fremdbe_nannt werden, während die privilegierte Positionierung entnannt bleibt. Und auch explizit zu be_nennen, dass aus heteragegenderter Positionierung über Lesben geforscht wird und sich durch die bloße Selbstbe_Nennung zu pseudolegitimieren, hat nichts mit Praktiken kritischer Ver_Ortung zu tun.[67]

Es geht bei der Reflexion der Themenwahl auch ganz grundlegend um die Art der Fragestellung und des Erkenntnisinteresses. Dadurch werden Themen geschärft, verschoben und ver_ortet. Rede/schreibe/forsche/bildere ich aus privilegierter Positionierung über ›andere‹, oder darüber, wie und auf welchen Ebenen Machtverhältnisse Privilegierungen und Diskriminierungen in Bezug auf mein Thema herstellen?

In vielen Fällen lässt sich durch eine solche Verschiebung des Fokus feministische Verantwortung übernehmen, aber nicht in allen! Auf welcher Grundlage und mit welcher ent_verorteten Kompetenzselbstzuschreibung glaube ich, z. B. aus privilegierter Positionierung Diskriminierte zu Diskriminierungen beraten zu können? Stelle ich damit nicht in jedem Fall eine Objektifizierung her und hebe mich selbst in eine neutralisierte Position, konstruiere mich als außenstehend, allwissend?

Desweiteren kann nicht jede Wissensproduktion aus diskriminierter Positionierung von Privilegierten verantwortungsvoll verstanden und über_setzt werden. Nicht jede hegemoniale Zugänglichmachung von widerständigem Wissen ist solidarisch, im Gegenteil.

Konstruktionen von Material und Forschungsliteratur

Ver_Ortungen stellen sich auch durch die Auswahl des zu analysierenden/verwendeten/einbezogenen Materials und der zitierten/explizit referierten Literatur her: Was stelle ich überhaupt als Material, was als Forschungsliteratur her und welche Wissensformierungen werden so als (nicht)wissenschaftlich konstruiert und gesetzt? Welche Kanonisierung re_produziere ich? Stelle ich eine hegemoniale/ disziplinär-eingeschränkte Kanonisierung in Frage? Wie nehme ich Bezug auf Wissensbildungen aus privilegierten, wie auf solche aus diskriminierten Positionierungen? Behandle ich Texte aus diskriminierten Positionierungen als zentrale Exp_ertinnentexte und stelle sie nicht als Zusatz oder Spezialmeinung her? Re_ produziere ich Diskriminierungen durch meine Art der Bezugnahme? Bin ich evtl. di_ejenige, di_e durch Art der Bezugnahme Diskriminierungen herstellt?[68]

---

[67] Vgl. unten; zu Selbstbe_Nennungen als Pseudolegitimation vgl. Ahmed 2004; Tudor 2010a.

[68] Vgl. auch Lann und Evelyn in diesem Band.

Seminarpläne, Curricula, Kanonisierungen

Beim Studieren und Unterrichten an der Universität sind Seminarpläne, Kanonisierungen und Curricula ein wichtiges und wirkmächtiges Feld, an dem beispielhaft gezeigt werden kann, wie Ent_Ver_Ortung durch angebliche Neutralität normalisiert wird und wo sich Möglichkeiten der Intervention eröffnen. Z. B. gelten Vorlesungsreihen oder Seminare zum Thema ›Macht‹, in denen Karl Marx, Michel Foucault, Max Weber oder Pierre Bourdieu etc.[69] zentral gesetzt, gelesen und zitiert werden, als neutral, während Lorde, Collins, hooks und Rich etc. unter dem Label ›Feminismus‹ oder ›black feminism‹ oder ›lesbian feminism‹[70] verhandelt, als ›Spezialwissen‹ hantiert und in Deutschland sowieso höchstens in den Gender Studies unterrichtet werden. Dass es sich im ersteren Fall um rassis_sexis_tische Wissensbildungen handelt und die durch Setzung als neutral in Vorlesungsreihen normalisiert werden und dass damit das Dispositiv transdependenter Machtverhältnisse bestätigt wird, wird demgegenüber nicht explizit gelabelt. Dies ist ohne De_Konstruktion des hegemonialen Ansatzpunktes auch gar nicht möglich, da der Mythos der Neutralität und Objektivität von *weißen*_androgegenderten Wissenschaftlern so ungebrochen ist, dass eine Spezifizierung und vor allem Dezentrierung nicht notwendig erscheint. Wie schon oben ausgeführt, sind Be_Nennungspraktiken nicht symmetrisch, sondern von asymmetrisierenden Machtverhältnissen[71] konstituiert, deshalb wäre auch die Verwendung eines neuen Labels unter Beibehaltung dieser hegemonialen Zentrierung nicht ausreichend als Intervention. Vielmehr muss ein Verständnis dafür erarbeitet werden, dass über Marx, Foucault und Co. kein neutrales Wissen vermittelt wird, sondern dass unkritische Bezugnahmen, ständige Norm(al)setzungen und Ent_Ver_Ortungen dieser Personen und Theorien strukturelle Diskriminierungen → ent_erwähnen und re_produzieren.

Sich angreifbar und anschlussfähig machen

Change means growth, and growth can be painful.[72] (Audre Lorde)

Mein Text bietet keine Instantlösung für verantwortungsvolle Wissensproduktionen, sondern im Gegenteil, macht deutlich, dass Instantlösungen und ritualisierte

---

[69] Oder wie sie auch alle heißen, gerne auch nur mit Nachnamen genannt und so als Big Names konstruiert.

[70] Diese beiden Begriffe können auch kritische Ver_Ortungen sein – es kommt also sehr darauf an, aus welcher Positionierung heraus sie verwendet werden. Danke an J.ay für Hinweise zu diesem Punkt.

[71] Vgl. Hornscheidt/Nduka-Agwu 2010.

[72] Lorde 2007c [1984c]: 123.

Phrasen nicht verantwortungsvoll sein können. Praktiken kritischer Ver_Ortung sind – wie eingangs schon erwähnt – immer nur vorläufig und situativ-kontextbezogen: wenn eine Möglichkeit ausprobiert ist, kann sie im nächsten Moment verändert, problematisiert oder verworfen werden. Nichts mehr auszuprobieren und sich damit scheinbar nicht mehr angreifbar zu machen, kann jedoch keine feministische Antwort sein!

Kritische Ver_Ortung über Dritt_Re_Positionierungen und Dritt_Ver_Ortungen

Als ›Dritt_Re_Positionierung‹ be_nenne ich Ver_Suche der Re_Positionierung von Dritten (meist in Bezug auf Privilegierungen), die Teil der eigenen kritischen Ver_Ortung sein können, weil sie Genealogisierungen der eigenen Wissensproduktion explizit und nachvollziehbar machen. Ich schlage den Begriff in Abgrenzung zu Fremd_(Re)_Positionierungen vor, worunter ich gewaltvolle Re_Produktionen von diskriminierten Positionierungen aus privilegierter Perspektive fasse. Re_Positionierung verwende ich als Begriff deswegen, weil jede Be_Nennung von Positionierungen eine Re_Produktion von Positionierungen ist, zu ihrer Konstruktion beiträgt, sie jedoch nicht vollständig und schon gar nicht ausschließlich ausmacht. Dritt_Ver_Ortungen und _Re_Positionierungen können nötig sein, um eigene Genealogisierungen von Wissen deutlich oder um politische Abgrenzungen und ›safe‹ spaces möglich zu machen. Eine Re_Positionierung ist als personale Appellation Teil der Konstruktion von Wirklichkeit und keineswegs eine Beschreibung oder Abbildung von Wirklichkeit.[73] Ein Beispiel für eine Dritt_Re_Positionierung wäre die Appellation von XYZ als *weiße*_Hete – eine Be_Nennung, die auf der Ebene sozialer Positionierungen liegt. Dritt_Ver_Ortungen sind dagegen Ver_Suche, die kritische Selbst_Ver_Ortung von anderen aufzugreifen, bzw. das Anbieten von Lesarten kritischer Ver_Ortung in den Wissensproduktionen anderer, also z. B. ›der Text von XYZ ist contra_rassistisch_contra_heterasexistisch_antiandrosexistisch ver_ortet‹[74] oder ›Ich lese aus dem Text eine auf vielen Ebenen explizierte contra_rassistische_contra_heterasexistische_antisexistische Ver_Ortung von XYZs Wissensproduktion‹.

Ver_W_Irrung: Wann dritt_ver_orte ich eine Wissensproduktion, wann dritt_re_positioniere ich die Wissensprodu_zentin? Wenn ich z. B. nicht sagen will, ›Bourdieu ist ein *weißer*_Typ‹, weil ich keine Dritt_Re_Positionierung herstellen will, dann müsste ich sagen ›Bourdieus Wissensproduktion ist rassistisch_sexistisch‹, um eine Dritt_Ver_Ortung vorzunehmen. Ohne ›contra_‹ deswegen, weil ich eine ›contra_‹-Ver_Ortung nicht kontinuierlich und tiefgreifend genug umge-

---

[73] Vgl. Hornscheidt 2006, 2008a.

[74] Zu dem zu Grunde liegenden Feminismuskonzept vgl. den Feminismus-Artikel in diesem Band.

setzt finde (vgl. in Bezug aus Sexismus meine Kriterienliste oben). Daraus ergibt sich jedoch die Frage, ob und wozu ich mich auf von mir als sexistisch_rassistisch eingelesene Wissensproduktionen überhaupt beziehen sollte? Eine solche Überlegung kann mir also dabei helfen, mir genauer über meine Genealogisierungen und Zitierungen in Wissensproduktionen Gedanken zu machen und meine Handlungen zu verändern. Und es ergibt sich aus den Überlegungen auch die Notwendigkeit, Kriterien für Anti- und Contra_Ver_Ortungen zu erstellen. Dies ist von mir nur für Sexismus möglich (vgl. oben) und könnte z. B. von mir für Rassismus lediglich als Annäherung an Kriterien aus antirassistischen Wissensproduktionen abgeleitet werden, ohne damit den Anspruch auf Deutungsmacht zu haben.

Ein Beispiel für einen Ver_Such, die eigenen Wissensproduktionen über Dritt_Re_Positionierungen kritisch zu ver_orteten, ist der Text von Hornscheidt 2007 zu Interdependenzen. Hornscheidt be_nennt dort privilegierte Sprec_herinnenpositionierungen auf nicht konventionelle Weise, dritt_re_positioniert sie, z. B. »die weiße_US-amerikanische_Biologin und _Philosophin Donna Haraway«.[75] Hornscheidt reflektiert dazu im gleichen Text:

> Diese Form der Markierung macht die Genealogie meiner eigenen Wissensformation deutlich. Dies geschieht auf der Grundlage der Überzeugung, dass Wissen immer auch situiert ist und als solches gekennzeichnet werden sollte, um gerade diese Situiertheit und damit verbundene Partialität deutlich zu machen. Gender ist in der hier vorgenommenen Markierung binär, was auch problematisch ist, da auf diese Weise Zweigeschlechtlichkeit als vorgängig und eindeutig gesetzt wird. Es handelt sich hier um aus meiner Sprecherinnenposition getätigte Zuschreibungen aufgrund von Konventionalisierungen von Zweigeschlechtlichkeit durch Vornamen, was an sich auch wiederum kritikwürdig ist und auf der Kenntnis vor allem westlicher Vornamen beruht. Trotzdem habe ich mich zu dieser Kennzeichnung entschlossen, da ich auch eine konventionalisierte Zweigeschlechtlichkeit als wichtige strukturelle Positionierung in Bezug auf Sprecher_innenpositionen und Ressourcenverteilung ansehe. Weißsein als Kategorisierung wird in Ausschließlichkeit benutzt, um Privilegierungen über Zuschreibungen über Race-Konzepte explizit zu machen. Um verkürzende dichotome Setzungen zu vermeiden, wird dabei lediglich Weißsein als privilegierte Position markiert. Auch diese Setzung ist nicht unproblematisch, sondern wird ausgehend von meiner weißen_deutschen_Sprecherinnenposition vorgenommen und beruht damit auf meiner deutschen_weißen_Wahrnehmung, die aus der Perspektive der von mir so markierten nicht in dieser Eindeutigkeit stimmen muss und Brüche und »Grenzfälle« ebenfalls unsichtbar macht. Gerade in dem Versuch der Setzungen dieser Kategorisierungen wurde mir deutlich, wie machtvoll auch diese Sprechhandlung ist und welche Problematiken der Festschreibung von Perspektiven und der Entdifferenzierung ihr eigen sind. Trotz dieser für mich nicht gelösten Problematik habe ich diese Markierungen hier als einen temporären und weiterzuentwickelnden Versuch vorgenommen, da ich sowohl Gender als auch Weißsein als wichtige strukturierende und ordnende Größen erachte im

---

[75] Hornscheidt 2007a: 83.

momentanen deutschen Kontext der Gender Studies in Bezug auf öffentliche Wahrnehmungen, Wissensgenerierungen und Sprecher_innenpositionen. (Hornscheidt
2007a: 67f)

Für diesen Ver_Such mit seinen vielen Problematiken, den Hornscheidt, wie
im Zitat deutlich wird, selbst als ›temporär und weiterzuentwickelnd‹ bezeichnet, wurde der Text oft kritisiert, allerdings meist ohne Alternativen zu erdenken.[76] Isabell Lorey erkennt in Hornscheidts Ver_Such zwar die Absicht, über
Be_Nennungspraktiken »des normalerweise Unbenannten« eine »Verschiebung«
zu erreichen, fasst dies jedoch nicht als kritische Intervention in die Konstitu-
tionsprozesse von Machtverhältnissen oder als »politische Praxis« auf.[77] Zwar
ist ihr Einwand gegen die Be_Nennungspraktiken, Kategorien sollten nicht re_
produziert, sondern der Kategorisierung ›widerstanden‹ werden, eine wichtige
Kritik am kategorialen Interdependenzmodell von Walgenbach et al. (2007), jedoch geht Hornscheidts Ansatz selbst über ein kategoriales Modell hinaus und
betont die Notwendigkeit, Herstellungsprozesse von Kategorien zu analysieren.
Es stellt sich bei Loreys unspezifischer Formulierung für mich die Frage, wie
privilegiert Positionierte ihren Privilegierungen ›widerstehen‹ können – oder
ob nicht diese Idee schon eine macht_entnennende, Diskriminierungen re_pro-
duzierende Anmaßung ist (zum kritisch ver_orteteten Unterschied von ›Widerstand‹ und ›Widerwille‹ vgl. Lann in diesem Band). Meines Erachtens haben
die Dritt_Re_Positionierungen in Hornscheidts Text, obwohl sie privilegierende
Kategorisierungen re_produzieren, eine andere oder tiefgreifendere Funktion,
als Lorey darin erkennt. Es geht um die Explizierung und damit ›Angreifbar-
machung‹ sozialer Positionierungen und damit verbundener Verhandlungen
von Machtverhältnissen bzw. deren Effekte. Die Fixierung von Kategorien wie
Gender, Klasse, Migration, Religion oder ›Rasse‹ ist ohne Zweifel problematisch, und wie wir im Feminismus-Artikel zeigen, ist KategorialGenderung, also
die grundlegend nicht hinterfragte und durch die Möglichkeitsbedingungen des
Dispositivs nicht hinterfragbare Annahme von Gender, bereits sexistisch. Hornscheidts Text von 2007(a) setzt bei den Dritt_Re_Positionierungen nicht auf der
Ebene der Kategorien an: Es sind nicht feststehende Kategorien, um die es bei
Dritt_Re_Positionierungen geht, sondern das Diskriminierungs- und Privilegie-
rungsmoment von Kategorisierungen und dadurch konstruierten sozialen Positionierungen. Die durch Machtverhältnisse konstituierten sozialen privilegierten
Positionierungen sollen also durch Dritt_Re_Positionierungen expliziert und angreifbar gemacht werden.

Lorey bemerkt, dass Hornscheidt nicht nur die Positionierungen anderer [Privi-
legierter] be_nennt, sondern »selbstredend auch die der eigenen Sprechposition«.

---

[76] Vgl. z. B. Lorey 2008; Keim 2009.

[77] Lorey 2008.

Solche Appellationen fasst Lorey offenbar nicht als ›Handeln‹,[78] sie seien keine kritischen Praktiken und als »Selbst/be/verurteilung«[79]. abzulehnen. Der Punkt, der hier über ›urteilen‹ aufgemacht wird, ist m. E. jedoch fraglich, weil er ähnlich wie Argumentationslogiken über ›Outingzwang‹ privilegierte Positionierungen opferisiert, sie als zu ›unrecht‹ verurteilt herstellt. Interessanterweise bringt Lorey hier über den Begriff der ›Verurteilung‹ eine moralisierende Dimension in die Debatte, die auch in dem Begriff ›Privilegierungsbekenntnisse‹ (2010)[80] anklingt – beide konstruieren eine Idee von ›Schuld‹ und nicht von ›Verantwortung‹. Meiner Meinung nach verhindert das Aufmachen einer Moralisierungsdimension eine Auseinandersetzung auf der Ebene der Dimension von Verantwortlichkeit und ist deswegen für das Aushandeln feministischer Verantwortung unbrauchbar. Während Lorey also strikt Positionierungen der eigenen Sprechposition ablehnt und Eggers et al. (2005) eine »reduktionistische Vorstellung« und ein ›(Miss)Verstehen‹ von situiertem Wissen à la Haraway unterstellt, ohne ihr eigenes Verständnis davon zu erläutern,[81] entwahrnimmt sie, dass sie das, was sie als »kategoriale Anrufungen« bezeichnet, aus rassistisch privilegierter und sexistisch teilprivilegierter Positionierung durchaus selbst re_produziert: Dies ist z. B. der Fall, wenn sie Hornscheidt mit einem Pronomen frauisiert[82] sowie unkritisch den Begriff ›Queers of Color‹ von Dietze et al. (2007) übernimmt, der so zu einer einseitigen Fremd_Re_Po-

---

[78] In dieser Argumentation zeigt sich, dass Lorey ein grundlegend anderes Sprachverständnis als wir in diesem Buch vertritt. Auch Loreys Kritik an Butlers Sprachverständnis (Lorey 1996) legt nahe, dass ihr eigenes Sprachverständnis auf der strukturalistischen Idee, Sprache sei ein den Äußerungen vorgängiges »Bedeutungssystem« beruht (vgl. Lorey 1996: 145). Für Lorey ist nicht jedes Sprechen handeln und sie unterstellt, dass in einem pragmatischen Sprachmodell, in dem Sprache immer Handlung ist, Sprachhandlungen ›echte‹ Handlungen ersetzten und deswegen in einem ›bloßen Reden über‹ Machtverhältnissen verharrt werde (vgl. ebd.; 2008). Diese Polarisierung von Sprache und Handeln teile ich nicht; Sprache als Handlung zu konzeptualisieren, schließt nicht aus, dass es Handlungen geben kann und muss, die nicht in erster Linie Sprachhandlungen sind, wie z. B. Sitzblockaden, Umverteilung von Ressourcen, Karriereförderungspraktiken, politische Eheschließungen etc. Dennoch stehen diese Praktiken nicht außerhalb des Diskursiven, sondern sind ›Stimmen‹ in Diskursen und durch Diskurse hervorgebracht und ein Zugriff auf diese Handlungen ist lediglich über Sprache möglich. Vgl. Hornscheidt 2006, 2008a.

[79] Vgl. Lorey 2008.

[80] Vgl. www.gender.hu-berlin.de/forschung/veranstaltungen/ztgevents/privilegierungsbe kenntnisse-2013-hegemoniereproduktion-in-kritischen-wissenschaftsfeldern/ (Zugriff: 21.04.2011).

[81] Vgl. Lorey 2008.

[82] »[...] wie bei der von Hornscheidt gewählten Markierung von AutorInnen, auf die *sie* sich in ihren Überlegungen bezieht [...]« (Lorey 2008; meine Hervorhebung). Zur Problematik sexistischer Re_Produktionen durch das Binnen-I, vgl. den Feminismus-Artikel sowie Lann in diesem Band.

sitionierung wird. Anscheinend ist die ständige Fremd_Re_Positionierung über Zwei- und CisGenderung re_produzierende – sexistische – Pronomen so naturalisiert, dass sie selbst in einem Reden über die Verweigerung von Zuschreibungen gleichzeitig, machtvoll und diskriminierend stattfindet. An diesem Beispiel wird auch der Unterschied zwischen kritischer Dritt_Re_Positionierung und Fremd_Re_Positionierung deutlich: Meine Verwendung des Pronomens ›sie‹ ist hier aus kritisch ver_orteter Perspektive eine Dritt_Re_Positionierung von Lorey und expliziert eine zwei_hetera_cis_kategorialgegendert privilegierte Positionierung; Loreys Verwendung fremd_re_positioniert Hornscheidt als frauisiert, ohne sich selbst kritisch dazu zu ver_orten. Mir geht es nicht so sehr um den Punkt, ob diese gegenderte Herstellung ›richtig‹ oder ›falsch‹ ist, sondern darum, dass Lorey sie macht, obwohl sie postuliert, solche Zuschreibungen abzulehnen. V. a. zeigt diese Problematik die Wichtigkeit von kritischer Ver_Ortung der eigenen Wissensbildung – eine Weigerung führt genau zu solch problematischen weil einseitigen und undifferenzierten Fremd_Re_Positionierungen.

Loreys Plädoyer, »kategoriale Anrufung« zu verweigern, ist zudem insofern problematisch, als dass sie ein unspezifisches, jenseits von Machtverhältnissen etabliertes kollektives ›Wir‹ aufmacht,[83] dem sie als politische Praxis »*entgehende* und *entziehende* Kritik«[84] vorschlägt. Für mich liest sich das als ein Sich-der-Verantwortung-entziehen, aufgrund der Weigerung soziale Positionierungen zu reflektieren und zu explizieren und die eigene Wissensbildung explizit auf verschiedenen Ebenen kritisch zu ver_orten, wozu z. B. eine Spezifizierung des aufgemachten ›Wir‹ sowie notwendigerweise eine Selbst_Re_Positionierung an Stellen, an denen andere re_positioniert werden, bzw. eine Reflexion der Re_Positionierungspraxis in Bezug auf andere etc. gehören würde.

Obwohl ich also Loreys Logik der Kritik an »Selbstpositionierungen« nicht als greifend erachte, stimme ich mit ihr an dem Punkt überein, dass vereinfachte Formen von Dritt_Re_Positionierungen problematisch sind und – wie schon mehrfach betont – dass ein bloßes Be_Nennen von eigenen Privilegierungen keine kritische Ver_Ortung ist. Dennoch halte ich auch sich als unzulänglich erweisende Ver_Suche der Selbst_Re_Positionierung für oftmals verantwortungsvoller, als gar keine Ver_Suche zu wagen. Nur durch solche Ver_Suche entstehen Irritationen, die im besten Falle zu Selbstreflexionen und dem Ausprobieren weiterer Möglichkeiten und zu kritischen Ver_Ortungen führen.

Praktiken von Ver_Ortung über Dritt_Re_Positionierungen bleiben immer nur vorläufig und unabgeschlossen – die Gefahr, Fremdzuschreibungen zu re_produzieren lässt sich nur punktuell umgehen. Ich habe in meiner Magistr_aarbeit (Tudor 2008) ein ähnliches Modell wie Hornscheidt 2007 umgesetzt und ver_suche

---

[83] Was implizit z. B. über den Satz »Kategorien scheinen *unser* Gefängnis, *unser* unauflösbares Zwangsverhältnis zu sein«, geschieht (vgl. ebd.; Hervorhebung A. T.)

[84] Ebd.; Hervorhebung I. L.

auch in meiner damaligen Arbeit, die Setzungen und → Weg_Nennungen[85] zu reflektieren, die durch die Wahl der Be_Nennung re_produziert werden. Aus heutiger
Perspektive finde ich es wichtig zu fragen, welche durch Machtverhältnisse hergestellten Positionierungen für Dritt_Re_Positionierungen als relevant erachtet
werden und welche nicht und wie das verantwortungsvoll in Bezug auf das Thema
entschieden werden kann.[86] (Wie) Ist deren Inter-/bzw. Transdependenz w_ort-
bar? Wie lassen sich Simplifizierungen vermeiden, die v. a. in Be_Nennungen wie
›westeuropäisch‹ (= Wohnort? StaatsbürgerInnenschaft? Lebensmittelpunkt? Ideo-
logie? ›Herkunft‹? In Bezug auf was? Welche Rolle spielt Kolonialismus? Welche
Rolle spielt Migratisierung?) nicht aufgelöst werden können?

Hornscheidt bietet in ih_rem Artikel in diesem Band Weiterentwicklungen an
(z. B. ›Typen‹ und ›Heten‹ als Dritt_Re_Positionierung von sexistisch privilegierten und teilprivilegierten aus antisexistischer Perspektive) und legt im vorliegenden
Buch sowohl im gemeinsamen Feminismus-Artikel als auch im eigenen Artikel zu
fe_ministischen Sprachformen Neuformulierungen von Praktiken feministischer
Ver_Ant_W_Ortung vor.

Es bleibt für mich an dieser Stelle die Frage bestehen, wie Wissensgenealo-
gisierungen über Zitierungen und Referenzen auf Auto_rinnen kenntlich und angreifbar gemacht werden können. Wenn ich einen Dyke_Trans-Ort verteidigen
will, muss ich irgendwie dritt_re_positionieren, we_lche nicht dazu gehört und
an der Tür abgewiesen wird. Wenn ich eine Mailingliste für Schwarze, PoC und
Migratisierte einrichten will, muss ich dritt_re_positionieren, wer statisiert ist und
nicht dabei sein kann. Ohne Frage liegt in Dritt_Re_Positionierungen die Gefahr
problematischer Festschreibungen und Ent_Erkennungen, und die Aus_Handlung
ist ein fortdauernder problematischer Prozess. Sie wegzulassen ist jedoch zumindest ähnlich problematisch. Wenn ich es nicht gut machen kann, heißt das, dann
lieber gar nicht mehr zu handeln? Und ist nicht ein Nicht_Handeln auch ein Handeln? Oder heißt feministisch verantwortungsvoll zu handeln, Unkonventionelles
zu wagen, mich angreifbar zu machen und vom aktuellen Stand der Dinge ausgehend zu überlegen, wie ich es in Zukunft zumindest besser als eben noch machen
könnte? Neue Handlungsformen zu ver_suchen, die aus den sich anschließenden
Lesarten und Kritiken dann wieder weiter verändert werden können? Und damit
eben anschlussfähig zu sein!

Da Dritt_Re_Positionierungen Strategien sein können, privilegierte Positionierungen aus ihrer scheinbaren Neutralität herauszulösen, ist eine Möglichkeit,
Dritt_Re_Positionierungen zu vermeiden, sich in den eigenen Wissensbildungen
nicht auf privilegiert positionierte Theorien und Ansätze zu beziehen. Oft machen
jedoch erst konsequente Dritt_Re_Positionierungen im eigenen Arbeiten deutlich,

---

[85] Vgl. Hornscheidt/Nduka-Agwu 2010.

[86] Mögliche Antworten wie »Das ergibt sich aus meinem Material!« halte ich für problematisch, da sie ein positivistisches Verständnis von Wirklichkeit zu Grunde legen.

wie sehr die Herstellung von Kohärenz und konventioneller ›Wissenschaftlich-keit‹ auf dem unreflektierten immer neuen Aufwärmen eingefrorener Genealogisierungslinien beruht. Hornscheidts oben besprochener Ver_Such dritt_zu_re_positionieren, hat gerade durch das Aufzeigen der Problematiken Diskussionen um die Herleitung von Wissensbildungen eröffnet und ist damit auch Teil von kritischer Ver_Ortung. Manchmal ist es auch gut, Ver_Suche, über die Ver_Ortung hergestellt wird, wieder zu verwerfen. Die Diskussionen darum bereiten jedoch den Weg zu neuen Ver_Suchen und zu stetigen kleinen Veränderungen in konventionalisierten Wissensbildungen.

Adressierungen

»Once again: Who is we?«

Ein sehr wichtiger Punkt der Ver_Ortung über Sprachhandlungen sind Adressierungen, die Wissensproduktionen implizit und explizit durchziehen. Adressierungen realisieren sich z. B. über die Konstruktion eines (oder mehrerer) ›Wir‹ und über ausgrenzende Herstellungen, über Formulierungen wie ›sie‹, ›die anderen‹, ›das Eigene‹ etc. Alle diese Formulierungen haben gemeinsam, dass es darauf ankommt, aus welcher Positionierung heraus sie gebraucht werden, wie ich am Beispiel von ›Wir‹ im Folgenden zeige.

»Once again: Who is *we*?«[87], bringt Rich das Thema der Konstruktion von einem feministischen ›Wir‹ eindrücklich (wieder) ins Gespräch und fordert, Vorannahmen von Zusammengehörigkeiten zu hinterfragen und Diskriminierte nicht aus privilegierter Positionierung zu vereinnahmen.

Lediglich zu be_nennen, wer mit ›wir‹ gemeint ist, reicht aber nicht in allen Fällen für eine kritische Ver_Ortung, sondern kann im Gegenteil Diskriminierungen re_produzieren, wenn z. B. von ›wir *weißen*_Frauen‹ die Rede ist. Aus diskriminierter Positionierung kann die Konstruktion eines ›Wir‹ dagegen empowernd wirken und verantwortungsvoll Communities und gemeinsame Kämpfe definieren. Kilomba macht zum Beispiel sehr deutlich, wen sie mit ihren Texten adressiert, indem sie kritisch ver_ortete Wir-Konstruktionen verwendet.[88]

Meine These ist, dass Wir-Konstruktionen, die nicht konkret bestimmte Personen kritisch ver_ortet als Gruppe herstellen, sondern abstrakte Zugehörigkeiten konstruieren, nur aus diskriminierter und niemals aus privilegierter Positionierung politisch verantwortungsvoll sind. Eine Wir-Be_Nennung ist dann legitim, wenn auf der Basis von diskriminierten Positionierungen gesprochen wird oder wenn ein konkretes ›Wir Her_ausgeberinnen‹ aufgemacht wird, also wenn ein konkreter

---

87 Rich 2003 [1984]: 41.
88 Vgl. Kilomba 2005/2009: 22.

politischer Zusammenschluss be_nannt wird.[89] Mit jedem ›Wir‹ müssen Explizierungen von Positionierungen und kritisch ver_ortende Praktiken einhergehen und alle Beteiligten müssen aktiviert sein (also ›Wir Herausgeb_erinnen dieses Bandes‹ ist im Kontext gemeinsamer Wissensproduktionen ein aktiviertes Wir, ›Wir Feminist_innen‹ oder ›Wir in den Gender Studies‹ ist ein abstraktes, vereinnahmendes ›Wir‹).

Wir-Konstruktionen, die konkrete Gemeinsamkeiten konkreter politischer Bewegungen exemplifizieren (›Wir Dyke_Trans‹) können an bestimmten Punkten verantwortungsvoll sein. Welche, die dagegen abstrakt-absolutierend eine ›allgemeine Menschlichkeit‹ herstellen (›Wir nehmen ständig Kategorisierungen vor...‹), sind grundsätzlich problematisch. Auch die Herstellung von einem ›Wir Dyke_Trans‹ ist eine fragile Konstruktion, denn sie trägt allenfalls für Aussagen wie ›Wir Dyke_Trans sind alle von Sexismus als diskriminiert konstruiert‹, ›Wir Dyke_Trans müssen uns mit transdependenten Machtverhältnissen auseinandersetzen‹ oder ›Wir Dyke_Trans sind durch Sexismus sprachlos gemacht‹. Sie kann in anderen Verwendungen jedoch homogenisierend und damit diskriminierend wirken (wie der folgende Satz, von dem ich mich hier ausdrücklich distanziere und den ich nur exemplifizierend verwende: ›Für uns Dyke_Trans ist Sexismus das zentrale Machtverhältnis‹).

Jegliche abstrakt-relativierende Wir-Benennungen, die Privilegierungen re_zentrieren sind (selbst) privilegierend und (andere) diskriminierend, so z. B. Konstruktionen, wie ›Wir *Weißen* sind privilegiert‹ oder ›Wir Deutschen müssen aus der Geschichte lernen‹ oder ›Wir Männer brauchen Identitätspolitiken‹. Ein abstrakt-relativierendes ›Wir‹, das aus privilegierter Positionierung heraus konstruiert wird, ist politisch nicht verantwortungsvoll, sondern im Gegenteil gewalttätig. Die gleiche Kritik gilt, wenn privilegierte soziale Positionierungen als ›Identitäten‹ bezeichnet werden, mit denen sich Politik machen ließe. Dies ist eine Absage an lediglich von *Weißen* an *Weiße* gerichtete ›*Weiß*sein-Workshops‹, an Männergruppen jeglicher Art und an sonstige Gruppierungen, die sich auf der Basis gemeinsamer Privilegierungen zusammenfinden.

Pseudo-Positionierungen

Auch explizite Be_Nennungen der Adress_atinnen-/Zielgruppe sind nicht automatisch eine kritisch-reflektierte Explizierung der eigenen Positionierung und Sprechgewalt, also nicht automatisch eine kritische Ver_Ortung, die mit einer Reflexion eigener Privilegien und Handlungsimpulsen einhergehen muss. D. h., Be_Nennungen von diskriminierten und privilegierten Positionierungen können nicht als

---

[89] Vgl. z. B. das ›Wir‹, das Nduka-Agwu und Hornscheidt in der Einleitung zu *Rassismus auf gut Deutsch* (2010) aufmachen, mit dem sie sich kritisch ver_ortet als Herau_sgeberinnenduo herstellen.

symmetrische Praktiken verstanden und eingesetzt werden.[90] Erst die ständige, nie abgeschlossene Reflexion und das prozessuale Verändern der eigenen Wissenschafts-, Schreib-, Polit- und Lebenspraktiken macht aus einer Be_Nennung von Privilegierungen eine kritische Be_Nennung und somit einen Teilaspekt vom Ensemble von Praktiken, das kritische Ver_Ortung ausmacht.

Wie ich auch in meinem Artikel zu Rassismus und Migratismus[91] zeige, beginnt das Buch *Wir Alphamädchen* von Meredith Haaf et al., das sich dem Diskurs des sog. ›Neuen Feminismus‹ in Deutschland zurechnet, mit problematischen Adressierungen über Definition einer hegemonialen Leserinnengruppe:

> Manche werden hier vielleicht die *spezifischen Perspektiven* von lesbischen Frauen oder Migrantinnen vermissen, die selbstverständlich zum Thema »Frauen und Gesellschaft« gehören. Doch dieses Buch hat nicht den Anspruch, sämtliche Sichtweisen zu vereinen. [...] Uns ist bewusst, dass Einwanderinnen in diesem Land andere Probleme haben als deutschstämmige Frauen, von den Sorgen alleinerziehender Mütter ganz zu schweigen. Wir haben dennoch beschlossen, uns hier erst einmal auf Themen zu konzentrieren, die einen Großteil der jungen Frauen, die heute in Deutschland leben, auf jeden Fall betreffen.[92]

Zwar wird hier die Begrenzung des eigenen Ansatzes be_nannt, eine kritische Auseinandersetzung und Selbstreflexion – die zu einer kritischen Ver_Ortung gehört – lässt sich jedoch nicht erkennen.[93] Das explizite Eingeständnis Diskriminierte – in den Worten der Alphamädchen »lesbische Frauen und Migrantinnen« – außer im Vorwort im gesamten Buch zu ent_erwähnen[94], re_produziert hegemoniale Normen und normalisiert von Neuem privilegierte Positionierungen, die als relevante Mehrheit (»Großteil«) hergestellt werden. So wird deutlich, dass das ›Wir‹ im Titel ein privilegiertes ist. Die eigene Neutralität wird machtvoll re_produziert, während den als Minderheit Konstruierten eine »spezifische Perspektive« zugeschrieben wird. Deutsch-statisierte Heteras sind demgegenüber als neutral, unspezifisch, normal gesetzt. Sara Ahmed kritisiert genau solche Praktiken als »mode of declaration, in which ›admissions‹ of ›bad practice‹ are taken up as signs of ›good practice‹«.[95]

---

[90] Vgl. Hornscheidt/Nduka-Agwu 2010; Hornscheidt 2010 und Lann in diesem Band.

[91] Vgl. Tudor 2010a.

[92] Haaf et al. 2008: 8f, Hervorhebung A. T.

[93] Mit meiner Kurzanalyse ist noch nicht die essentialisierende Begriffswahl kritisiert, die sich in dem Textteil findet und die darauf schließen lässt, dass der sog. ›Feminismus‹ der Alphamädchen die letzten 20 Jahre der feministischen Theoriediskussionen in Deutschland nicht mitbekommen hat.

[94] Vgl. Lockward 2010.

[95] Ahmed 2004.

Ver_Ortungen und (Selbst)Biografisierungen

Kritische Ver_Ortungen sind nicht grundsätzlich gleichsetzbar mit Biografisierungen, sondern liegen im Gegenteil eher quer dazu. Unter Biografisierung verstehe ich Konstruktionsprozesse und Plausibilisierungen von (eigenen) Lebensnarrationen. Es sind oft Selbsterzählungen, die eine Kohärenz des eigenen Gewordenseins herstellen. Da Biografisierungen häufig ›Herkunft‹ und ›Familie‹ verhandeln, sind sie repro-genealogisierend bzw. re_produzieren Reprogenealogisierungen. In solchen (Selbst)Biografisierungen liegt oft erstmal kein Bruch mit Konstruktionen von Herkunft, Familie und Verwandtschaft (vgl. auch den Abschnitt zu ReproGenderung als sexistischer Realisierungsform im Feminismus-Artikel). Reprogenealogisierung ist ein Topos von Rassismus, Migratismus[96], → Religiosizismus, Klassismus, Antisemitismus und dementsprechend können (kritische) Biografisierungen als ver_ortende Interventionen verstanden werden, die auf reprogenealogisierende Fremdzuschreibungen reagieren.

(Selbst)Biografisierungen aus diskriminierter Positionierung können → Widerstandsstrategien und narrative Möglichkeiten sein, Definitionsmacht über das eigene und kollektive Gewordensein anzuzeigen.[97] Solche Biografisierungen können als Praktiken kritischer Ver_Ortung verstanden werden und sind oft literarisch-theoretische Wissensproduktionen. Individualisierend-opferisierende Biografisierungen aus privilegierter Positionierung dagegen sind in feministischen Wissensbildungen problematisch. Weder ist es relevant, ob der Nazi-Opi vermeintlich doch gegen die Nazis war, noch wahrscheinlich, dass es überhaupt stimmt. Es ist auch keine kritische Ver_Ortung, das eigene Interesse an sog. Disability Studies mit Kontakt zu eine_r pflegebedürftigen Verwandten zu begründen.[98] Ähnlich verhält es sich mit Heteras, die davon erzählen, dass sie auch mal als Kind kein Kleidchen anziehen wollten, mit Selbstherstellungen à la ›meine-Oma-ist-nicht-von-hier-sondern-aus-Schlesien-deswegen-habe-ich-es-auch-nicht-einfach‹ oder mit Spoken-Word-Performances über ›Migrationserfahrungen‹ in den USA als [white] ›German-American‹.[99]

Trotzdem scheinen Ausdrucksformen wie Spoken-Word-Performances und auch Transgenre-Schreibpraktiken, gerade das Potential zu haben, Interdependenzen von Diskriminierungen und Privilegierungen w_ortbar und ver_handelbar zu machen. Jenseits von festgelegten Genregrenzen, können Biografisierungen politisiert und politisierend wirken – vorausgesetzt kritische Ver_Ortungen werden da-

---

[96] Vgl. Tudor 2010a: 408.

[97] Vgl. Eggers 2007; Erel 2007.

[98] Vgl. Schildmann 2004: 7f.

[99] Für den Bereich wissenschaftlicher Texte und ›feministischer‹ Wissensbildung vgl. auch die problematischen autobiografisierenden Selbstherstellungen von Rosi Braidotti 1994.

rin explizit gemacht. Wie kann ›Herkunft‹ dekonstruiert werden, ohne macht_ent-
nennend wirkmächtige Konstruktionen von ›Herkunft‹ zu verleugnen?

Metaphern der W_Ort_Losigkeit

feminismus ist für mich w_orten. mit sprache verzweifeln, wortliebe, worthass-
liebe. feminismus ist für mich mehr als nur ein w_ort, ist wort in der ortlosigkeit
und ort in der wortlosigkeit. als migratisierte_dyke_trans ist für mich weder
ein ort noch ein wort eine selbstverständlichkeit. für dyke_trans schließen sich
orte und worte, entselbstverständlichen sich, verselbständigen sich, verweigern
verständlichkeit.

für dyke_trans können orte töten, töten worte. wen töte ich mit meinen worten?
welche wird getötet auf dem weg zu meinen orten?

In diesem Text ver_suche ich, Praktiken feministischer Ver_Ant_W_Ortung besonders unter Ausdifferenzierung von Praktiken kritischer Ver_Ortung zu formulieren.
Mit Fokus auf sprachliche Herstellungsprozesse frage ich nach der Un_Wortbar-
keit von Verortung oder der Un_Verortbarkeit von Worten. Wie sind Un_Möglich-
keiten zu worten an Ver_Ortungen gebunden? Wie werden durch Nicht_Wortun-
gen Nicht_Verortungen, wie durch Ent_Wortungen Ent_Ver_Ortungen hergestellt?
Welche Leerstellen gibt es zwischen Wortungen und Nichtwortungen und Verortungen und Nichtverortungen?

Sowohl in dem Modell kritischer Ver_Ortung, das ich hier vertrete, als auch
in den Ver_Suchen diese zu w_orten, benutze ich Ortsmetaphern. Metaphorisierungen von Ort und Ortlosigkeit sind jedoch nicht unproblematisch, denn sie sind
im deutschen (und westeuropäischen) Kontext nicht ohne Bedeutungsaus_Hand-
lungen in Bezug auf Kolonialismus und nationalsozialistische Eroberungsdiskurse
denkbar. Die Konstruktion von Migration als Nomadi_nnentum und die Konstruktion von No_madinnentum als Ortlosigkeit, Pathologie und Kriminalität sind
grundlegende Topoi von migratisierendem_Rassismus, _Antisemitismus, sog.
_›Antiziganismus‹ und auch Migratismus und somit konstitutiv für deutsche (bzw.
westeuropäische) → Statisierung. In dem von mir benutzen W_Ortspiel, das worten und orten zusammenbringt, schwingt die feministis_che Utopie, die dieses gesamte Buch trägt: die Schaffung fe_ministischer (Nicht_)Orte, das (Ver_)lernen
fem_inistischer Worte. Und während ich mir in der Küche einen Tee mache, denke
ich, ha, super Move, Alyosxa, jetzt ist dieser Artikel schon mehrere gefühlte Mo-
nate alt und jetzt kommt hier der Satz, in dem du schreibst, das Kollabieren von
Sprache und Territorium – wie es auch in dem Begriff w_orten hergestellt wird –
war schon immer eine deutsch-nationale kolonialistische Konstruktion! Jetzt könnte ich sogar auf Wilhelm von Humboldt verweisen, der so was gefaselt hat von

›die eigentliche Heimat ist die Sprache‹ oder so. Und mich fragen, warum die verdammte Uni noch immer nach diesem Rassisten benannt ist.[100] Sprachhandlungen sind grundlegend diskriminierend. Wie gehe ich mit der Un_Möglichkeit, feminis_tisch zu w_orten, um?

Sämtliche Bezugnahmen und Metaphorisierungen von Ort_losigkeit und No_madinnentum aus statisierter Perspektive sind potentiell macht_entnennend und diskriminierend. Wenn also ›Feministinnen‹ wie Rosi Braidotti von »nomadic subjecs«[101] sprechen, eignen sie für einen (europäisch) statisierten kosmopolitisierten Feminismus eine Idee von romantisiertem Nomadin_nentum an und üben damit Gewalt aus, da weder eigene Positionierungen reflektiert noch Aneignungsstrategien problematisiert werden.

Genderzugehörigkeiten werden vielfach als Orte metaphorisiert und Nichtzugehörigkeit oder ›Uneindeutigkeit‹ in dem westlichen konventionalisiert binarisierten Gendermodell werden folglich oft als Ortlosigkeit gewortet. Judith Jack Halberstam kritisiert das Verwenden territorialer Metaphern wie Migration, Heimat und Grenzüberschreitungen für Wortungen von Genderuneindeutigkeiten und Nichtzugehörigkeiten zu konventionalisiert definierten Genderfixpunkten.[102] Halberstam zeigt, dass ›trans embodiment‹ und ›gender deviance‹ nicht außerhalb von kolonialistischen Politiken liegen, sondern dass kolonialistische Narrationen re_produziert werden, wenn aus *weißer* Positionierung der »already loaded conceptual frame – place, travel, location, home borders« aufgegriffen und »onto another contested site« übertragen wird.[103] Deswegen betont Halberstam für Analysen von ›Trans‹ in US-amerikanischen Kontexten die Rolle von Chicano/a und Postcolonial Studies, die darauf aufmerksam machen, dass ›politics of location‹ ›politics of migration‹ und auch ›of displacement‹ sein können. Mit Metaphern des Ortes und der Bewegung unreflektiert umzugehen, ist durch Privilegierungen gestützt. Die Möglichkeit, solche Metaphern leichtfertig zu benutzen, ist mit privilegierten Positionierungen in und durch Machtverhältnisse(n) verbunden: »Radical interventions come from careful considerations of racial and class constructions of sexual identities and gender identities and form a consideration of the politics of mobility outlined by that potent prefix ›trans‹.«[104] Theoretisierungen von Transpositionierungen erfordern also transdependente Analysen von Macht- und interdependente Analysen von Diskrminierungsverhältnissen und, wie sich deutlich in Halberstams Argumentation zeigt, kritisch ver_ortete Ausgangspunkte.

---

[100] Zum Zusammenhang von ›Sprachfamilien‹-Konstruktionen und Rassismus am Beispiel Humboldts siehe Hornscheidt 2007b.

[101] Vgl. Braidotti 1994.

[102] Vgl. Halberstam 1998: 170.

[103] Ebd.

[104] Ebd.: 173.

als migratisierte_dyke_trans ist für mich weder ein ort noch ein wort eine selbstverständlichkeit. für dyke_trans schließen sich orte und worte, entselbstverständlichen sich, verselbständigen sich, verweigern verständlichkeit.

Wie weit geht die Privilegierung der Selbstverständlichlichkeit von Ver_Ortung? Kann ich als kolonial-rassistisch-privilegiert_Migratisierte über Ortlosigkeit klagen und Ver_Ortung als widerständige Praxis einfordern? Oder orten mich meine Privilegierungen – weiß_deutschstaatszugehörisiert_christlich-sozialisiert – viel zu sehr? Welche ent_orte ich damit ständig, gewaltvoll und existentiell? Was ist mit dem kollektiven Gefühl der Ortlosigkeit von Dyke_Trans – auch von weiß_statisiert_christlich Privilegierten? Wie ist die grundlegende Ent_Erwähnung von Dyke_Trans und die damit zusammenhängende Ortlosigkeit ohne Metaphern des Ortes wortbar, wenn es keine öffentlichen Räume, wenig oder gar keine ›safe‹ spaces, keinen selbstverständlichen Platz in Diskursen, keine verständlichen W_Ortungen, kein Regal in Bibliotheken, keine Zeile in Wörterbüchern, kein Hineinpassen in gegenderte Kleidung_Toiletten_Zugabteile_Sportstätten_Grenzkontrollen_Medizinbilder etc. und keine Intelligibilität des eigenen Körpers gibt? Wie kann ich Ver_Ortung w_orten, ohne zu macht_entnennen, dass Dyke_Trans keine homogene Ver_Ortung ist? Wie kann ich auch deutlich machen, dass ich vielleicht über ZweiGenderung irgendwann in meinem Leben ge_orteter war und deshalb privilegierter bin als andere, denen es nie so ging? Halberstam bemerkt, dass lesbisch, butch und trans Positionierte andere, neue, alternative Formulierungen von Gender und Körper finden müssen, »that seem habitable«.[105]

»Ich habe keinen Raum«, sagt Hornscheidt, um den Ortsbegriff nicht anzueigenen. Raum ist ein Nazi-W_Ort, stellen wir fest. Wir sprechen deutsch – alle W_Orte sind Nazi-W_Orte hier.

Ich bin sprachlos, w_ortlos, nicht nur, weil es für andere nie selbstverständlich war, dass ich (nicht) Rumänisch spreche, sondern auch weil es für andere nie selbstverständlich war, dass ich Deutsch spreche. Aber hat mir ›die Sprache‹, die ich seit fast 30 Jahren täglich spreche, selbstverständlich ein W_Ort und eine Konzeptualisierung für Dyke_Trans angeboten? Hat sie nicht! Und wenn ich hörsuchtsvoll nach rumänischen Liedern auf youtube suche, dann weiß ich doch, dass ich auch keine W_Ortungen auf Rumänisch finden werde, in denen ich mich finden kann – und keine auf Spanisch und keine auf Englisch und keine... Es ist nicht allein Migratismus der mich w_ortlos macht, sondern auch Sexismus, ganz grundlegend (vgl. Lanns Artikel). »Parlo el patriracat amb fluïdesa, però no es la meva llengua materna.« Und finde mich auch hier nicht wieder, weil ich mit der repro_cis_heteragendernormativen Logik von Muttersprache nichts anfangen kann. »No tengo lugar, no tengo paisaje, y aun menos tengo patria.«[106] Darf ich ver_suchen, mich

---

[105] Halberstam 1999: 171.

[106] Aus: »Nací en Alamo« interpretiert von Yasmin Levy und im CD-Booklet zu »La Ju-

in diesem Textfragment zu finden? Wie widerstehe ich der Ver_Suchung, mich in diesem Textfragment zu finden? Hat mich Migratismus_Sexismus so positioniert, dass ich legitim Ortlosigkeit beanspruchen kann? Warum nicht?

J.ay: Ist ›Antiziganismus‹ nicht auch sedimentiert zum transdependenten Dispositiv im deutschen Kontext? Wird dieses Machtverhältnis nicht anders hergestellt als Rassismus, z. B. über die Zuschreibung von Nomadi_nnentum?

Sicherlich ist ›Antiziganismus‹ dispositive Rahmenbedingung in rumänischen wie deutschen Normalitäten – auch in den migratisierten ent_normalisierten, mit denen ich aufgewachsen bin. Wenn ich Rumänisch in Berlin auf der Straße höre, will ich mich meist mit der Sprec_herin ver_orten und weiß doch, dass eine gemeinsame (National)Sprache keine Basis dafür bietet. In vielen Fällen bin ich als ›NichtRoma‹ privilegiert positioniert, werde privilegiert über ›Sesshaftigkeit‹ hergestellt, ist ›Sesshaftigkeit‹ Topos (auch wieder so ein Ort) meiner privilegierten Subjektivierung. Und dennoch bin ich nicht statisiert. Wir teilen die Zuschreibung von Migration. Ich weiß nicht, wie das mit der Positionierung ist. Wenn Migratisierten Migration – Ortlosigkeit – Nomadi_nnentum – FREMD_zugeschrieben wird, wie verhalte ich mich dann verantwortungsvoll als Migratisierte zu der ›antiziganistischen‹ repro_genealogisierten Selbstherstellung als ›Nichtroma‹?

Vielleicht geht der Ver_Such einer gemeinsamen Ver_Ortung besser mit den von Lann erarbeiteten und mit J.ay und mir gemeinsam diskutierten feministischen Sprachformen? Die wir hier nur bruchstückhaft schon anwenden, damit andere Dyke_Trans uns auch ohne Über_Setzungshilfe verstehen – wenigstens ein bißchen. Diesen Text schreibe ich in einer Fremdsprache – ich habe zu Lann gesagt, dass es nicht geht, wenn yke ›fremd‹ als Metapher verwendet. Welche sagt denn, dass *ich* dagegen den Begriff metaphorisch verwenden darf? Ich tu's einfach! Ich schreibe hier in einer verdammten Fremdsprache Migrationsliteratur.

Um jetzt hier mal einen Punkt zu machen: Kolonialistische, nationalsozialistische und die ›Festung Europa‹ stabilisierende Sprach- und Territoriumsdiskurse sind aus der Aus_Handlung von W_Ortungsmetaphern nicht wegzudenken. Metaphern des Ortes und der W_Ortlosigkeit sind ambivalent und es bedarf – vielleicht paradoxerweise – kritischer Ver_Ortungen für ihre Analysen. Ich verwerfe sie hier aus diesem Grund (noch) nicht, sondern bestehe darauf, dass ihre Bedeutungs-aus_Handlungen grundlegend mit den sozialen Positionierungen der Spre_che-rinnen zusammenhängen, diese konstruieren und von ihnen konstruiert werden. Die W_Ortlosigkeit von Dyke_Trans ist nicht homogen und selten absolut. Hier geht es auch sehr stark um Aus_Handlungen von Privilegierungen und Diskriminierungen innerhalb einer momenthaft ge_w_orteten kritischen Ver_Ortung. Für Dyke_Trans schließen und öffnen sich Orte und Worte, ent_selbstverständlichen sich, verselbstständigen sich, verweigern Verständlichkeit. Dyke_Trans schließen und öffnen W_Orte – wo und wann geschieht dies selbstempowernd und sich De-

---

dería« (2005) als »The Gypsie's Song« be_nannt.

finitionsmacht aneignend, wo werden Diskriminierungen re_produziert und eigene Privilegierungen ent_wahrnehmbar gemacht?

WIR DÜRFEN NICHTS LIEBGEWINNEN.

Ich bin es gewohnt, mich überall so einzurichten, dass ich mich wohlfühle,
Dazu muss ich nur mein blaues Tuch auf einen Stuhl legen.
Das ist das Meer.
Neben dem Bett habe ich immer das Meer.
Ich muss nur aus dem Bett steigen, und schon kann ich schwimmen.
In meinem Meer muss [yke] nicht schwimmen können, um zu schwimmen.
Nachts decke ich das Meer mit dem geblümten Morgenmantel [...] zu, damit mich die Haifische nicht packen, wenn ich pinkeln muss.[107]
(Aglaja Veteranyi)

---

[107] Veteranyi 2001: 18.

Lann Hornscheidt

Dyke_Trans schreiben lernen.
Schreiben als feministische Praxis

Warum habe ich meine Texte in wissenschaftlichen Kontexten bisher so geschrieben, wie ich sie geschrieben habe? Mit und in diesem Text habe ich angefangen, darüber schreibend nachzudenken und so mein Schreiben verändert. Eine wichtige Frage, die diese Veränderung mitbewegt hat, war es zu überlegen, für wen ich eigentlich meine Texte schreibe. Ich adressiere v. a. und zunächst und explizit → Dyke_Trans mit diesem Text. Mit dieser Reflexion, we_n ich eigentlich adressiere, hat sich mein Schreiben geändert und mit meinem Schreiben mein Inhalt und der ganze Text. Ohne den Arbeitskontext des vorliegenden Buches hätte ich nicht gedacht und versucht zu schreiben, was ich hier schreibe, dieser Text ist Teil eines kollektiven Arbeitsprozesses und meines Einlassens und meiner inhaltlichen Konsequenzen daraus. In diesem Text probiere, diskutiere und argumentiere ich neue Sprachformen, die für mich als Um_Setzungen aus den Diskussionen zu Feminismus und Sexismus von Alyosxa, J.ay und mir entstanden sind und wie Alyosxa und ich sie in der Einleitung schreiben. Mit diesen Schreibformen versuche ich zum einen, Dyke_Trans_Ver_Ortungen zu w_Orten und dadurch die in der Einleitung versuchte Ausdifferenzierung von Sexismus auch benennend positiv für die kritische Ver_Ortung als Dyke_Trans für mich herzustellen, hör- und sprech-, les- und schreibbar zu machen: Dyke_Trans ist eine kollektive wortende → Appellation, die in diesem Text neben der substantivischen Benennung auch in den pronominalen Formen ›yke‹ oder ›tryke‹ umgesetzt wird sowie in weiteren personalen Appellationsformen, die auf ›yke‹ oder ›tryke‹ enden: Freundyke, Expertryke, Unterstützyke und mit denen ich andere Trans_Dyke benenne und mich auf yke beziehe. Endet die entsprechende Form auf dyke, wie in Freundyke, spreche ich die Form ›daik‹ aus, ansonsten, auch als pronominale Form, als ›üke‹. Mit diesem Text will ich empowernde Inspirationen für die Ver_Suche von W_Ortungen von Dyke_Trans geben. Will ich Aussagen machen, die sich nicht nur auf Dyke_Trans beziehen, verwende ich personale Appellationsformen mit dynamisierendem Unterstrich, d. h. einem Unterstrich, der keinen festen Ort in einer personalen Appellationsform hat, sondern durch diese wandert und auf diese Weise sowohl Zweigenderung als auch die Eindeutigkeit des Bruchs von Zweigenderung in Frage stellt. Alle diese Formen werden am Ende des Artikels nochmal ausführlicher diskutiert.

    Das, womit ich diesen Text hier beginne, ist erst am Ende des langen Prozesses dieses Textes entstanden, ist ein tastendes Suchen nach W_Ortungen, welche in der Kommunikation mit Alyosxa, J.ay und Evelyn im Prozess dieses Buches und auch mit Henni, Christiane und Uli diskutiert und ausprobiert worden sind und weiter und weiter verändert werden, Impulse und Ver_Suche – die schon, bevor ich sie ausspreche und schreibe, ungenügend sind und nur ein Stück weit auf dem Weg sind, die Transdependenz von Diskriminierungen und Privilegierungen auszudrücken. Macht die Form yke nicht eine Dyke_Trans-Position wieder nur zu einer Dyke-Position? Wie sind Ambivalenzen und Mehrschichtigkeiten vermittelbar und wie sind sprachliche Benennungen so zu gestalten, dass sie für Veränderungen offen sind und trotzdem gleichzeitig auch Kommunikationsangebote sind? Dieser Text ist in die Suche nach ver_Ant_WOrtlichen SprachHandlungen als Dyke_Trans verortet. Meine Fragen in diesem Text sind, wie ich sprachlich ver_Ant_WOrtungsvoll handeln kann, welche Relevanz SprachHandlungen für mich in der Frage struktureller Diskriminierungen haben, wie ich SprachHandlungen in Bezug auf → interdependente Diskriminierungen und → transdependente → Machtverhältnisse, wie es in dem ersten Artikel dieses Bandes entworfen ist, wahrnehme, welche Konsequenzen dies für mein SprachHandeln hat, wie ich mich über SprachHandeln kritisch verorten kann. Diesen Fragen ver_Suche ich mich suchend anzunähern, in Kommunikation mit Anderen und anderen Wortungen, im Formulieren neuer Fragen.

Mein Sein ist konstituiert in und durch die Gewaltförmigkeit von Sprache. Diskriminierungen sind gewaltvolle, gewalttätige Handlungen. Sobald ich spreche, übe ich Gewalt aus: wenn ich mir als *weiß* positionierte, durch Rassismus privilegierte Person einen Sprechraum und eine Sprechmacht gebe und geben kann, den auch → Antirass_istinnen einnehmen könnten – oder eben auch nicht oder nur sehr theoretisch. Wenn ich nicht reflektiert habe, welche Gewaltförmigkeit ich mit meinen Metaphern gegenüber disableisierten Personen und Positionen zum Ausdruck bringe, wie ich in und durch mein Sprechen und Schreiben bestimmte Vorstellungen von → Ability normalisiere, positiv bewerte. Sobald ich spreche, übe ich Gewalt auch gegen mich aus: wenn ich als Dyke_Trans in den Zu_Schreibungen zu Positionen mir nicht wortbar bin, wenn ich mich nur sehr langsam und zögerlich → ent_erwähnt (ein Konzept von Lockward 2010) fühle (*Wie? fragt Alyosxa, nur das Eingestehen kommt langsam, oder? Warum fühlen und nicht erkennen, fragt J.ay. Ja, die Ent_Erwähnung selbst war wohl schon immer, ist nicht langsam und zögerlich, nur das Eingestehen, nur das ist langsam und stückweise und sonst wohl auch nicht aushaltbar, immer wieder überlebenwollen-verdrängt, immer lebenswegnehmend weggedacht, und jetzt zunächst gefühlt und dann erkannt – oder fühlend erkannt*) und diese Ent_Erwähnung selbst auch re_produziere, wenn mir eine Sprechposition → ent_sagt ist, wenn ich über Benennungen kollektive Allianzen eingehe, in denen ich mich selbst nur mühsam immer wieder ein_schreibe. So übe ich Gewalt gegen mich aus und bin gewaltvoll positioniert_konstruiert_ wahrgenommen diskriminiert, diskriminiere gleichzeitig selbst in den Wahrnehmungen und → Ent_Wahrnehmungen. Von dieser Zurichtung durch sprachliche Gewalt, von meiner sozialen Positionierung zu meiner kritischen Verortung, wie

es in Alyosxas Text in diesem Band weiter ausdifferenziert ist, zu meiner Konstituierung durch die Grundsätzlichkeit sprachlicher Gewaltförmigkeit als Konstituti-
onsbedingung des Sprechens und Schreibens und als selbst sprachlich gewalttätig
schreibe_spreche ich in diesem Text. Ich schreibe von meinen Diskriminierungskonstituierungen als Dyke_Trans und meinen Reflexionen zu eigenen durch Sprache vollzogenen Diskriminierungshandlungen. Den Wunsch der analytischen interdependenten Verknüpfung meiner Konstituierung durch Diskriminierungen und
Privilegierungen und die Inspiration, das Bedürfnis und die Idee der politischen
Notwendigkeit davon habe ich nicht durch unabhängige, kontextlose Selbstrefle-
xivität aus mir selbst verstanden, sondern dadurch, dass ich Texte von Schwarzen
Femin_istinnen gelesen habe, in denen sie ihre Konstitution durch Rassismus und
Sexismus zu worten versucht haben, ihre Diskriminierungen nochmal geworted
und mir damit auf einer reflexiven Ebene zugänglich gemacht haben, sich dadurch
nochmal der rassistischen Diskriminierung ausgesetzt haben, die meine Privilegierungen u. a. ausmacht und durch sie konstituiert ist – Texte und Äußerungen,
durch die ich angefangen habe, meine durch Rassismus geschaffenen und immer
wieder bestätigten Privilegierungen auf vielen Ebenen überhaupt erst einmal wahrzunehmen. Ich spüre_erinnere_vergegenwärtige mir immer noch Diskussionsver-
anstaltungen und Debatten im Anschluss an Vorträge und Workshops am Zentrum
für Transdisziplinäre Gender Studies an der Humboldt-Universität zu Berlin aus
den letzten zehn Jahren, in denen Schwarze Stu_dentinnen ihre Diskriminierungen
in den Gender Studies an- und ausgesprochen haben. *Ich nenne die Schwarzen
Stude_ntinnen nicht mit Namen hier, da ich nicht weiß, ob sie hier identifizier-
bar sein wollen und ich befürchte, in der konkreten Nennung ihre Diskriminierung
auch noch mal zuordbar zu machen – und trotzdem bleibt eine Ambivalenz in dieser Entscheidung, da ich dieses in meinen Denkprozessen so wichtige Wissen zu
Rassismus auf diese Weise auch ent_personalisiere. Hättest du sie fragen können/
wollen, fragt Uli in einer Kommentierung zu diesem Text. Nein, ich weiß nicht,
wo sie sind, sie sind weggegangen. Gleichzeitig merke ich, wie hier eine für mich
wichtige Frage sich auch genau aus dieser Reflexion und Diskriminierungs- und
Privilegierungsrelation und -positionierung heraus formulieren lässt: Wie kann
ich aus einer in Bezug auf Rassismus privilegierten Positionierung Bezugnahmen auf Schwarze Fem_inistinnen vollziehen, ohne sie zu vereinnahmen, ohne so
zu machen, als würden sie zu mir sprechen, wenn sie dies dezidiert oder implizit
nicht tun? Was ist eine ver_Ant_WOrtungsvolle → contra_rassistische Handlung
in Bezugnahmen auf Schwarze Feminis_tinnen (und Schwarz ist eine politische
Verortung und damit eine antirassistische Position im Anschluss an Schwarze Feministinnen wie Patricia Hill Collins), wie kann ich contra_rassistische feministische ver_ant_WOrtungsvolle Transformationen der Texte von Schwarzen Fem_in-
istinnen vornehmen? Indem ich mich nicht in die Texte, die mich weder meinen
noch mich adressieren, einlese. Indem ich nicht Analogisierungen zu Diskriminierungsverhältnissen vornehme und damit die Spezifik unterschiedlicher strukturel-*

ler Diskriminierungsfokussierungen ent_wahrnehme. Indem ich immer wieder neu überlege und versuche umzusetzen, was ver_ant_WOrtungsvoll für mich heißt und nicht damit fertig werde. Auch das ist Motivation und Impuls für den vorliegenden *Text und versuche ich hier, transparent zu formulieren.*

Ich versuche also, meine Handlungen contra_rassistisch zu reflektieren und mit einer contra_rassistischen Verantwortung zu versehen. Kein Ent_Lernen von Privilegien – ich habe sie nicht gelernt, ich habe sie in ihrer machtvollen Form mich zu privilegieren entmerkt; sie haben mir häufig unterschiedliche Formen von Lernen ermöglicht, normalisiert, verselbstständigt – und gleichzeitig ein Wahrnehmen und Sagen, dem Ent_Sagen enthoben von Diskriminierungen. Beides geht nur zusammen und wird in dem Verständnis von Feminismus als Dyke_Trans nie abgeschlossen sein. Viele Texte, die ich lese, sind nicht an mich als *weiß* privilegierte Person gerichtet, und ich versuche, sie im Lesen und Wiederlesen nicht zu vereinnahmen; ich versuche, aus den antirassistischen feministischen Texten contra_rassistische feministische Ver_AntW_Ortungen für mich abzuleiten, indem ich die Texte als Anlass nehme, zu reflektieren und auszuprobieren, wie ich meine rassistisch privilegierte feministische Positionierung in politisch sinnvolle contra_rassistische feministische Handlungen umsetzen kann, wie ich intervenieren kann, welche Handlungen ich als politisch sinnvoll und ver_ant_WOrtungsvoll wahrnehme. In einem weiteren Schritt habe ich in und durch die Texte v. a. Schwarzer Fem_inistinnen angefangen darüber nachzudenken, inwiefern ich meine strukturellen Diskriminierungen als Teil meiner kritischen Ver_Ortung nicht explizit benenne und zu überlegen, wie mich sexistische Diskriminierungen konstituieren – und immer mehr zu verstehen, dass und wie mich auch und v. a. meine Privilegierungen in Bezug auf Rassismus, Antisemitismus, → Ableismus und Antiziganismus konstituieren und dies explizit zu machen, nicht zu ent_wahrnehmen, nicht wegzureden, nicht zu umgehen, und immer wieder zu reflektieren, was dies alles in der Transdependenz aus Privilegierungen und Diskriminierungen für mich macht, für wen ich schreibe, zu wem ich spreche, mit wem ich kommuniziere, wie ich auf diese Weise auch z. B. Genres mitpräge, Kommunikationsformen re_produziere und modifiziere, Wissensproduktionen autorisiere und ent_autorisiere, Spuren lege und Spuren verwische, unabgeschlossen, unabschließbar. Ich versuche, schreibend die Komplexitäten eines transdependenten Ringens in einer antisexistischen Ver_Ortung dem Ent_Sagen zu ent_Ringen. Ich kann keine antirassistischen feministischen Stimmen als Dialogizität mit mir einlesen, wenn sie nicht mich als privilegiert *weißes* Gegenüber konkret ansprechen, wie Chrystos dies in einigen Gedichten explizit macht. Dies sind Gedichte, die kein gemeinsames Wir zwischen anti- und contra_rassistischen Positionierten herstellen, sondern die in der direkten Anrede an eine *weiß* privilegierte Les_erin, wie ich ein_e bin, genau die Differenz und Relevanz sozialer Positionierungen in kritischen Verortungen zum Thema machen.

Maybe we shouldn't meet
if there are no third world women here
[...]
You're the ones who called a community
meeting & didn't contact the Black Lesbians or G.A.L.A. or
Gay American Indians or the Disabled Women's Coalition or
Gay Asians or anyone I know
You're the ones who don't print your signs in Spanish or Chinese
or any way but how you talk You're the ones standing three feet away from a Black
woman saying
There are no Third World women here
Do you think we are Martians
All those workshops on racism won't help you open your eyes
see how you don't even see us
How can we come to your meetings if we are invisible
Don't look at me with guilt Don't apologize Don't struggle with the problem of
racism like algebra
Don't write a paper on it for me to read or hold a meeting in which you discuss what
to do to get us to come to your time & your place
We're not your problems to understand & trivialize
We don't line up in your filing cabinets under »R« for rights
Don't make the racist assumption that the issue of racism between us
is yours at me
Bitter boiling I can't see you.
(Chrystos 1988: 13)

Adressierende Ver_Ortungen zwischen Ich und Wir
Mein Text adressiert Dyke_Trans, was nicht heißt, dass alle Dyke_Trans den Text
an_sprechend finden müssen. Zu meiner kritischen Ver_Ortung als Dyke_Trans
gehört eine politische Positionierung gegen Rassismus und eine fortwährende
Reflexion von Antisemitismus, Ableismus, Antiziganismus – die erst am Anfang
ist – und ein kontinuierliches Weiterreflektieren weiterer Ebenen struktureller Un-
gleichheit. In all den zuerst genannten interdependenten Diskriminierungsformen
bin ich privilegiert positioniert, was sich durch eine Begrifflichkeit mit contra_ als
kritische Verortung ausdrückt, wie Alyosxa es in einem früheren Text zu Migratismus (Tudor 2010a) entworfen hat und in dem Artikel in diesem Band noch mal
ausführlicher vorstellt: Meine kritische Verortung als Dyke_Trans inkludiert und
impliziert für mich, kontinuierlich zu reflektieren und zu versuchen, contra_ras-
sistisch, contra_antisemitisch, contra_antiziganistisch und contra_ableistisch zu
handeln. Meine konkrete wie utopische, konkrete wie gedachte Community sind
Dyke_Trans, die gegen interdependente Diskriminierungen Stellung beziehen und
dabei in Bezug auf diese Diskriminierungsstrukturen unterschiedlich positioniert
sein können. *Habe ich nun in dieser Vorstellung »das Glück« auch strukturell diskriminiert zu sein und dadurch eine politische Community bilden, vorstellen, mich*

in dieser verorten zu können? »Nein«, *sagte Alyosxa,* »Privilegierte brauchen keine Community bzw. haben ja alles als Community. Und hier von ›Glück‹ zu sprechen ist also ein Trugschluss.« *Ist es ein Privileg in dem komplexen Gefüge einer Positionierung in den Transdependenzen von Privilegierungen und Diskriminierungen, Dyke_Trans als substantielle substantivierte Ver_Ortung mir zusammen mit weiteren Dyke_Trans schaffen zu können und die transdependenten Aktivitäten und Verbindungen, die ich in dieser Community für unerlässlich ansehe, als Eigenschaften in Form von Adjektiven voranzustellen? Oder ist es so, dass ich gar nicht die Möglichkeit und das Recht habe, eine substantielle Community im Kampf gegen Rassismus mit einem Substantiv zu benennen, da ich, durch und in Rassismus privilegiert, mir diesen Kampf nicht als Substanz zu_schreiben kann, sondern nur als Eigenschaft? Sind die Diskriminierungskonstituierungen, die mich ausmachen, gleichzeitig also auch die Substanz, die Grundlage meiner Konstituierung? Ist das zugleich dann auch grundlegendes Moment ihrer Unentrinnbarkeit, ihrer Unausweichlichkeit, ihrer totalen Präsens?* »[T]he conditions of intelligibility are themselves formulated in and by power, and this normative exercise of power is rarely acknowledged as an operation of power at all. Indeed, we may classify it among the most implicit forms of power, one that works precisely through its illegibility: it escapes the terms of legibility that it occasions.« *(Butler 1997: 134) Warum glaube ich, Judith Butler zitieren zu können, glaube mitgemeint zu sein, in dem* »we«, *das sie aufmacht, und glaube, dass dies in den Texten von Audre Lorde meistens nicht der Fall ist? Auch nach nochmaligem Lesen auf Hinweise hin, wen Butler in diesem Text adressiert, habe ich den Eindruck, dass sie hier ein allgemeinmenschliches* »we« *aufmacht – oder ein allgemein-philosophisch kategorisierendes* »we«, *und das wäre in meiner Analyse dann ein von einem westlichen Subjektverständnis geprägtes* »we« *in diesem Falle –, ohne dass es benannt ist. Ich versuche, Wir-Formen in diesem Text zu vermeiden, mich zu fragen, wann und wo ich glaube für andere zu sprechen und zu schreiben, wann ich Wir-Formen benutzen will, um mich in ein größeres, nicht näher spezifiziertes Kollektiv einzubetten, um mich damit z. B. weniger angreifbar, weniger personalisiert, weniger greifbar zu machen – und um damit gleichzeitig meine Wissensproduktion als über mich hinausgehend herzustellen, als allgemeinmenschlich und damit als gesellschaftlich wichtig. Ich nehme Ich-Formen in diesem Text, um mit diesem Text greifbar, personalisiert, anschließbar, abwehrbar, irritierbar, streitbar zu sein. Und versuche diese Ichs zugleich kritisch zu verorten und nicht in einer pseudo-individualisierenden Subjektessentialisierung aufzugehen. J.ay: Wie fasst Butler Rassismus und fasst Butler Antisemitismus als Teil von Rassismus in Excitable Speech? Wie explizit muss aus einer kritischen Ver_Ortung heraus sich kritisch verortet werden? Alyosxa: In Deutschland wird Butler über antisemitische Stereotype immer wieder eingelesen; kann tryke sich als deutsch-statisierte Dyke_Trans also einfach so auf Butler beziehen? So, wie Butler gehypt wird, wird Butler auch gebasht. Lann: Ist das Bashing von Butler nicht nur immer schon sexistisch, d. h. gegen Dyke_Trans gerichtet, ge-*

wesen, sondern auch antisemitisch? *Und habe ich das nie so bemerkt, nie bemerken wollen, bis zu der Diskussion 2010 um Butlers Ablehnung eines Preises gegen Rassismus auf dem Berliner CSD, weil da der Antisemitismus in den hegemonialen Argumentationen gegen Butler so offenbar lesbar geworden ist für mich? Zeigt das, dass der Antisemitismus so stark Teil transdependenter Machtverhältnisse ist, dass ich ihn gar nicht wahrnehmen kann und konnte? Die Diskussionen zu diesen Überlegungen sind für mich nicht abgeschlossen.*

Und nochmal: Die Komplexitäten eines Ringens mit interdependenten Privilegierungen und Diskriminierungen versuche ich, schreibend dem Ent_Sagen zu ent_ringen. Wenn ich als *weiße* Person in öffentlichen Gesprächssituationen in deutschen akademischen Kontexten, wenn ich über Rassismus und Sprache spreche, als neutral eingelesen werde, nicht als »geprägt« von Diskriminierungs-»Erfahrungen«, meine Wissensproduktion nicht biografisiert wird und also nicht in Frage gestellt wird – und ich dies nicht an_spreche, nicht breche –, dann re_ produziere ich ein ent_verortetes akademisiertes Wissen, was dadurch die eigene Ver_Ortung nur entnennt und auf diese Weise universalisiert wird. Wenn ich als Dyke_Trans in öffentlichen Gesprächssituationen in deutschen akademischen Kontexten, wenn ich über Sexismus und Sprache spreche, als »geprägt« von meinen Diskrimierungs-»Erfahrungen« eingelesen werde und meine Wissensproduktion als persönliche Betroffenheit und nicht als ›wirklich‹ akademisches Wissen verstanden wird, und das nochmal umso stärker, wenn ich als Prof_essorin in Gender Studies und nicht in Sprachwissenschaft hergestellt und wahrgenommen werde, dann werde ich auf der Folie eines angeblich neutralen, nicht ver_orteten und in meiner Lesart und im Anschluss an Alyosxas Artikel in diesem Band ent_verorteten Wissensvorstellung wahrgenommen – und auf dieser Folie dann ent_normalisiert. Ent_Verortungen erscheinen manchmal als Auswege aus anmaßenden Zu_Schreibungen, sind die akademisierten unfeministischen Normalerwartungen. Wenn ich nicht spreche, wenn ich mich nicht positioniere, meine Privilegierungen nicht reflektierend in Bezug auf meine Wissensproduktionen benenne, übe ich auch Gewalt aus: wenn ich die Inspirationen und Bezüge meines Denkens nicht explizit benenne, sondern ent_erwähne; wenn ich deutsch-statisierte feministische Positionen als feministisch universalisiere und damit die Partialität meiner Perspektive entnenne. *Was ist mit den Momenten, in denen ich klar habe, dass die Feminismen, so partiell auch immer, wenn sie sich beispielsweise nur auf Androgenderung beziehen und gleichzeitig zwei-, hetera-, cis- und kategorialgendernormativ sind, wenn diese Feminismen rassistisch sind, z. B. in ihren Bildern, in dem »wir«, das sie verwenden, in den Bezugnahmen?*

Sprachliche Gewalt und dispositive Diskriminierung
Wenn ich einzelne Begriffe, Redewendungen, Metaphorisierungen, Äußerungsformen, Schriftsprachlichkeit benutze, im Benutzen re_produziere, die ich gleichzeitig als sexistisch_rassistisch analysiere, aber nur wenig Ideen dazu habe, wie

ich sie als sexistisch_rassistisch_antisemitisch_ableistisch_antiziganistisch analysieren könnte. *Und – bin ich also selbst keine Fem_inistin in diesem Sinne, wenn
ich das nicht alles klar habe?* Nein, sagt meine Unterrichtsstimme, als würde ich
zu mir selbst als verunsicherte Studentryke sprechen, nein, kann ich auch gar
nicht klar haben und werde ich nicht klar haben, denn transdependente Machtverhältnisse wie Rassismus, Sexismus, Ableismus, Antisemitismus und Antiziganismus – und bestimmt noch weitere, die mir schon nicht mal ansatzweise klar sind,
verändern ihre Formen kontinuierlich, u. a. ihre sprachlichen Formen und sind
gleichzeitig so grundlegend, dass ich es gar nicht klar haben kann, dass ich selbst
durch die Gewaltstrukturen dieses → Dispositivs transdependenter Machtverhältnisse in meinen Aussagemöglichkeiten und Ver_Ortungsmöglichkeiten konstituiert
bin. Und genauso wenig wie mir selbst spreche ich damit anderen die Benennung
als Femi_nistin ab – und finde es dabei wichtig, immer wieder zu reflektieren,
was ich darunter fasse, welche Handlungsformen, welche Vorstellungen von interdependenten Diskriminierungen und welche Konsequenzen dies für mich hat.*
Mein Sprachgebrauch ist durch Gewaltförmigkeit sprachlicher Un_Möglichkei-
ten, konzeptueller Un_Denkbarkeiten, Schweigen, Ausschlüsse, Unsicherheiten,
Ent_Infragestellungen geprägt, basiert also auf der Gewaltförmigkeit, die Sprach-
Handlungen sind und zur Voraussetzung haben. In meinem Ver_Ortetsein in diesem Geflecht, meiner Konstitution bin ich in meinem SprachHandeln selbst immer auch wieder konkret gewalttätig, bin ich in einem ständigen Bemühen, diese
Gewaltförmigkeit und meine Gewalttätigkeit zu reflektieren, zu verändern, neue
Ausdrucksformen zu finden, und gleichzeitig verwende ich doch auch immer genau diese Formen, kann ich mir gar nicht über ihre Gewaltförmigkeit voll bewusst
sein, sie zu Ende reflektiert haben, gibt es kein Sprechen jenseits der gewaltför-
migen Strukturiertheit meines Seins. *Das ist so abstrakt, hat J.ay an eine frühere Version dieses Textes geschrieben, und ich habe jetzt nochmal versucht, das
Verhältnis zwischen der Konstituierung durch Gewaltförmigkeit als grundlegender
Teil von Sprache und der eigenen Gewalttätigkeit in der notwendigen und unabläs-
sigen Anwendung und Re_Produktion der Gewaltförmigkeit zu verdeutlichen – das
Spannungsverhältnis, das mich manchmal sprachlos zu machen scheint und mich
doch immer wieder sprechen und schreiben macht, in dem Ringen um Dasein, um
Veränderung, um Weitergehen.*

> Wenn du dann stehst wo es still ist dass du
> es merkst wenn das Denken aufhört und
> (Daniela Danz, Masada, Zeilen 1 und 2)

Dieses Dispositiv bildet die Grundlage meines sozialen Seins und damit auch
meiner sprachlichen Kommunikationen – und wird und kann vermutlich nicht in
seiner Grundlegendheit herausgefordert sein. *Und was bedeutet das für die Möglichkeit widerständigen Handelns? Es bedeutet wohl sowas wie die Aufgabe der
illusorischen Gut-Position, für mich auch der idealistischen Utopien, es bedeutet*

ein Eingeständnis der Diskriminierungskonstituierung und gleichzeitig ein immer wieder nur kurzzeitiges, punktuelles Schaffen von Atemräumen, von über kritische Ver_Ortungen sich konstituierende Communities, ein immer weiter Ringen, ein immer wieder Ringen, ein immer wieder hoffentlich auch Atmen, ein immer wieder kurzes Ver_Stehen im Kontakt mit anderen, Weitergehen, neu spüren, neu w_Orten.

Transdependente Selbstbenennungen
Es gibt kein Aus-der-Welt-Treten, es gibt immer nur die Versuche, das Ringen um reflektierte, verantwortungsvolle Handlungsweisen, die in jedem Versuch auch das Scheitern mit eingeschrieben_eingesprochen_gehört_gelesen haben. Diese können für mich nie abgeschlossen sein, was auch Teil meines Feminismusverständnisses ist. Und wieder lese ich in *Excitable Speech* von Judith Butler, um mich zu vergewissern, dass es Anschlussstellen dem gibt, was ich hier schreibe, dass ich mich in den Überlegungen anderer Dyke_Trans aufgehoben fühlen kann: »Are we not paralyzed by the terms that we need to live, and of taking the risk of living the terms that we keep in question?« (Butler 1997: 163) Im Moment der Benennung von mir selbst und anderen als Dyke_Trans vollziehe ich in der empowernden Aneignung und Neu_Formulierung der kollektiven Appellation Ausschlüsse, einige in bestimmten Kontexten gewollt, wie die in diesem Band mit den hier vorgeschlagenen Appellationen vollzogenen punktuellen und positionierten Abgrenzungen von ›Frauen‹, ›Lesben‹ und ›Typen‹, andere implizit und interdependente Diskriminierungen re_produzierend. Dies kann auch als mögliche Effekte einer Benennungspraxis, die sexistische Zu_Schreibungen fokussiert und andere Diskriminierungen nicht in die Benennungsver_Suche in gleicher Weise einbezieht, sondern als kritische Ver_Ortungen untrennbarer Teil der Selbstbenennung Dyke_Trans macht, sein. Ich gehe nicht davon aus, dass eine antirassistische, antisemitische, antiableistische, anti-antiziganistische Dyke_Trans die kollektive Benennung Dyke_Trans ebenso wichtig findet, wie ich gerade, sondern vielleicht andere Schwerpunkte in ihrem Ringen und ihren Ver_Ortungen setzt. In einer Benennung Dyke_Trans ist damit eine transdependente Privilegierung vielleicht ebenso wie eine sexistische Diskriminierung eingeschrieben, kann und soll die Benennung für mich immer auch nur ein Stück weit funktionieren können. D. h. nicht, dass die Benennung nur *weiß* eingelesen werden muss, aber dass die Fokussierung mit dieser Benennung von Kämpfe auf Sexismus gelegt ist. Es gibt nicht die über Kontexte und Situationen hinweg gültige und funktionierende nichtdiskriminierende SprachHandlung, die nichtdiskriminierende Benennung – und trotzdem muss ich und will ich in diesem Spannungsverhältnis wie temporär auch immer Aus_Drucksmöglichkeiten suchen und finden und verwerfen und wieder neu suchen und ausprobieren und kurz ein Gefühl von Ver_Ortung wahrnehmen können, kurz eine Mächtigkeit der Aneignung von Appellationspraktiken, kurz ein Ankommen, in dem der Aufbruch schon eingeschrieben, die Ruhelosigkeit Teil des Räumeempfindens ist. Audre Lorde beschließt einen Vortrag, den sie 1977 auf einer Konferenz der Modern Lan-

guage Association in einem Panel zu Lesben und Literatur in Chicago gehalten hat und mit dem sie aus meiner Perspektive frauisierte Personen als Gruppe anspricht, in ihren unterschiedlichen Positionierungen, in meiner Lesart dieser Textstelle mit einer Aufforderung an die so Positionierten, trotz Differenzen zu sprechen:

> The fact that we are here and that I speak these words is an attempt to break that silence and bridge some of those differences between us, for it is not difference which immobilizes us, but silence. And there are so many silences to be broken.
> (Lorde 1984b [2007b]: 44)

Aus dieser Textstelle nehme ich für mich eine Aufforderung, in und mit allen Ambivalenzen zu sprechen, mit der Vorsicht, nie fertig zu sein, nicht bei ultimativ richtigen Appellations- und generellen Sprechpraktiken angelangen zu können und doch immer um die Sprechfähigkeit zu ringen und dabei immer die Transdependenzen struktureller Privilegierungen und Diskriminierungen, die mich und mein Sprechen, meine Sprechposition, meine Sprechmöglichkeiten ausmachen, zu reflektieren. Und auch damit nicht fertig zu werden.

Dieses Ringen ist für mich konstruktiv, im kontinuierlichen Wahrnehmen des wortenden Ringens von Femi_nistinnen, die gegen die Allgegenwärtigkeit sprachlicher Gewalt anzuschreiben versuchen. Suchen nach veränderten und immer wieder zu verändernden Aus_Drucksformen, Formulierungen, im interventionistischen Hinterfragen meiner eigenen Interventionen, meiner Wünsche, meiner Präsenz und des Schaffens von sich kurz mal für mich sicher anfühlender Räume. Kurz mal. Ein Stück weit. *Wie sicher kann mein Gefühl sein, wenn ich als deutsch-statisierte Dyke_Trans weiß, dass für andere nicht deutsch-statisierte Dyke_Trans in derselben Situation dieselben Räume Unsicherheit sein können – was also ist mir dann Sicherheit, was kann meine Sicherheit sein? Ich weiß es nicht, schon nicht mal ein Stück weit, schon nicht mal kurz.* Sprachanwendung, ihre Reflexion, das Kommunizieren über Sprachanwendung, die AusHandlungen zu den Sprachanwendungen dieses Textes mit anderen sind für mich eine Form von verantwortungsvoller Anwendung meiner durch meine Privilegien immer wieder konstituierten und normalisierten Sprech-/Hör-/Stimm-/Les-/Schreibbarkeiten und auch ein Trotzdem zu den gleichzeitig und untrennbar damit verbundenen gewaltvollen sprachlichen sexistischen Diskriminierungen gegen Dyke_Trans, in denen und durch die ich konstituiert, zugeschrieben wie atemlos gemacht bin. Obwohl und trotzdem, trotzwohl.

In diesem Artikel spreche ich schreibend davon, was für mich produktive, feministisch-reflektierte Sprach- und Sprechmöglichkeiten momentan sind. Dies beginnt für mich bei der Frage danach, was ich mit meiner sozialen Positionierung und kritischen Ver_Ortung wie äußern will, kann und darf, was davon von wel_cher Person gehört und gelesen werden kann und wie ich darüber nachdenke und mir das als Teil meiner kritischen Ver_Ortung überlege, geht über die Frage, wie ich etwas auf einer stilistischen Ebene äußere bis dahin, welche konkreten

Sprachformen ich verwende. Alle diese Teile von SprachHandlungen zusammen sind äußerst machtvoll, sie schaffen Wirklichkeiten und normalisieren ent_normalisieren, fordern bestimmte Vorstellungen heraus und stehen häufig in diesem Spannungsverhältnis und bedingen sich gegenseitig.

Warum nur ringe ich mit Worten? Warum ist in jeder meiner Äußerung auch ein Unbehagen, ein mich Raumlosfühlen (Raum wäre mir hier ein Gefühl von Sicherheit, ein kurzes Ruhen, ein mich Beziehen; dachte ich, kurz mal. Räume: ein mich Räumelosfühlen; Räume wären hier ein Gefühl von Sicherheit), warum ist es mir so wichtig, wie ich etwas benenne, wie andere etwas benennen? Auf vielen verschiedenen sprachlichen Ebenen macht mich meine privilegierte Normalisierung gegen die Diskriminierungen, die ich sprachlich dabei vollziehe, unempfindsam. Platzlos_Räumelos-Fühlen ist als Bild für die Erfahrung einer sexistischen Diskriminierung durch Sprache für mich entstanden. Für den Moment.

Verschiedene Ebenen von SprachHandlungen

Im weiteren Verlauf dieses Artikels stelle ich Überlegungen zu verschiedenen Ebenen von Sprachgebrauch an, die ich hier analytisch getrennt nacheinander diskutiere. In konkreten Kommunikationssituationen sind sie alle von Relevanz, in der konkreten Verwendung und Ein_Lesung_Hörung reflektiert oder nicht; sie werden im Kommunizieren zusammen im Ringen um Bedeutungsaushandlungen, Deutungsmacht, Sinnangebote realisiert. Einführend erläutere ich meine Sprachkonzeption, auf der die nachfolgenden Überlegungen zu den einzelnen Aspekten von Sprachhandlungen fußen_stehen_liegen und fliegen.

Ich verstehe Sprache grundsätzlich als Handlung, in verschiedenen Ausformungen: als konkretes Sprechen an ein im selben Raum befindliches Gegenüber, als ein Formulieren mit einer gedachten, meine Sprachkommunikationen wahrnehmenden (lesenden, sehenden, fühlenden oder hörenden) Person, wie es bei der Produktion dieses Textes der Fall ist, als ein Sprechen oder Schreiben an mich selbst. Schweigen und Lautlosigkeit, Ent_Wortungen und Ent_Hören sind Teil meines Verständnisses von Sprache, sind auch Ausformungen eines konkreten Sprechens, was auch ein Ent_Sprechen sein kann.

> das Hören anfängt wenn das Hören aufhört
> und das Sehen anfängt wenn ein Vogel
> fliegt wenn du als [..] Vogel gleitest
> und schreist wenn du zu sprechen ansetzt
> (Daniela Danz, Masada, Zeile 3-6)

Sprachliche Indizien
eines transdependenten Dispositivs struktureller Machtverhältnisse
Wie ich eingangs geschrieben habe, ist die durch das Diskriminierungsdispositiv
auf einer analytischen Ebene bestimmbare Gewaltförmigkeit aller dieser Handlungen für mich ein wichtiger Aspekt im Verstehen von Sprache als Handlung.
SprachHandlungen sind jeweils sozial bezogen und konstituiert, Handlungen, welche interpersonell aus dem Wunsch, der Notwendigkeit, dem Bedürfnis nach Mit_
Teilung, Aus_Tausch, Weiter_Gabe sprechend und schreibend vollzogen werden.
Über und mit diesen sprachlichen Handlungen stelle ich schreibend_lesend_hö-
rend_sprechend Wirklichkeiten her, Wahrnehmungen von dem, was sprachhan-
delnde Personen sprachlich als die umgebende Welt herstellen – und diese Herstellungen und Wahrnehmungen sind ihrerseits konstituiert, bedingt, begrenzt,
ermöglicht durch und mit dem transdependenten Dispositiv, welches ihnen ebenso zu Grunde liegt, wie es durch SprachHandlungen re_produziert, modifiziert,
herausgefordert, bestätigt, naturalisiert wird. Sprachliche Handlungen schaffen
Wahrnehmbarkeit, entstehen interpersonell häufig aus dem Bedürfnis nach Differenzierung, aus der empfundenen Notwendigkeit zur Formulierung an dem Punkt
des wahrgenommenen Fehlens von Selbstverständlichkeiten, der Idee von Sag-
barkeit. Selbstverständlichkeiten sind häufig so selbstverständlich, dass sie gerade
nicht gewortet werden. Erst im GegenLesen und HinHören zu unterschiedlich positionierten Personen lassen sich Selbstverständlichkeiten entselbstverständlichen.
Selbstverständlichkeiten sind immer auch Fragen und Ant_Worten zu sozialen Positionierungen, die durch sie re_Produziert werden. Unterschiedliche → Diskurse
haben dabei unterschiedlich starke öffentliche und hegemoniale Autorisierungen,
und die Selbstverständlichungen hegemonialer Diskurse, wie z. B. Fernsehsen-
dungen, Werbungen, Wörter- und Schulbücher, Regierungserklärungen und Par-
teiprogramme, Seminarangebote von Kultur- und Bildungseinrichtungen, Unter-
haltungsmagazine und Wochenzeitschriften, können analytisch Aufschlüsse über
momentane Verfasstheiten von Diskriminierungsstrukturen geben – diese werden
gerade nicht gewortet, ent_ziehen sich Wortungen, sind in hegemonialer Denk-,
Schreib-, Les-, Hör- und Sprechart als Diskriminierungen nicht wortbar, werden
machtvoll ent_konzeptualisiert. Das Konzept der Diskriminierung wird in diesen
Medien auf konkrete, einzelne, häufig individualisierte Handlungen begrenzt und
die Interdependierung und das grundlegende Konstituiertsein durch transdependente Machtverhältnisse ent_wahrgenommen. Die Idee, dass alles wortbar sei und
die damit einhergehende Verwerfung von möglichen Diskriminierungen und das
damit einhergehende Selbstverständnis dazu, was Diskriminierung ist und wie sie
zu bearbeiten ist (individuelle, über staatlich gesteuerte Institutionen den Individu-
en angedrohte, durchgeführte und vollzogene Bestrafungen, klare Handlungsanweisungen, Quotierungen aber auch Internalisierungen von Ver- und Geboten über
Moralvorstellungen, Selbstsorgen etc.) macht es so schwierig, Selbstverständlichungen als machtvolle Konstruktionen wahrzunehmen, und das ist gleichzeitig

111

für mich ein konkretes Indiz für eine über SprachHandlungen vollzogene Re_Produktion von transdependenten Machtverhältnissen.

Zur Sprache in diesem Verständnis gehören auch Ent-Sprechungen oder Ent_ Sagungen und Ent_Schreibungen, d. h. die konkreten Äußerungssituationen, in denen Menschen etwas nicht sagen und auf diese Weise etwas verselbstständigen, als selbstverständlich machen, statt es als notwendigerweise zu benennen, als außerordentlich und dadurch und damit sprachlich vermittelbar herzustellen. Ich verstehe also viele Formen von Ent_Sagungen als machtvolle Formen von Normalisierungen, wobei die Positionierung, aus der etwas ent_sagt wird, wichtig ist: Ich befinde mich in einer privilegierten Machtposition als deutsch-statisierte ableisierte Person, und da ist es mir lange selbstverständlich gewesen – und häufig immer noch –, meine *weißen,* nichtjüdischen, ableisierten, nichtmigratisierten Privilegierungen zu entsagen. Sie sind die ungenannten, entnannten interdependenten Normalvorstellungen, deren Normalität gerade durch die EntNennungen machtvoll realisiert werden. Das, was ich ausgehend von meinen strukturellen Privilegierungen als normal empfinde, das, wozu ich glaube, dass in meinen konkreten sozialen Kontexten Konsens besteht, muss ich nicht benennen, kann ich häufig gar nicht benennen, da es mir so selbstverständlich ist, dass mir die wortende Distanzierung dazu fehlt. We_lche Personen mein konkreter sozialer Kontext sind, ist wichtig, um zu überlegen, wann ich hegemoniale Normalitäten mit meinen EntNennungen re_produziere und wann ich widerständige Normalitäten schaffe, wenn ich aus einer Dyke_Trans-Positionierung beispielsweise Zweigenderung und Cisgenderung mit und durch meine Äußerungen ent_normalisiere, gleichzeitig damit aber eine deutsch-statisierte ableisierte Normalvorstellung re_produziere. D. h. nochmal anders formuliert, dass ich mich durch meine Versuche von Benennungen zugleich auch dem Unwohlsein von bestimmten Normalisierungen annähern kann, wie auch meinen unhinterfragten Sicherheiten und Privilegierungen. Explizite sprachliche Benennungen können für mich damit auch ein Versuch sein, meine eigenen Normalisierungen zu de_normalisieren, in Frage zu stellen, zu brechen. Ein Stück weit. Einen Moment lang. Sprachliche Benennungsversuche sind für mich an diesem Punkt also auch Versuche, mich reflektierend meinen Privilegierungen zu stellen. Ich versuche, mich reflektierend meiner grundsätzlichen und kontinuierlichen Konstituierung und Strukturierung meines Seins durch Privilegierungen zu stellen: Meine strukturellen Privilegierungen konstituieren mich und ich konstituiere mich im Entnennen und Ent_wahrnehmen als privilegiert. Konkret auf das Thema dieses Artikels mit meiner statusmäßigen Bevorteilung als Profes_sorin bezogen heißt das, Texte schreiben zu können, die veröffentlicht werden, mit meiner akademischen Bildungssozialisation akademische Textgenre produzieren und lesen zu können und mitzubestimmen, mit meiner *weißen* Privilegierung in universitären deutschen Strukturen, die mich hier als potentielle Wissensträge_rin normalisieren, mit meiner deutsch-statisiert normalisierten Qualifikation deutsch als normalisierte und normierte Version einer sog. Erstsprache anwenden zu können, mit meiner konventionalisierten Befähigung Texte visuell aufnehmen zu können, auditiv hören zu können, Schriftsprache verwenden zu können. Was bedeutet eine Reflexion dieser Privilegierungen und Privilegien jetzt konkret für eine Umsetzung in eine kritische Ver_Ortung? Konkret für Unterrichtssituationen bedeutet es für mich beispielsweise nicht Deutsch als einzige mögliche Sprache im Seminar anzunehmen oder zu verwenden, sondern Möglichkeiten zur Verwendung unterschiedlicher Sprachen zu schaffen und die Ausschlüsse über eine Fokussierung auf deutsch zu reflektieren. Es bedeutet, zu Beginn eines Seminars zu unterschiedlichen Zugangsbedingungen und -wünschen auf eine Art zu fragen, dass Teilne_hmerinnen am Seminar mir dies mitteilen können und ich mir Handlungsweisen dazu überlege, ohne dass sie es im Seminar offenlegen müssen. Die Ausschlüsse fangen aber auch schon weit vor dem Seminar an, und es bedeutet für mich als in der Institution Universität arbeitende Person z. B. auch, mich auf verschiedene Arten für veränderte und modifizierte Zugangsmöglichkeiten zu universitärer Bildung einzusetzen und diese zu praktizieren.

Mit den konkreten und situativ bezogenen Benennungen von Privilegierungen, mit ihrer situativen und differenzierten Wahrnehmungsherstellung über sprachliche Ver_Handlungen, ent_normalisiere ich ihre machtvolle EntNennung, ent_normalisiere ich ihr Gegebensein, ihre Selbstverständlichkeit. Durch diese Benennungen schaffe ich immer wieder neue Kommunikationen mit mir, in denen ich verantwortungsvolle Umgangsweisen mit meinen Privilegierungen einübe_ausprobiere_gehe. So schaffe ich auch potentiell neue und veränderte Kommunikationsmöglichkeiten und -angebote zu anderen. Die müssen sie nicht annehmen, und es gibt viele Gründe dafür, sie nicht anzunehmen. Es heißt auch nicht, dass ich alle gleichermaßen adressiere und adressieren will, es kann auch bedeuten, durch und über meine Privilegierungen Kommunikationsräume zu schaffen, mit denen ich nichts zu tun habe, in denen ich nicht präsent bin. Ohne dass ich aus privilegierter Positionierung bestimme, ob und wie andere Diskriminierte miteinander oder überhaupt kommunizieren müssen. Ich lese Chrystos in einem Vorwort zu ihrem Gedichtband *Not vanishing* (1988: o. S.), welches sie an *weiß* privilegierte Personen richtet: »Don't admire what you perceive as our stoicism or spirituality – work for our lives to continue in our own Ways.« Meine Privilegierungen, die sich auch in Ressourcen (Privilegien) materialisieren, dazu zu nutzen, anderen, die beispielsweise rassistisch diskriminiert sind, die Möglichkeit zu selbstbestimmten Arbeitsweisen zu geben.

Schreibe ich als deutsch-statisierte Prof_essyke einen Text in einem Stil, der ein Stück weit mit bisherigen akademischen Genrekonventionalisierungen bricht, habe ich durch diesen Status und der Zu_Schreibung dieses Status die Möglichkeit wie wenig auch immer Genrekonventionen zu verändern. »Wie wenig auch immer«, schreibe ich, da ich nicht nur als deutsch-statisierte, *weiße* Professyke eingelesen werde, sondern auch als eine Vertr_eterin der Gender Studies, die im deutschen öffentlichen hegemonialisierten Kontext noch immer als nichtautorisierte wissenschaftliche Wissenspr_oduzentin hergestellt werde. Als *weiße*_nichtjüdi-sche, ableistische Dyke_Trans. Als solche breche oder kann ich in genau diesen gleichzeitig privilegierten Kontexten z. B. auch mit den Genealogisierungen von biologisierten Familienbünden brechen und auf diese Weise neue Lesarten, neue Ein_Lesungen, neue Genealogisierungen w_Ortbar machen. *Und bin so wahr-nehmungslos, fühllos in meinen Privilegierungen, dass ich mir Inspirationen aus den Texten anderer suche, die mich direkt ansprechen?* Ich lese ein Gedicht von Kate Rushin, in dem sie zu *weiß* privilegiert positionierten Personen in Form di-rekter Anrede spricht, nehme Teile dieses Gedichts hier als eine quer zu meinen Selbstvorstellungen liegende Infragestellung_Inspiration_Herausforderung dazu, wie wenig ich über meine Setzungen und Positionierungen Anderer, meiner Zu_ Schreibungen und Ein_Lesungen reflektiert habe:

I'm sick of filling in your gaps
Sick of being your insurance against
The isolation of your self-imposed limitations
Sick of being the crazy at your holiday dinners
Sick of being the odd one at your Sunday Brunches
Sick of being the sole Black friend to 34 individual white people
(Ausschnitt aus: Rushin 1983, xxi)

Was passiert, wenn ich einen Teil des Gedichts hier so zitiere? Fülle ich hier ein Gap mit dem Text und mache dann das, was Kate Rushin vielleicht (woher ›weiß‹ ich das alles?) gerade nicht will, fragt J.ay. In dem Zitieren_Nicht_Zitieren befinde ich mich in einer paradoxen Situation, wie ich weiter unten auch nochmal formulie-re. Es gibt nicht die »richtige« Zitierung, die ultimative Nichtaneignung, es gibt nur ein Ringen um Reflektieren und Explizitmachen, ein Worten und ein Schaffen von Anschlussfähigkeiten. Die Idee etwas richtig machen zu können, würde mir z. B. die vollkommene Macht über verschiedene Einlesweisen zu_sprechen. Mit und aus ei-ner privilegierten Positionierung werde ich keine nichtdiskriminierenden Handlun-gen vollkommen vollziehen können, sondern immer nur reflektieren und versuchen können, verantwortungsvoll zu handeln und dies explizit zu machen.

Grenzen und Möglichkeiten transdependenter Benennungspraktiken
Wie kann ich mich der transdependenten Verbindung von Privilegierungen und Diskriminierungen annähern, wie kann ich mit meiner Positionierung in und durch sexistische Diskriminierung umgehen und gleichzeitig meine Positionierung in und durch interdependente Privilegierungen zu einer kontinuierlichen politischen Ver_Ant_WOrtung machen, sie nicht umgehen also [*wie spannend, dass es zwei so widersprüchliche Bedeutungen zu umgehen gibt, die ich hier in ihrer Ambivalenz und Paradoxie zusammenbringen kann*]? *Und ich merke, wie ein Schwanken in mir entsteht, ein Fragen, ob ich überhaupt eine Benennungsform finden und suchen und ausprobieren kann, in der ich meine eigene Diskriminierung zum Ausgangs-*

punkt meiner politischen Ver_Ortung machen kann und will. Wie schwierig ist es, Transdependenzen und Ambivalenzen, die gleichzeitige Konstituierung durch transdependente Diskriminierungen und Privilegierungen zu w_Orten, mir auch für diese Unsicherheiten Räume zu geben. Wie sehr kommen mir meine sprachlichen Wortungsmöglichkeiten gerade wie eine Entvermöglichung des Aus_Drucks von Interdependenzen vor, warum ist es so schwierig, Interdependenzen deutlich zu machen, zu worten.

Konventionalisiert werde ich – hin und wieder – auch meist widerwillig und abwertend von anderen als »Frau« eingelesen, v. a. von Menschen, die nur in Modellen von Zweigenderung denken können und wollen. Frauisierten wird im deutschen institutionalisierten Kontext noch immer weniger akademisierte Deutungsmacht zu_geschrieben als Typisierten. Wird meine Frauisierung als Selbstverständlichkeit, als natürlich und vorgängig in einem normativen System von Zweigenderung in Frage gestellt, so wird meine wissenschaftliche Kompetenz de_legitimiert, ent_legitimiert – und damit gleichzeitig Frauisierung als unhinterfragbare Norm in einer Vorstellung von Zweigenderung re_produziert. Und wird nicht vielleicht mein normkritisierendes Genreverändern potentiell einem dieser Aspekte zugeschrieben – Frau und doch nicht richtig Frau, da doch auch irgendwie wahrgenommen als mit Frauisierung im Rahmen von einer zweigegenderten Einordnung brechend, nicht heteragendernormativ reprogendernormativ cisgendernormativ lebend und dadurch ohne die gesellschaftlich als notwendig erachteten normalisierenden Erfahrungen in bestimmten Lebensbereichen, Vertre_terin von Gender Studies; vielleicht auch einer nichtakademisierten Sozialisation vor der eigenen Unisozialisation, die sich hier »äußert«? Und auf diese Weise eine Biografisierung, eine Plausibilisierung einer wissenschaftlichen Handlung über eine »persönliche Betroffenheit« hergestellt, die an diesem Punkt nicht zufällig auf der Grundlage einer Diskriminierungswahrnehmung basiert? Es gibt keine nichtver_orteten Wissensproduktionen, schreibt Alyosxa in ihrem Artikel in diesem Band, sondern nur ent_verortete. Die Entver_Orteten gelten immer nur für Privilegierte, die auf diese Weise universalisiert, ent_personalisiert, ent_betroffen-gemacht hergestellt werden. Die Herstellung der Interdependenz von Privilegierungen und Diskriminierungen ist vielschichtig realisiert_konkretisiert und unterliegt unterschiedlichen Deutungen je nach Betrachtung.

Dimensionen von Ent_Sagungen

Ent_Sagungen können aber auch mit einer diskriminierten Positionierung in bestimmten Dimensionen die strukturell dominierenden Verunmöglichungen von Benennungen sein, die eine Verortung ermöglichen oder zumindest erleichtern würden. Ich verstehe meine Dyke_Trans-Positionierung als eine im deutschsprachigen öffentlichen Kontext konventionalisiert ent_erwähnte Position einer sexistischen Zu_Schreibung/Zu_Richtung und gleichzeitig als reclamende Aneignung. Selbst_Räume-Schaffung durch eine politische Benennung: Mein Unbehagen und Nichtidentifizieren mit konventionalisierten Formen personaler gendernormalisierender Appellationen, die immer auch (stereotype, erwartete, performte) Weiblichkeit oder Männlichkeit als Voraussetzung, als unhinterfragt, als vorgängig aufrufen (Vornamen, Personalpronomen wie sie und er, aber auch kreative Veränderungen wie si_er, die sich ebenfalls aus diesen beiden Formen zusammensetzen und auf diese Weise Zweigenderung und Kategorialgenderung als ein ›Phänomen‹ jenseits und unabhängig von als konstituiert durch Sexismus re_Produzieren), hat bisher nicht dazu geführt, über mich selbst in individualisierter Benennung hinausgehende Appellationsformen zu finden, für mich im Gebrauch zu verstetigen, d. h. mich auch kollektiv und im Gespräch, wie zeitlich befristet und fragil, so benennbar zu machen und mich in den Benennung anderer wiederzufinden, die nicht immer wieder die sexistische Diskriminierung durch eine wie auch immer gebrochene aber doch auch re_produzierte Zwei-, Kategorial- und Cisgenderung aufrufen. Die Selbstwahl meines Vornamens ist ein wichtiger Schritt in den sprachlichen Communities, in denen ich momentan v. a. kommuniziere, gewesen, eine Nichteinfügung in ein Modell von Zwei- und Cisgenderung zum Aus_Druck zu bringen, keinen Namen zu wählen, der gerade auch in seiner konventionalisierten Ambiguität als mal weiblich mal männlich konventionalisiert einlesbar ist oder eingelesen wird, sondern einen Namen, der Gender – Kategorialgenderung – an sich als Bezugsgröße in Frage stellt. »Mit sechsundzwanzig Buchstaben versuchen, das Unsagbare zu sagen.« (Kirsch 2005: 5) Dies ist bei der Wahl – sofern ich eine habe – von Personalpronomen schon sehr viel schwieriger. Die Grenzen meiner Sprachmöglichkeiten, verstanden als unterschiedlichste Formen von Kommunikation, sind die Grenzen meines Seins in der sozialen Welt (und gehe mit dieser Differenzierung weiter als Wittgenstein), und die Ent_Sagung von Sprachformen, mit denen ich mich identifizieren kann, ist eine kontinuierliche sexistische Diskriminierung, die umso schwieriger wortbar ist, als sie gerade in der Ent_Sagung_Ent_Schreibung liegt. *Wie soll ich formulieren können, dass die eine Sprachform für mich nicht stimmt und es keine andere gibt, dass es so schwierig und unwortbar scheint, gerade Diskriminierung und Privilegierungen in ihrer interdependenten Dimensionierung auszudrücken? Oder ist dies gerade Teil und Aus_Druck einer so grundlegenden Diskriminierung, die Unmöglichkeit einer Wortung, die mir das Gefühl geben würde, die Konstituierung von mir und anderen zu hantieren, handhabbar, zugänglich, veränderbar zu machen? »Dreams of a common language« hat Adrienne Rich einen Gedichtband betitelt, und ich suche in den Gedichten dieses Bandes nach Ansätzen für diese Dyke_Trans gemeinsame, mögliche wortende Sprache, SprachHandlungen, die wortbar machen, was die momentane gesellschaftliche Verfasstheit so grundlegend konstituiert, die aber eben so grundlegend konstituiert ist, dass sie sich genau der expliziten Wortbarkeit entzieht, die dadurch so konstituierend sein kann. Ich finde nicht die ›common language‹, sondern Suchen und Verzweiflungen von Adrienne Rich – so schreibe ich es ihr lesend zu, auf der Suche nach einer Sprachfähigkeit, wie z. B. in dem Gedichtzyklus »Cartographies of Silence«:*

1.
A conversation begins
with a lie. And each

speaker of the so-called common language feels
the ice_floe split, the drift apart

as if powerless, as if up against
a force of nature.
(Rich 1993a: 16)

Dyke_Trans schreiben und sprechen:
antisexistische Sprachhandlungsdimensionen
Dyke_Trans als politische feministische Ver_Ortung ist für mich ein Ausdruck
von Unwohlsein und Unmöglichkeit mit jeglichem gegenderten Passings, ob er-
zwungen, auferlegt, eingelesen oder mit wie viel Brüchen auch immer selbst gewählt. Da sie immer doch auch wieder Genderung als Bezugsgröße und Rahmen
herstellen, da sie immer wieder Fragen nach Übergängen und Ambivalenzen auf
der Grundlage einer Norm stellen, die ich gerade als Zu_Schreibung empfinde.
Dyke_Trans als Selbstbenennung ist damit gleichzeitig auch empowernd, wenn
auch ängstlich vor der Angst des Verlusts vor dem Ankommen in einer Gemein-
schaft, fragil, mit allen Ausschlüssen und Fokussierungen, ist empowernd und
mich kurz da sein lassend.

Diese Überlegungen sind für mich eine Rahmung meiner nachfolgenden Gedanken dazu, wie ich die Reflexion und kontinuierliche Herausforderung von
sprachlichen Konventionen als einen wichtigen Teil feministischer Wissenspoli-
tiken verstehe. Die folgenden Ausführungen sollen durch die Einteilung in unterschiedliche Formaspekte von SprachHandlungen Lestrykes eine eigene Reflexion
auch einzelner Aspekte ermöglichen, für die Feministrykes, die diesen Text lesen,
die ich beim Schreiben im Sinn habe, mit denen ich in Aus_Tausch treten will, die
mich inspirieren. Auf diesen ersten Seiten habe ich dabei schon viele verschiedene
sprachliche Infragestellungen von konventionalisierten Mustern angewendet, die
mir gerade wichtig sind, um eine Stimme zu finden (Alyosxa fragt, ob es nicht vielmehr darum geht, dass Dyke_Trans diskursiviert werden, um nicht mehr →Abjekt
zu sein, ob es nicht vielmehr um eine → Ent_Abjektivierung von Dyke_Trans geht)
und in einem feministischen Kontext zu reflektieren, in dem ich schriftsprachliche
Wissensproduktionen, wie in diesem Artikel, als einen wichtigen Teil meines politischen, auf Dyke_Trans bezogenen und in Feminismus ver_orteten Aktivismus
verstehe. »Ein Wort nur fehlt – wie soll ich mich nennen ohne in anderer Sprache
zu sein?« (Ingeborg Bachmann)

Genre

Den ersten Teil dieses Artikels habe ich, in meiner Selbstwahrnehmung, persönlich geschrieben, persönlicher, als ich dies in den letzten zehn Jahren im öffentlichen-wissenschaftlichen Schreiben gemacht habe – und womit ich vermutlich wohl selbst auch eine Trennung zwischen privat und öffentlich wieder re_produziert und weiter tradiert habe. Diese für mich neue Form zu schreiben, macht mich unsicher – unsicher, ob »das geht«, ob ich »das darf«, und ich frage mich dann gleichzeitig, wen oder was ich als normsetzend dabei denke, mir vorstelle, imaginiere und wen oder was ich damit als Norm wieder aufrufe. Damit stelle ich bestimmte akademische Genrekonventionen auch in Frage bzw. beginne sie zu verändern. Die nachfolgenden Unterpunkte verstehe ich als einzelne Aspekte zum Thema Genre, die ich hier in Bezug auf die Frage, was es heißt Dyke_Trans zu schreiben, diskutiere.

Stil

Ich habe im Laufe meiner fortgeschrittenen akademischen Qualifizierung gelernt, mich zunehmend exklusiv sprachlich auszudrücken. Sagen mir einige »meiner« Dokt_orandinnen, immer mal wieder, ungefähr so: »Deinen Text im Buch X musste ich absatzweise viermal lesen, so kompliziert hast du da geschrieben.« Ich habe es (was genau eigentlich? Den Abbruch in den Kommunikationen, was dies ja gleichzeitig ist?) beim Schreiben und beim mehrmaligen Überarbeiten nicht gemerkt. Durch die Kommentierungen, die ich bekommen habe, habe ich vermutlich eher noch mehr Nebensätze und Nominalisierungen eingebaut, um mich verständlicher zu machen, um meine Punkte und Thesen noch deutlicher zu formulieren. Bestimmt spielt/e dabei auch eine Rolle, dass ich mich so absichern wollte, gegen Kritik und Angriffe und Infragestellungen versichern wollte und dabei wissenschaftliche Normvorstellungen im Kopf hatte, die ich im Laufe meines Studiums und meiner Dissertations- und Habilitationssozialisation erworben habe: wie wissenschaftliche Texte, sprachwissenschaftliche Texte auszusehen haben. Wie sie argumentieren müssen, wie sie Thesen herleiten und Argumente vorbringen, wie sie Hypothesen nach- oder beweisen und was sie wie »diskutieren« (wie komisch, dass es in sprachwissenschaftlichen englischsprachigen Texten in Fachzeitschriften häufig einen Absatz zum Thema »discussion« nach der Analyse gibt – als könnte eine Person alleine etwas diskutieren. Aber vielleicht drückt genau das ja eine bestimmte Sichtweise auf Wissenschaft aus: Einzelpersonen sind in der Lage zu diskutieren, vorgestellte wissenschaftliche Überheblichkeit, kein Gegenüber, keinen Aus_Tausch [mehr] zu brauchen). Zur universitären Sozialisation gehört es, zentral in akademischen Auseinandersetzungen sprachlich bestehen können zu müssen: in wissenschaftlichen Texten, in den Diskussionen nach Vorträgen. Dies ist eine Sozialisation, auf die kein_e mich vorbereitet hatte und entsprechend schmerzhaft direkt war die Art meines Lernens: vernichtende Kritiken, die meine Art zu formulieren ganz grundsätzlich in Frage gestellt haben. Ich habe die Normen, nichtakademisiert aufgewachsen, schnell lernend schnell erworben, die

Kritik als Kritik nicht reflektiert, sondern »hingenommen«, sie in meinem Hinnehmen auch wieder weiter autorisiert, und habe sie dann nun schon lange übererfüllt;
in gewisser Weise und aus mehreren Gründen als nur diesen: um dazuzugehören,
wo ich mich nicht zugehörig, räumelos fühlte, um mich unverletzbar zu machen
(sprachlicher Ausdruck als Schutz, nicht als In-Kommunikation-Treten_Sein_Ge-
hen?), um Normen zu erfüllen, Jobs zu bekommen, Anerkennung, Prestige, Wahrnehmung und dann auch irgendwann, um in Institutionen, zu denen ich an diesem
Punkt keinen reflektierenden Bezug mehr hatte, die mich das hätte in Frage stellen
lassen, zu bestehen: habe meine aus meiner Perspektive feministischen politischen
Themen wissenschaftlich bearbeitet, mir ent_räumt, fand wissenschaftliche Arbeit
als ein wichtiges Instrument, um Sexismus zu erforschen und damit für mich zu
verändern. Jetzt bin ich an einem Punkt, an dem ich mich frage, ob ich meine
Analysen – die ich, wenn auch auf irgendeiner Ebene, ausgehend von den damals
gestellten Fragestellungen noch immer für politisch sinnvoll halte – durch mein
Einüben und mein Re_Produzieren eines ent_personalisierten, ent_betroffenen
und damit ent_ver_orteten und doch ver_orteten wissenschaftlichen Stils selbst
entpolitisiert habe, ob ich politische Handlungsweisen in Formen versucht habe,
mit fiktiven Adress_atinnen meiner schriftlichen Kommunikationsversuche, die
diesen Zielen widersprechen und damit meine eigenen Wünsche nach politischen
Effekten unterminiert habe, mich selbst gezähmt habe – in dem Versuch eine Institution, Universität, Akademie, die für mich auch Teil des Problems und auch Möglichkeit und zu nutzender Rahmen ist, als Instrument anwendbar zu machen. Wie
geht das, etwas, hier also konkret die akademische Institution, so zu verändern,
dass ich damit die Konstitutionsbedingungen meines Ringens als bereits gegeben
hinnehme, obwohl ich weiß, dass sie gleichzeitig Teil meiner Kritik sind? Ist mein
ambivalentes Verhältnis zur Positionierung in der akademischen Institution in meinem Ringen in und um Sprache wie gespiegelt? Wie groß sind die Kompromisse,
im Arbeiten, im Worten und wo verstehe ich mich als Akteuryke, wo handele ich,
wo eigne ich mir Handlungsformen an, benutze sie, wende sie, verändere sie? Wie
kann ich einen verwissenschaftlichen Sprachstil anwenden, der selbst schon Teil
des Problems ist? Wie kann ich mich stärker als widerständig und weniger als
positioniert in festgefahrenen Strukturen wahrnehmen und dadurch andere Hand-
lungsdimensionen verstehen und begreifen und ergreifen?

Wissenschaftlicher Stil zeichnet sich in meiner Wahrnehmung häufig durch den
Versuch, klar und nicht_unsicher wirken zu wollen, bruchlos, eindeutig zu sein,
aus.

Noch immer habe ich ein Gefühl einer Abneigung gegenüber von mir als kompliziert wahrgenommenen Worten, aber ich weiß nun, dass auch meine Worte von
anderen als durchaus kompliziert wahrgenommen werden – kompliziert, weil zu
abstrakt, zu lang, zu verschachtelt (wie alle -ierungs-Formen in diesem Text), zu
wenig an alltagssprachliche Verwendungsweisen anschließbar – und gleichzeitig
doch auch die Re_Aktion auf einen Alltag, auf ein alltägliches Sprechen, in das ich

als Dyke_Trans nicht passe. Für wen kompliziert und von welcher Positionierung aus gesprochen, mit welchen Normen im Kopf und im Lesen? Versuche, mich damit zu rechtfertigen, dass ich doch nur genau ausdrücken will, um Präzision ringe_hadere_schreibe, machte mich ent_hörend gegenüber genau dem Argument des Unverständnisses, was ja eigentlich meinem Wunsch nach Kommunikation, nach Verstehen – neue Verstehens-, Deutungsmöglichkeiten schaffen – widerspricht. Ich würde so gerne dreidimensional schreiben, um die Komplexität, die ich wohl häufig in Kompliziertheit über_setze, ausdrückbar zu machen, um die Simultanität von Empfindungen und Konzeptualisierungen, die Ambivalenzen von Angleichungen an Bedeutungsbelegungen, um Mehrschichtigkeiten deutlicher zu machen, was mir in der sprachlichen Linearität nicht möglich scheint; würde gerne noch schneller sprechen, um die Gleichzeitigkeit meiner Gedanken, die Komplexität von von mir so erlebten Zusammenhängen aus_drücken zu können – und würde damit immer unverständlicher, immer ›exklusiver‹ werden, würde also genau aus dieser Kommunikation, die ich glaube haben zu wollen, austreten: sprachliche Handlungen als Kommunikation meines Status, meiner Autorität über wenig an Alltäglichkeit anschließende Sprechstile, über voraussetzungsvolles Reden und Schreiben. Und was ist mit der Gegenseite, dem Gegengewicht: dem Verweilen, der Verlangsamung, fragt Uli mich.

Im Arbeiten in der Institution Universität habe ich die Personen, die dort in wissenschaftlichen Positionen arbeiten, mehr und mehr zu meinen Adr_essatinnen gemacht und durch fehlende Adressierungen meine politische Ver_Ortung in Dyke_Trans-Kontexten immer weiter vernachlässigt, mir selbstgewählte Zeitzwänge zu eigen gemacht, mir keine Räume für politische Ver_Ortungen jenseits eines von einem bezahlten Arbeitsleben strukturierten Alltags gegeben. Was mache ich, wenn ich, ein Stück weit, nichtakademisch genre_normalisiert schreibe? So wie ich es mit diesem Artikel jetzt versuche: in dem Bemühen, meine Überlegungen direkt auf meine eigenen SprachHandlungen anzuwenden. Welche Gefahren gehe ich ein? Bin ich dann in meinem Text zu präsent und dadurch in einer auf absolute Bewertungen abzielenden wissenschaftlichen Öffentlichkeit zu verletzbar? Warum nur immer noch wissenschaftliche Öffentlichkeit? Ist die Vorstellung, dass ich für diese schreibe, auf diese zuschreibe nicht genau Teil meines Problems, die mir dann auch die Angst gibt, die mich anders schreiben lässt? Warum nicht die Ad_ressatinnenvorstellung verändern? Habe ich sie nicht schon in und durch diesen Text verändert? Ich merke im Nachdenken über diese Frage, dass es ganz stark eine Frage danach ist, wen ich mit meinen Texten adressiere, was ich erreichen will, wen ich ansprechen will, ob ich in Kommunikation treten will und wie. Welche Personen stelle ich mir vor, die meine Texte lesen könnten, mit welch_en will ich in einen fortgesetzten Dialog treten, mit wel_chen bin ich schon im Dialog? Ist mein Text zugänglicher für andere Fem_inistinnen, wenn ich so schreibe, wie ich jetzt schreibe? Ich habe Angst, dass meine Art zu formulieren als zu kompliziert gelesen und dann die Kommunikation mit mir abgebrochen wird (wie nur stelle ich mir in dieser Angst mich selbst vor? Wie figuriere ich Gegenüber?), dass meine Skepsis gegenüber ungebrochenen Wortformen andere Dyke_Trans dazu bringt, beim Lesen meiner Texte so stark zu stolpern, dass sie nicht weiterlesen, dass sie nicht mit mir in Kontakt treten wollen, dass sie überhaupt das Worten und das Ringen um Worte als nicht so wichtig erachten. Ich fühle mich in einem Text wie diesem gegenüber meinen früheren konventionalisiert wissenschaftlich ver_orteten Texten präsenter – und habe gelernt, in der Wissenschaft als Person, als *weiße* deutsch-statisierte ableisierte Dyke_Trans gerade nicht (explizit) präsent zu sein, mich rauszuschreiben, um damit eine unangreifbare wissenschaftliche Position einnehmen zu können, um neutral und objektiv zu wirken, habe also mit meinem Schreiben wissenschaftliche Normen re_produziert, die ich als Femin_istin gerade ja so zentral kritisiere, und habe damit antifeministisch agiert, merke ich jetzt, kann ich jetzt reflektieren und es verändern.

Es gibt keine Form jenseits des Inhalts in meinem Schreiben und in der Reflexion über mein Schreiben bis hierhin wird mir klar, wie ich in meinem Bemühen, Sprache femi_nistisch zu analysieren, kontraproduktiv gewesen bin, indem ich Formen gewählt habe, die meinen Inhalten widersprechen. Femi_nistisch schreibe ich mit dynamischem Unterstrich, da es sich ebenso wie Fem_inistin, wenn auch indirekter, auf personale Positionierungen bezieht und durch den Unterstrich die Dyke_Trans-Positionierung hier sprachlich auffindbar gemacht werden soll. In dem Bemühen um ein verändertes Genre wissenschaftlichen Schreibens, wie ich es hier jetzt versuche, ändere ich meine Aus_Richtung: nicht länger in die Akademie oder auf die Universität gerichtet, sondern die Möglichkeiten der Akademie nutzend, um mit Dyke_Trans in unterschiedlichen aktivistischen Feldern in Kontakt, im Austausch zu sein. Eine zentrale Frage, die ich mir beim Schreiben stelle, ist also, wen ich adressiere und warum ich die Personen adressiere, die ich adressiere: was ich mit meinen Texten will, was es für mich heißt, andere zu adressieren, und wie ich das ver_ant_WOrtungsvoll mache. Schreib- und Sprechformen vermitteln mehr als dieselben Inhalte auf unterschiedlich zugängliche Weisen: Die Form des Schreibens und Sprechens ist untrennbarer Teil des Inhalts. Es ist nicht eine nachträgliche Entscheidung zu meinen inhaltlichen Überlegungen, wie ich sie vermittele, sondern es ist Teil der Inhalte. Aus einer feministischen Perspektive ist also die Dichotomisierung von Form und Inhalt ganz grundlegend zu hinterfragen: Meine Form ist auch Teil meines Inhalts. Meine Wahlen in Bezug auf den Stil, den ich beim Kommunizieren meiner Gedanken benutze, ist Teil meiner Gedanken und positioniert mich und andere. Die Frage danach, mit wem ich durch mein Schreiben in Kontakt treten will, ist daher für meinen Stil, für meinen Inhalt, für mein Reflektieren meiner Arten zu kommunizieren zentral.

Es geht für mich aber nicht nur um die Frage, welche Genrekonventionen ich wie re_produziere, verändere, neu reflektiere, sondern auch darum, in welchen Medien ich überhaupt kommunizieren will. Auch das ist Teil einer feministischen Reflexion zu Genre: Welches Medium benutze ich für welche Kommunikation mit wem? Welche Medien sind mir zugänglich, in welchen bin ich ausgebildet? In welchen wird was gehört? Das Zusammenbringen bestimmter Medien mit bestimmten Formen von Wissensproduktionen ist auch von Machtstrukturen geprägt und re_produziert diese wieder.

Schriftsprachlichkeit

Öffentlich stark autorisierte Wissensproduktionen, und dazu zählen wissenschaftliche Wissensproduktionen im deutschen Kontext, sind stark mit Schriftsprachlichkeit verbunden: Akademisiertes Wissen wird in schriftsprachlichen Texten zum Ausdruck gebracht. Schriftsprachliche Kompetenz ist dabei Voraussetzung für die Teilnahme an akademischen Wissensproduktionen in den Gender Studies – Texte müssen gelesen werden können – als auch eine zu erwerbende Kompetenz im Laufe der akademischen Ausbildung. Die zentralen Qualifikationsarbeiten in den Gender Studies sind primär schriftsprachlich. Durch Verschriftlichungen wird eine Linearität im Wissensverständnis re_produziert und Schriftsprachlichkeit ist eine wichtige, zumeist unhinterfragte Basis der akademisierten Wissensproduktion. Dieses Verständnis von Schriftsprachlichkeit als primäre Quelle und primäres Medium wissenschaftlichen Wissens ist stark kolonialistisch geprägt und re_produziert_normalisiert westliche Wissensvorstellungen, die über die Linearität, WiederLesbarkeit, Dokumentarität von Schriftsprachlichkeit funktionieren. Dazu gibt es viel Literatur, u. a. Collins und Blot (2003). Alphabetschriftsprache ist in europäischen kolonialistischen Vereinnahmungen ein wichtiges Medium gewesen, welches häufig unter der Vorstellung von »Wissenschaftlichkeit« mündliche Sprache für westliche Menschen erfassbar machen sollte, und die Sprache damit auch klassifiziert, zugerichtet, entmündlicht hat. Entmündlichung von Sprache und Entmündigung von Menschen liegen dicht beieinander. Die Entmündlichung der Sprache hat auf Seiten der Kol_onisiererinnen auch das Ziel gehabt, die Kolonisierten zu entmündigen. Die Forcierung einer bestimmten westlichen Form von Schriftsprachlichkeit und einer Alphabetsprache, das Besessensein mit der Erstellung von ›Grammatiken‹ für die Sprachen der Kolonisierten diente auch der Kontrolle der Kommunikation, Kommunikationsmöglichkeiten sowie der rassistischen Zu_Schreibung von Minderwertigkeit auf und an die Kolonisierten. Die Primärsetzung von westlicher Schriftsprachlichkeit zeigt sich auch darin, dass es eine in den Geistes- und Kulturwissenschaften verbreitete Tradition gibt, auch audiovisuelle Wissensquellen wie z. B. Interviews, Filme etc. in der einen oder anderen Form zunächst zu »verschriftlichen«, wobei visuelle Teile ganz häufig wegfallen, um dies dann als Grundlage der Analyse zu nehmen. Dass die Verschriftlichung auch bereits ein erster Transfer- bzw. Interpretationsschritt ist, wird dabei häufig nicht reflektiert. Schriftsprachlichkeit ist darüber hinaus auch stark mit einer zumeist strukturalistischen Bedeutungsvorstellung verbunden: dass Inhalte in Wortformen »gegossen« werden, dass es eindeutige BedeutungszuSchreibungen in der Verschriftlichung geben kann. Mündliches Wissen gilt in kolonialistischen und nachkolonialistischen Vorstellungen als flüchtig, Vorstellungen von »Zivilisation« werden zentral mit VerSchriftlichung verbunden. Kolonialistische Vorstellungen von Zeit und Raum sind stark mit VerSchriftlichung verbunden. Der Entscheidung, einen schriftlichen Text als Qualifikationsarbeit zu schreiben, als Artikel bei einer wissenschaftlichen Zeitschrift einzureichen etc. geht die damit bestätigte Voraussetzung voraus, Schriftsprachlichkeit als zentrales akademisiertes Wissensmedium anzuerkennen. Eine Reflexion der Bedingungen und der Bedingtheit von Schriftsprachlichkeit könnte ein wichtiges Moment einer feministischen Genrereflexion sein. Sie kann auch dazu führen, die Begrenzungen der eigenen akademisierten Wissensproduktion in und durch dieses Medium klarer formulieren zu können – feminismus neu schreiben lernen, feminismus umschreiben lernen – und auf diese Weise Anschlusspunkte für weitere andere Wissensproduktionen liefern. In einem Explizitmachen der Situiertheit des Mediums liegt zugleich die Chance eine solche wissenschaftliche Wissensproduktion kritisch zu reflektieren und sich jeweils auf das konkrete Projekt bezogen zu fragen, welchen Sinn das gewählte Medium für die Fragestellung und in Bezug auf die imaginierten Adre_ssatinnen hat. Verstehe ich meine Wissensproduktion prinzipiell als auf andere Fem_inistinnen gerichtet, so kann ich mich immer wieder neu fragen, welche Medien ich für welche durch meine Wissensproduktionen gewünschten Kommunikationen verwende und was ich mit und durch das Medium ausdrücke, wen ich von vornherein ausschließe. Wenn ich den Status und die Ressourcen, die institutionalisierten und finanziellen Möglichkeiten dazu habe, kann ich damit experimentieren, wie sich meine Wissensproduktion durch ein Ausprobieren von unterschiedlichen Medien verändert, so wie sich meine Wissensproduktion in diesem Text hier sehr stark von anderen meiner Wissensproduktionen unterscheidet.

Diesen Text adressiere ich an andere Femini_stinnen, und mit dieser Reflexion und dem mir Bewusstmachen meiner Adr_essatinnen entsteht der Text auf eine Weise, wie ich es vorher nicht vermutet, wie ich es nicht für mich erwartet habe. Ich kommuniziere nicht nur anders, als ich es in meiner universitären Sozialisation erlernt habe, sondern ich kommuniziere auch Anderes, meine Wissensproduktion, mein Denken verändert sich damit. Form und Inhalt sind nicht trennbar, und die Idee, dass es ein akademisiertes Wissen jenseits der Form gebe und nur die möglichst beste, objektive, abstrahierte Form dafür gefunden werden müsse, zeigt sich mir so als Mythos. Nochmal lese ich aus dem in Ich-Form geschriebenen Vortrag von Audre Lorde, lese in diesem und aus diesem für mich wortende Lebensnotwendigkeit, Versuche sich selbst zur Sprache zu bringen, welche sie in dem Text auch als eine direkte Aufforderung an ein du, bei ihr an Frauisierte in allen ihren unterschiedlichen Lebensentwürfen, formuliert:

> I was going to die, if not sooner then later, whether or not I had ever spoken myself. My silences had not protected me. Your silence will not protect you. But for every real word spoken, for every attempt I had ever made to speak those truths for

which I am still seeking, I had made contact with other women while we examined the words to fit a world in which we all believed, bridging our differences. (Lorde 1984b [2007b]: 41)

J.ay fragt, ob es geht hieraus abzuleiten, dass es wichtig ist, dass alle immer sprechen. Nein, sagt Alyosxa, es geht auch daraus abzuleiten, dass es manchmal auch wichtig ist, den Mund zu halten. Den Mund zu halten, eröffnet Räume zum Zu_Hören, Nachspüren, Nachdenken, zum Ent_Sagen, eröffnet Räume für neue Formen von Kommunikation, die damit beginnen, dass es nicht nur um Wortergreifungen geht. Es ist mir wichtig zu überlegen, welche Räume ich mit meinem Sprechen einnehmen kann und will und das zu reflektieren.

Interaktives Arbeiten
Interaktives Arbeiten, wie ich es im Anschluss an dieses Buchprojekt und dem gemeinsamen Arbeiten mit v. a. Alyosxa, Evelyn und ein Stück weit auch J.ay fasse, bedeutet für mich das Einlassen auf die Stimmen anderer Dyke_Trans, das Stehenlassen unterschiedlicher Stimmen, das Nichtherstellen eines Chores zur Autorisierung einer These durch ein kollektives Wir, das Aus_Halten und Wollen unterschiedlicher Wortungen zu einer Frage und einem Thema, wie ich es auch versucht habe, in diesem Artikel umzusetzen. Dies alleine läuft Vorstellungen von klaren und eindeutigen Antworten in und durch wissenschaftliche Texte schon entgegen, kann meine eigenen Vorstellungen dazu, was ich mache, wenn ich wissenschaftlich arbeite, genauso herausfordern wie die Leseerwartungen der Les_erinnen dieser Texte. Die Form der Wissensproduktion im interaktiven Arbeiten ist damit konträr zu konventionalisierten wissenschaftlichen Erwartungen und fordert sie heraus. Mein Einüben in monologisierendes Schreiben verstehe ich als mehr als eine formale Ausbildung, als eine Zurichtung meiner Vorstellungen von kreativem Denken und Reflektieren, dem durch die Übernahme von monologisierenden Normen eine wichtige Grundlage entzogen wurde – der ich eine wichtige Grundlage entzogen habe: den direkten Aus_Tausch mit anderen. Dieser Text ist stark durch eine Interaktion des Arbeitens konstituiert. Diesem Text liegt eine bestimmte interaktive Arbeitshaltung von mir wie von den anderen, die den Text immer wieder mit mir diskutiert haben, zu Grunde. Auf diese Weise hat sich der Text immer weiter verändert. An vielen Stellen habe ich versucht, es explizit zu machen, indem ich kurze Dialoge oder direkte Reden von anderen an mich in den Text eingebaut habe. Interaktives Arbeiten war im Rahmen dieses Buchprojekts für mich eine Haltung, die auch meine Herangehensweise an die Wissensproduktionen Anderer verändert hat: Ich bin zunehmend aufmerksamer geworden, höre in Gesprächen genauer hin und merke mir, wie sehr meine Überlegungen durch den Aus_Tausch mit anderen geformt werden. Ohne dieses Einlassen auf den Aus_Tausch, ohne meine Adressierung dieses Textes an andere hätte ich diese Schreibimpulse nicht gehabt, nicht den Wunsch nach Kommunikation zu diesen Themen und auf die Art, wie

ich es hier versuche. Der Wunsch, in Kommunikation zu kommen, lässt mich nach Wortungen suchen. Mein ›Eingeständnis‹ meines Wunsches nach Kommunikation schafft mir den Raum, meine Ent_Sagungen wahrzunehmen und den Wunsch diese in Kommunikation wahrnehmbar zu machen.

um eines wortes willen zu verstummen
lohnt sich
wiegt mehr als jeder
Wasserfall von rede
dies eine wort
versiegelt hinter deinen lippen
bringt alle wahrhaftigkeit
und allen mut zutage
die in dir sind
kannst du dies eine wort nicht sagen
lohnt das verstummen
um nicht verrat zu begehn.
(Auszug aus: Shu Ting 1984: 24)

Ich weiß nichts über die chinesische Au_torin des Gedichts, habe nichts zu ihr gefunden und bin auch unsicher mit dem Zitieren einer Übersetzung, von der ich noch viel weniger weiß, ob sie für das Gedicht und die Au_torin stimmig ist. Aber etwas hat mich in den übersetzten Worten, in der Paradoxie des Sprechens und Nichtsprechens angerührt.

Dialogisches Schreiben ist eine mögliche feministische schriftsprachliche Wissensvermittlungsform für interaktive akademisierte Wissensproduktionen. Im Dialogischen Schreiben gibt es keine klar festlegbare, eindeutige Form für das Dialogizieren. Spre_cherinnen und Schreiberi_nnen müssen im Einlassen auf ein Dialogisches Schreiben immer wieder kontext- und themenbezogen überlegen, was Dialogizieren konkret für sie bedeuten kann und wie dies in schriftsprachlichen Medien, falls diese gewählt wurden, umgesetzt werden kann. Feministisches dialogisches Schreiben als eine Form interaktiven Arbeitens bedeutet für mich, dass immer mindestens zwei Personen zusammen, aber mit gleichzeitig erkennbaren eigenen Stimmern an einem Text arbeiten – dies allein kann schon eine Irritation in die Konventionen wissenschaftlicher Textproduktion sein – und eine Reflexion dieses veränderten Genres kann mir zugleich helfen zu be_greifen, was ich im monologisierenden Schreiben mache.

Kursivsetzungen, Klammersetzungen, Kommentarfunktionen
Auch in diesem Sinne monologisches Schreiben kann unterschiedliche Aspekte im Schreiben zum Aus_Druck bringen, wie ich es in diesem Text beispielsweise durch Kursivsetzungen von Gedanken und Fragen ausprobiere, die quer zu bestimmten Spuren liegen, die ich dem Textweg gebe, die einen gedachten Lesefluss irritieren, unterbrechen sollen, die einen anderen Wind durch bestimmte Ideen, die vorher,

mir beim Schreiben zumindest, geordnet erschienen, wehen lassen. Im Ausprobieren dieser anderen Schreibweisen kann ich gleichzeitig reflektieren, was es mit mir macht, meine Texte vorher ohne diese Einschübe, ohne Kommentarfunktionen, ohne Klammern mit Einwürfen und Fragezeichen geschrieben zu haben. Meine Vorstellungen dazu, was schriftlich re_produktionswürdiges Wissen ist, verändern sich in und durch diese Formen des Schreibens, die vorher nur gedachten Zweifel, Unsicherheiten und eigenen Irritationen werden in dieser neuen Schreibform manifester und ein relevanter Teil meiner eigenen Wissensproduktion: nichts, was durch eine schriftliche Oberfläche glatt gemacht werden muss, nichts, was verschwiegen, entnannt werden muss, nichts, was nicht sein darf, sondern das, was mich gerade zum Denken an_regt, was in mir schwingt. Aber das Glätten kann auch im Nachdenken schon passieren, im Ent_Denken bestimmter Spuren, im Ent_Hören von Stimmen. Damit verändert sich die Art, wie ich feministisches Wissen selbst produziere: Die veränderte Form der schriftlichen Wissensre_Produktion trägt dazu bei, mein eigenes Bild meiner Wissensproduktion zu verändern, einen neuen Zu_Gang zu meinem wissenschaftlichen Arbeiten zu bekommen.

In dem Erlernen der Adressierung eines primär wissenschaftlich verorteten Publikums mit meiner Textproduktion habe ich meinen Wunsch nach Kommunikation mit anderen Fe_ministinnen entlernt, ohne dies gemerkt zu haben. Eine lange, institutionelle Sozialisation, die auch vom Wunsch nach einem Arbeitsplatz, Wunsch nach Anerkennung in den Kreisen, in denen ich gearbeitet habe und über Sexismus strukturell diskriminiert und über Klassismus benachteiligt wurde, geprägt war. Aus dieser »gelungenen« und auch brüchigen, fragil in ihrer ›Sicherheit‹ gebenden Sozialisation ist der Wunsch, wieder Kommunikationsformen mit Feministin_nen in anderen Lebens- und Arbeitsbereichen zu finden, entstanden. Ich habe meinen Arbeitsbereich primär gesetzt und nicht meinen politischen Lebenskontext und habe meinen Arbeitskontext nicht zu meinem politischen machen können, habe Formen feminisischen Arbeitens in der Institution Hochschule ausprobiert und fühle mich damit gescheitert. Stehe vor neuen Herausforderungen, neuen Wegen. Das Nachdenken über Genrekonventionen und -brüche im Schreiben ist auch ein Weg für mich zu reflektieren, was die wissenschaftliche Sozialisation mit mir als Fem_inistin gemacht hat. Mein verändertes Schreiben in der Form verändert auch meine Fragen: Ich frage mich jetzt nicht, wie ich meine Analysen für andere Feminist_innen über_Setzen könnte. Ich frage mich, was die implizite und unreflektierte Adressierung einer homogenisierten wissenschaftlichen Gruppe in meiner Vorstellung mit meiner Wissensproduktion gemacht hat und welche Konsequenzen dies für mein Denken und Handeln hatte und hat. Ich frage mich, ob ich mich in dem Versuch, die Universität zu meinem Ort zu machen, ent_ver_ortet habe, ob ich mich entpolitisiert habe. Ich habe eine Trennung zwischen einer Theorie und einer Praxis geschaffen, und dadurch mein wissenschaftliches Arbeiten entpolitisiert. Und das erinnert mich gleichzeitig stark an Anwendungsweisen von Intersektionalität und dem bei mir damit verbundenen Gefühl, dass komplexe

Diskriminierungen quasi nachträglich jetzt wieder in der Analyse durch Intersektionalitätsansätze verkomplexisiert werden und damit die Idee einer eigentlichen Trennung unterschiedlicher Diskriminierungsebenen impliziert ist – und nicht Intersektionalitätsansätze als eine nachträgliche und recht begrenzte analytische Idee zu verstehen, um Komplexitäten in Diskriminierungsverhältnissen »gerecht« zu werden. Ein Schreiben, mit dem ich Fem_inistinnen adressiere, setzt meinen Wunsch nach politisch sinnvollem Kommunizieren zentral, stellt damit Fragen anders und neu und verändert meine Wissensproduktion.

Fußnoten, Zitierungen, Quellenangaben
Im Schreiben eines Textes habe ich Verantwortung dafür, wie potentielle Les_erinnen sich mit meinen Überlegungen beschäftigen. Ich setze Dinge und Ideen durch Nennungen, Zitierungen, Quellenangaben relevant, ich lege Spuren zu meinem Wissen und auch dazu, was ich für wichtige, überzeugende Argumentationen halte: Wird etwas klarer und eindeutiger dadurch, dass ich in meinem Text eine andere Person »sprechen lasse«? *Was für eine machtvolle Frage, die ich da stelle: Ich »lasse« andere sprechen! Enteigne ich nicht viel mehr die Stimmen anderer, wenn ich glaube, ich lasse sie in meinen Texten sprechen? Oder eigne mir die Wortungen anderer an? Wie sieht ein verantwortungsvoller Umgang hier aus? Ich habe in diesem Text meine Ver_Suche ver_Ant_WOrtungsvoller Umgänge mit den Äußerungen anderer auf verschiedene Arten gewortet: indem ich meine Über_Setzungen von Texten, die nicht an mich gerichtet sind, reflektiert und explizit gemacht habe, indem ich Stimmen von anderen als solche wiedergegeben habe, indem ich reflektiere, wen ich meine wie zitieren zu können und mit welchem Ziel.* Was eigne ich mir auf diese Weise an? Wie unterbreche ich den Rede- und Schreibfluss einer anderen Person, wenn ich einzelne Sätze oder Abschnitte herausnehme und in meinem Text einbaue? (Das ist auch in Alyosxas Text zu Selbstpositionierungen und kritischer Ver_Ortung eine wichtige Frage.) Wie gehe ich respektvoll mit den Wissensproduktionen anderer Dyke_Trans um? Wie gehe ich respektvoll mit den Wissensproduktionen anders positionierter Dyke_Trans um? Und wen meine ich mit der ersten Frage? Was stelle ich an Selbstvorstellungen, an Ver_Ortungen und Ver_Netzungen her, wenn ich mich auf bestimmte Äußerungen beziehe? *Ich erlebe es gerade als sehr machtvoll, einzelne Sätze aus dem Schreibfluss anderer herauszunehmen und für meine Argumentationen zu instrumentalisieren und ver_suche in diesem Text meine damit einhergehenden Setzungen so zu reflektieren, dass ich da jeweils etwas zu schreiben kann – und weiß, dass es brüchig ist und dass ich den Ideen und meinen Reflexionen auch in diesem Text nicht gerecht werde, dass ich mich in einem Prozess befinde und versuche, das, was ich davon verstehe, zu worten.* Und auf welche Formen von Wissensproduktionen beziehe ich mich, wenn ich wen »zitiere«? Auch hier habe ich in meiner bisherigen wissenschaftlichen Wissensproduktion mich – ich glaube ausschließlich – auf verschriftlichte Wissensproduktionen bezogen und hier wiederum primär auf akademisierte. Auf

diese Weise habe ich eine Selbstre_Produktion wissenschaftlichen Wissens als wissenschaftliches Wissen mit wissenschaftlichem Zielpublikum betrieben und mich selbst immer weiter und mehr von meiner feministischen Ver_Ortung und den Wissensproduktionen, die mir wichtig sind, entfernt, indem ich Wissenschaftlichkeit von einer feministisch-politischen Adressierung getrennt habe.

Vielleicht muss ich in Zitierungen expliziter machen, warum ich andere Stimmen in meinen Text als von mir getrennt einflechte. Ist mir das in diesem Text jetzt gelungen? Wie lesen andere ihn ein, wie lesen sie diese Stellen mit dieser Aussage nochmal neu? Durch literarische Zitierungen habe ich häufig das Gefühl, andere Dimensionen meines Denkens_Fühlens_Reflektierens_Kommunizierens zum Aus_Druck bringen zu können, als ich es mit meinem Stil sonst kann: stärker Dimensionen von mitschwingenden, sich klaren eindeutigen Wortungen entziehenden Gefühlen und Atmosphären eingehend_ausdrückend. Vielleicht leihe ich mir eine Stimme im Zitieren auch kurz aus? Probiere einen anderen Klang aus, reflektiere, was dies mit meiner Stimme macht?

Und wie gehe ich mit den Ent_Zitierungen von Stimmen um, die ich durch Gespräche gehört habe, die Ideen, die ich in der Kommunikation mit anderen entwickelt habe, die in ihrer Mündlichkeit häufig so flüchtig wirken und so wenig aufschreibbar sind und doch einen wichtigen Teil meiner Wissensproduktion, einen wichtigen Hintergrund für meine Texte bilden? Über die ich mir vielleicht häufig selbst auch nicht klar genug bin, die ich selbst in ihrer wichtigen Funktion, mir einen Raum zum Sprechen, zum Ausprobieren von Stimme zu geben, nicht genügend reflektiert habe.

In diesem wie in vielen anderen Texten habe ich das Bedürfnis, mein Finden von Denken und Reflektieren, mein Ver_Orten in Worten in, durch und mit eher literarischen Texten zum Aus_Druck zu bringen – und doch bin ich dann immer wieder davor zurückgeschreckt –, um nicht unangemessen zu sein, weil ich die Zitierungen zu kurz oder lang, zu missverständlich, zu aus dem Kontext gerissen, die Erfahrungen und geworteten Konstituierungen anderer als zu aneignend empfinde. Und doch bleibt hier eine, vielleicht die zentrale Form meines Findens in Wortungen jetzt seltsam vage unexpliziert. Vielleicht eine weitere Reflexion auf das Thema Genre in diesem Text? Vielleicht also muss ich selbst noch mal neu und anders schreiben? (Mache ich es nicht in diesem Text, frage ich mich selbst, ein wenig unsicher und ängstlich?) Oder andere Texte anders neben meinen stehen lassen, mit weniger Bedürfnis, sie hier hineinzuflechten? Die Spuren, die literarische Textfragmente hier für mich legen, sind vielfältig und selbst auch nochmal Reflexionen auf das untrennbare Verhältnis Inhalt_Form, geformter Inhalt, innehaltende inhaltsvolle Form.

Diesen Text habe ich jetzt ohne Fußnoten geschrieben, habe überlegt, welches Wissen und welche Aussagen ich in einen Text jenseits des Fließtextes verschieben will und habe mich für diesen Text dagegen entschieden. Ich habe stattdessen Klammersetzungen benutzt, um Nebenspuren meines Schreibens anzudeuten, und

Kursivsetzungen, um Genrewechsel, Metareflexionen deutlich zu machen. Meine Überlegung dazu, keine Fußnoten zu verwenden, ist daraus entstanden, dass ich nichts mehr als so nebensächlich, so ablenkend in diesem Text wahrgenommen habe, dass ich es in kleine Subtexte verschieben wollte. Ich habe also versucht, mit meinem Text eine Spur zu verfolgen (Uli fand mein Schreiben und Argumentieren zirkulär, einkreisend, dynamisierend sich immer wieder rückbeziehend, die Bilder haben mir gut gefallen – besser als eine Zweidimensionierung dieses Textes durch Fußnotensubtexte). D. h. aber nicht, dass Fußnoten nicht sinnvolle strukturierende Schreibmomente sein können: wenn durch sie neue Türen und Wege eröffnet werden, wenn sie Räume für weitergehende, quer zum Schreib_Denken liegende Ideen und Formulierungen schaffen, wenn sie ein Netz von Bezügen aufspannen sollen, welches »unter« dem Fließtext liegt und vieles mehr. Wichtig ist es für mich also darüber nachzudenken, was ich mit den Formen des Schreibens, die ich wähle, die ich als Methoden meiner wissenschaftlichen Wissensproduktion handelnd benutze und gleichzeitig verändere, ausdrücken will. Verwende ich Fußnoten beispielsweise, um von meinen Konzeptualisierungen abweichenden Stimmen Gehör zu geben – und sie doch nicht wirklich zu hören, sondern sie in den Rand zu verschieben? Verwende ich sie, um mich abzusichern, um den Boden meiner eigenen Gedanken explizit zu machen? Sind sie meine Ausflüchte, meine sicheren Räume für nichtformalisierte Überlegungen? Alles ist möglich, und es ist wichtig, sich beim Schreiben darüber Gedanken zu machen und die eigenen Überlegungen transparent und dadurch anschlussfähig für Lesykes zu gestalten.

Metaphorisierungen
Erst im Prozess des gemeinsamen Arbeitens an diesem Buch habe ich angefangen, Sehen in meinem wissenschaftlichen Schreiben als eine zentrale Metapher wahrzunehmen, habe angefangen, mich mit den Implikationen einer auf Visualität ausgerichteten Versprachlichung von Erkenntnisprozessen zu beschäftigen, was auch durch die gemeinsame Diskussion eines unveröffentlichten Manuskripts von J.ay, das mal Teil dieses Buchprojekts werden sollte, mitbestimmt gewesen ist. Ich suche im Anschluss an diese Diskussionen, die v. a. eine Kritik an Sehensmetaphern für mich aufgemacht haben, nach meinen eigenen neuen Metaphern und versuche, meine wenig oder nicht reflektierten Sicherheiten dazu, was Wissen ist (wenn ich was sehe, sehen kann), neu zu fassen: die Normalisierungen möglicher Wahrnehmungsweisen neu zu fassen, neu zu schmecken, zu riechen – und die letzten beiden Verben schreibe ich mit der Gewissheit, dass sie als Wahrnehmungsmöglichkeiten im wissenschaftlichen Feld irritieren und mit tradierten Vorstellungen brechen. Ich weiß noch nicht, was dieser Prozess mit mir macht. Metaphern, die ich verwende, so kommt es mir vor, haben viel mit einer Normalisierung von visuellen Fähigkeiten zu tun, und ich will hier neue sprachliche Handlungen – also nicht mehr: »neue Wege sehen oder gehen« z. B.? Sondern neue Gedankenpflanzen pflanzen? Neue Steine vom Seeufer mitnehmen? »Geht« das, solche neuen Bilder_Geschma-

cke_Hörungen zu finden und zu verwenden? Was macht das mit mir, was mit meiner Wissensproduktion, schaffe ich mir einen Raum, der mich gleichzeitig nicht schützt, sondern den Irritationen und dem Unverständnis anderer aussetzt? Und wieder die Frage: An we_n richte ich meine Metaphern, welche Form von Kommunikation will ich mit wem dadurch anfangen_weitergehen_spüren?

Dynamische Unterstrichformen
Die Möglichkeit, mich sprachlich zu ver_orten, mir sprachliche Räume zu geben und zu schaffen, mich sprachlich zu w_orten, ist für mich ganz zentral mit Benennungsformen meines Seins verbunden. Mich als Dyke_Trans benennen zu können, gibt mir Räume, macht mich auf mich selbst beziehbar, auf ein Kollektiv, gibt mir kollektive Räumlichkeit. Dyke_Trans als Benennung adressiert mein Sprechen_Schreiben. Jegliche Benennungsformen, in denen und durch die Androgenderung, Zweigenderung, Cisgenderung, Reprogenderung und Heteragenderung als Voraussetzung und Realisierung re_produziert wird, erlebe ich als sexistische Diskriminierungen. Lange Zeit habe ich eine VerHinderung des Sprechens durch Sexismus gespürt, ohne dies zu benennen, habe mich in der Hoffnung eines Mitgemeintseins und eines Angesprochenfühlens in Sprachformen mit Binnen-I oder einem statischen Unterstrich eingerichtet, und habe auf diese Weise meine eigene Ent_Erwähnung und die anderer Dyke_Trans selbst re_produziert – so stark, dass ich die Ent_Sagung meiner politischen Positionierung als Dyke_Trans nicht mehr gespürt habe. Um nicht die Diskriminierung zu spüren, nichts mehr gespürt habe. Mich in und an den Auseinandersetzungen und politischen Zielsetzungen anderer abgearbeitet habe, Frauisierungen durch Doppelformen und »generische Femina« betrieben habe, meine Diskriminierung über Cisgenderungen, Heteragenderungen, Androgenderungen, Repro- und Zweigenderungen ignoriert und damit re_produziert habe.

Mit Alyosxas Idee und Formulierung eines dynamischen Unterstrichs, um nicht Zweigenderung zu re_Produzieren, sondern um sie durch und in die Dynamik herauszufordern, ist auch Bewegung in meine selbstdiskriminierende sprachliche Erstarrung gekommen und hat von dort (in diesem Artikel) weitere Kreise auf den unterschiedlichsten Ebenen meiner Sprachförmigkeit, meines Sprachhandelns gezogen. Die Infragestellungen, die der dynamische Unterstrich in personalen Appellationsformen immer wieder auslöst, die viel gewortet werden, zeigen mir die Verunsicherung, die mein Bedürfnis nach Wortbarkeit, nach punktuellem Brechen mit der Gewalt sprachlich benennender Zurichtungen – Sprache ist Gewaltförmigkeit, immer – ist. Sprachveränderungsvorschläge, die Dyke_Trans-Positionierungen worten, waren für mich bisher jenseits des Denk_Wortbaren. *Und breche ich damit jetzt die Ent_Sagung sexistischer Diskriminierung von Dyke_Trans auf? Das wäre vielleicht nur der Fall, wenn eine solche Benennungspraxis sich konventionalisieren würde, sich über den Text hinaus verbreiten würde – und damit aber würde gleichzeitig auch wieder die Gefahr von hegemonialen Vereinnahmungen, neuen sprachlichen Strategien der Diskriminierung und neuen Ausschlüssen und Ent_Erwähnungen einhergehen. Aber soweit wird es nicht kommen, da bin ich mir schon jetzt recht sicher (und ließe mich gerne von dem Gegenteil überraschen): Sexistische Diskriminierung gegen Trans_Dyke ist so unwortbar, so umfassend, so grundsätzlich, so in die Konstitutionsbedingungen deutsch-statisierter Selbstverständlichkeit eingeschrieben und ent_schrieben, dass dieser Ver_Such einer Schaffung einer Benennung höchstens als Utopie zitiert werden wird.*

Die Differenzierung in den Benennungsweisen von durch Sexismus re_produzierten Positionierungen (Dyke_Trans vs. Hetera und Typ) ist eine sprachliche Entscheidung dazu zu versuchen, Machtverhältnisse in Bezug auf durch Sexismus geschaffene Positionierungen explizit zu machen, Asymmetrisierungen einzuführen und nicht in ein Ideal einer Pseudosymmetrisierung zu verfallen. Eine konventionalisierte hegemoniale Gegenüberstellung der Benennungen Frau und Mann ent_erwähnt in ihrer Symmetrisierung das sexistische Machtverhältnis auf zwei Arten: Es frauisiert die diskriminierte Positionierung in Bezug auf Sexismus und ent_erwähnt auf diese Weise Dyke_Trans, es cisgendert und zweivergendert beide Positionierungen. Um die Durchgängigkeit und grundlegende Relevanz von Androgenderung wahrnehmbar zu machen, halte ich eine unkonventionalisierte Benennung, die eine asymmetrisierende Assoziierung aufrufen kann, für sinnvoll. Ich weiß, der Widerwille (und ich benutze den Begriff Widerwille hier, um nicht einen Oberbegriff Widerstand zu verwenden, den ich als aus einer diskriminierten Positionierung verortete politische Handlung verstehe; auf diese Weise will ich eine asymmetrisierende Benennung hegemonialer Abwehr gegenüber der politisch antihegemonial verorteten Benennung Widerstand vorschlagen) oder auch die Abwehr wird groß sein, es werden schreibend und redend ironisierende Argumentationen gegen solche Sprachveränderungsvorschläge aufgeführt werden – bis hin zur Unles- und -hörbarkeit –, eine Argumentation, die besonders mit dynamischen Unterstrichformen immer wieder angeführt wird, von Personen, die unterschiedliche Schriftsprachsysteme schreiben und lesen können, die mathematische Formeln dechiffrieren können, die in der Lage sind unterschiedliche Dialekte zu verstehen. Bei dynamischen Unterstrichformen aber ist die Grenze (*ich weiß – bei vielen schon weit vorher bei Binnen-I-Formen –, bei vielen die so stark in einer Androgenderung privilegiert sind oder die es als so bedrohlich finden die Androgenderung ihres Seins mal punktuell zu hinterfragen, die eigene universalisierte Position mal zu partikularisieren: unmögliche Anmaßung und Zumutung!*), und die Grenze liegt hier, glaube ich, da es sich um die punktuelle Infragestellung einzelner Aspekte des gesellschaftlichen momentanen Dispositivs transdependenter Machtverhältnisse handelt, und dieses besteht gerade in seiner weitgehenden Nichtreflektierbarkeit, der Nichtwahrnehmung der dispositiven Dimension struktureller interdependenter Diskriminierungen. Sprachliche Benennungen spielen in der Klassifikation von Personen, für ihre kollektivierende Wahrnehmbarkeit eine wichtige Rolle, und manche dieser Zu_Schreibungen sind so verfestigt, so selbstverständlichisiert, so normalisiert diskriminierend, so sedimentiert als vorgängig zu jeder Ebene von Reflexion und Kritik, dass ihre Infragestellung, ihre Herausforderung die sedimentierte Ver_Sicherung und hegemoniale Selbstvergewisserung zur Disposition stellt – und dies ist eine Handlung, die tabuisiert, ent_erwähnt, verunmöglicht ist.

Ich bin Profes_sorin in Gender Studies an einer großen deutschen Universität und forsche seit 20 Jahren zu Sprachhandlungen, d. h., ich beschäftige mich schon sehr lange professionell gesellschaftlich legitimiert und abgesichert mit der Macht sprachlicher Benennungen, und trotzdem habe ich es geschafft, meine Energie in die kritische Beschäftigung mit Frauisierungen und Androgenderungen und ein Stück weit Hetera- und Reprogenderungen zu stecken, und habe eine umfassendere Ebene sprachlicher sexistischer Diskriminierung, die neben den anderen auch Cisgenderung und Kategorialgenderung in einer interdependenten Komplexität mit analysiert und kritisiert und herausfordert, die komplexe sprachliche Diskriminierung von Dyke_Trans, ignoriert. Ent_erwähnt. Ich habe die sexistische sprachliche gewaltförmige Ent_Erwähnung von Dyke_Trans auf diese Weise selbst aktiv mitbetrieben. Immer noch. Diskriminierungen, die so grundsätzlich sind, dass sie nicht wortbar, entwortbar, sind. Selbstverletzend, mich selbst ent_räumend, Atem nehmend. Sprache ist für mich das konstante Suchen nach möglichen Räumen. Das Infragestellen meines W_Ortens macht mich w_ort- und kommunikationslos. Wieviel von Sprache als mögliche Räume habe ich mir bisher noch nicht gegeben? Wieviel habe ich an Räumemöglichkeiten noch nicht wahrgenommen? Dieser Artikel erzählt für mich auch schreibend von diesen Prozessen, in denen ich mich be_finde und suche und die weder jetzt noch irgendwann abgeschlossen sind, denen ich mich nur aus_setze, wenn ich schreibe, zu worten versuche, zu satzen, zu texten, versuche zu kommunizieren.

Die Idee von Familie z. B. entmöglicht mein Sein – ein soziales Sein, welches nicht auf eine cis- und reprogegenderte Heteragenderung ausgelegt ist, welches zwischen den pronominalen und Anredeformen rausfällt, beschwiegen wird, schweigend ent_erwähnt, getötet wird, immer wieder, tötende Entsprachlichungsversuche, welches nie in diesen Formen angekommen ist, sondern manchmal wie im Nichtwahrnehmen die Formen, die die einzigen zu sein scheinen, runterschluckt, runterschluckend re_produziert, und mit denen ich mich selbst gleichzeitig als soziale Positionierung, als Teil einer sozial intelligiblen Gruppe, als kollektive Räume einnehmende Sprachbesetzung verunmögliche. So verstehe ich Butler, wenn sie schreibt:

The structure only remains a structure through being reinstated as one. Thus, the subject who speaks within the sphere of the speakable implicitly reinvokes the foreclusre on which it depends and, thus, depends on it again. [...] One speaks a language that is never fully one's own, but that language only persists through repeated occasions of that invocation. That language gains its temporal life only in and through the utterances that reinvoke and restructure the conditions of its own possibility. (Butler 1997: 140)

Wie nenne ich die sozialen Bezüge, in denen ich lebe, die mich leben lassen, die nicht in den Klassifikationen von Familie, Beziehungen, Freu_ndinnenschaften, Kolle_ginnen, Bekannten aufgehen? Wie erkläre ich mich, mache mich verständlich, mir und anderen, wie kann ich mich anschließen, aussetzen, auseinandersetzen, hinsetzen, ankommen, ein Stück weit, in sozialen Bezügen, Netzwerken, politischen Räumewortungen?

Neue Pronominaformen

»Du kannst doch neue Formen vorschlagen in deinem Artikel«, sagt Alyosxa, und andere stimmen ihr zu. Ja, denke ich, irgendwie schon, aber es macht mir auch Angst. Die spüre ich irgendwo, kann sie aber noch nicht mal worten. Ich versuche in diesem Teil, Formen zu finden, und gehe gleichzeitig der Angst nach.

Wieder lese ich in der verschriftlichten Rede von Audre Lorde auf einem philologischen Kongress, mit der sie Frauisierte anspricht und in der sie von der Furcht spricht, die ein_e sprachlos macht. Furcht. Angst.

We can learn to work and speak when we are afraid in the same way we have learned to work and speak when we are tired. For we have been socialized to respect fear more than our own needs for language and definition, and while we wait in silence for that final luxury of fearlessness, the weight of that silence will choke us. (Lorde 1984b [2007b]: 44)

Ich kenne nur sehr wenige Gespräche und Texte über pronominale Formen, die jenseits von ›sie‹ und ›er‹ liegen, die auch nicht nur verschiedene Variationen von sie und er sind, si_er, sie_r, und in denen nicht auf verschiedene Weisen bestimmte sexistische Aspekte wie Androgenderung, Cis- und Hetera-, Repro- sowie Kategorialgenderung immer wieder auch aufgerufen werden, indem sie beispielsweise in der vorgeschlagenen Sprachveränderung unhinterfragt bleiben. Alle sog. generischen Feminina, Binnen-Is, statischen Unterstriche, Vermischungen von grammatischem Genus und Gender in neuen Modellen re_produzieren für mich auf verschiedene Weisen sexistische Konzeptualisierungen, ent_erwähnen Dyke_Trans, partialisieren Sexismus und wirken damit gleichzeitig auch wieder sexistisch.

Wie will ich, dass andere sprachlich auf mich Bezug nehmen? In Seminarsituationen, wo dies häufig eine Eingangsfrage ist (Wie wollt ihr benannt werden? Wie wollt ihr, dass andere sprachlich auf euch Bezug nehmen?), äußere ich in der Regel, dass ich mit »Lann« angesprochen werden will und auch bei der Bezugnahme auf mich die Form »Lann« bevorzugen würde. *Bevorzugen gegenüber was? Auch mein Bezug ist hier auf konventionalisierte Formen, die Zweigenderung wieder herstellen; und die Ansage Zwei_Cisgegenderter, dass es für sie in Ordnung wäre, mit »sie« angesprochen zu werden, dass sie »kein Problem damit hätten«, dass sie »ja in der Regel mit ›sie‹ angesprochen werden und ›das ist ok für mich‹« diskriminiert mich, weil es eine Egalhaltung, eine Nichtwahrnehmung von Diskriminierungen, eine Nichtwahrnehmung eigener Privilegierungen sprachliche Diskriminierungen nicht spüren zu müssen, da die Benennungsformen so wie selbstverständlich stimmen. Welche Formen würden für mich stimmen? Wie kann ich Formen finden und benutzen, die mir einen sprachlichen Raum jenseits einer Individualisierung eröffnen? Wie kann ich in Kollektiven von Dyke_Trans neue Benennungen ausprobieren? So wie ich die Ausdifferenzierung von Sexismus als wichtigen analytischen Schritt, als wichtige Ver_Ortung für mich sehe, so ist für mich eine wichtige Konsequenz das Suchen und Ausprobieren von neuen Benennungen: Ich will pronominale Formen zur Bezugnahme auf Dyke_Trans (dys? yke? ans? Und in den Diskussionen war es sehr schnell yke, die viele verwendet haben, und in weitergehenden Diskussionen sind yke und tryke daraus geworden, um nicht wieder Trans-Aspekte auch nur »mitzumeinen« und nicht zu explizieren), Formen, die mich individuell politisch positioniert in meinen Zweifeln und Positionierungen und Ver_Ortungen benennbar machen, die mir nicht die sexistische Gewaltförmigkeit einer auf Zweigenderung ausgerichteten und diese re_produzierenden Sprache aufdrücken und in mich ein_schreiben, Formen, die ich so lange so unausweichlich auf mich angewendet habe und habe anwenden gehört und gelesen, dass sie mir wie unausweichlich vorgekommen sind. Erst im Schreiben an diesem Buch kann ich anfangen, meine Wahrnehmungen von Diskriminierungen über sprachliche Gewalt zuzulassen. Ein Stück weit. Sie und er wären dann die pronominalen Formen für Personen, die sich in dem sexistischen Modell von Zwei-, Repro-, Cis-, Hetera- und Kategorialgenderung entsprechend positionieren, frauisiert oder typisiert.*

Geht es, neue Formen zu finden und mich sprachlich anwesend zu machen, mich zu schreiben, in kommunizierbare Formen zu transformieren? Und wieder ist es ein Teil eines Gedichts von Shu Ting, die ich auch weiter vorne schon mal zitiert habe, in meiner Lesart geschrieben mit einem universalisierenden Wir, welches mir im Lesen Wortungen für die politische Notwendigkeit von Worten, Wortungsversuchen gibt.

> könnten wir hundertmal sterben
> oder tausendmal
> dann würde unser schweigen versteinern
> und wie ein zutagetretendes flöz
> unsere existenz bezeugen
> in der dahinfliehenden zeit
> doch, denk daran
> der schärfste protest
> die mutigste wahrhaftigkeit
> ist
> zu leben, und den mund aufzutun.
> (Shu Ting, 1984: 24)

Alyosxa fragt, wer das Gedicht übersetzt hat und was ich glaube davon zu wissen, was die Person, die das Gedicht geschrieben hat, hier meint und will? Ich weiß es nicht. Eigne ich die Wortungen hier an? »Gibt« es ein_e Au_torin hinter den Worten und nehme ich auf diese überhaupt Bezug? Geht es in der Kommunikation mit einem Gedicht darum, ei_ne mögl_iche Aut_orin zu hören? Was mache ich, wenn ich es nicht zitiere? Auch das erscheint mir machtvoll. Nicht nur im Sagen und Schreiben liegen potentielle Diskriminierungen, auch im Ent_Sagen und Ent_Schreiben.

Mit dem Suchen nach diesen Formen, dem Ausprobieren neuer Formen setze ich mich auch den niedermachenden normalisierenden geworteten Irritationen derjenigen, die die Sicherheit von angenommenen Selbstverständlichkeiten sprachlicher Regelungen wie eine Abwehr gegen Reflexionen vor sich hertragen, aus.

Yke und tryke als Vorschläge für pronominale Formen für Dyke_Trans-Positionen, in allen Fällen und Deklinationen dieselben Formen. Häufig kann der erste Buchstabe des herkömmlichen Pronomens vorangesetzt werden, wie in die > dyke, welche > wyke, es können aber auch genauso die Formen tryke in beiden Fällen verwendet werden.

Weitere Ideen für neue Pronominalisierungen sind:

- Entnormalisierungen von cisgenderten Männlichkeiten durch eine pronominale Form ciser oder ertyp.
- Sier/Cissies als Sammelbezeichnung für alle, die cisgegendert sind.
- Sie ist dann die pronominale Form für nichtcisgegenderte Weiblichkeiten, ein Reclaimen von sie also, er die pronominale Form für nichtcisgegenderte Männlichkeiten.
- Ens ist eine mögliche pronominale Form für Menschen, wenn ich nicht weiß, welche Form eine Person will, das sie benutzt würde (wie »they« im US-amerikanischen Englischen), oder wenn eine Person keine klare Ansage dazu gibt.

Es fällt mir sehr schwer, mir Formen zu überlegen, es fällt mir sehr schwer diese in einem Text, von dem ich weiß, dass er veröffentlicht wird, dass andere, die ich nicht kenne, ihn lesen werden, zu schreiben. Und ich stelle mir auch viele vor, die ich kenne, die ihn lesen und von denen ich auch merke, dass meine Vorstellung, dass sie das lesen, mir Unbehagen macht. Furcht. Was ist das, das Unbehagen, die Furcht, die Angst? Und warum fokussiere ich wieder auf diese und nicht auf diejenigen, die sich inspiriert fühlen könnten (Konjunktiv – ich habe Angst)? Es fühlt sich so viel einfacher an, bestehende Formen und sprachliche Normen zu kritisieren, als selbst neue Formen zu schaffen, die, so kommt es mir vor, etwas über mich aus_sagen. Warum ist es so schwierig, mein sprachliches Nichtvorkommen als Dyke_Trans in mögliche Wortungen umzusetzen zu versuchen? Vielleicht ist es eine Angst der Isolation, des respektlosen Umgangs und Ringens mit Wortungen in der Gewaltförmigkeit von Sprache. Und nochmal füge ich einen Teil des Essays von Audre Lorde zu der Transformierung von Schweigen in Sprache an, in dem sie

mit dem von ihr aufgemachten »wir« und mit der direkten Ansprache an ein »du«
eine Community von Frauisierten anspricht:

What are the words you do not yet have? What do you need to say? What are the tyrannies you swallow day by day and attempt to make your own, until you will sicken and die of them, still in silence? […] And of course I am afraid, because the transformation of silence into language and action is an act of self-revelation, and that always seems fraught with danger. […] Each of us is here now because in one way or another we share a commitment to language and to the power of language, and to the reclaiming of that language which has been made to work against us. In the transformation of silence into language and action, it is vitally necessary for each one of us to establish or examine her function in that transformation and to recognize her role as vital within that transformation. (Lorde 1984b [2007b]: 42f)

Der Versuch der Benennung Dyke_Trans ist auch ein Reclaimen eines Transbe-
griffes, der für mich mal sehr stimmte und dann immer stärker im Rahmen von
Passings zwischen Gendern und in einer Re_Produktion von Zweigenderung so
vielfach verwendet wurde, dass ich mich darin nicht mehr wiedergefunden habe.
Auch der dynamische Unterstrich zur Dyke_Transgenderung personaler Appel-
lation ist momentan ein Stück auf meinem Weg für mich und wird sich für mich
weiter verändern, der Weg und die Formen. Ich nehme andere Möglichkeiten der
Infragestellung von Hetero-, Repro-, Cis- und Androgenderung in sprachlichen
Benennungen wahr, wie die Verwendungen eines X als Zeichen einer personalen
Appellation, wie in FeminiX oder eines Sternchens wie in Femini*. Ich frage mich,
wo die Grenzen sind, warum ich bisher nur Substantive als personale Appellatio-
nen wahrgenommen habe und nicht auch Adjektive wie femini_stisch, die sich auch
auf personale Existenzen für mich beziehen. Wie habe ich meine eigenen Konzep-
tualisierungen bisher begrenzt, eingeengt?

Sowohl die Dyke_Trans wortbaren, wahrnehmbar machenden Formen als auch ihr Einlesen, ihre Verwendung sind veränderbar. Aus widerständigen strategischen Re_Signifizierungen können abwehrende hegemonialisierende Vereinnahmungen werden, und nie gibt es eine Kontrolle über die Lesarten. Kommunikation – der Versuch und der Wunsch, mit einer anderen Person in Kontakt zu treten_kom-men_fliegen – macht mir auch Angst, ich gebe mich preis, meine Unsicherheiten, meine gewaltvolle Konstitution in und durch Sprache, ist wie das Ausstrecken einer Hand und der Versuch, zu einer anderen Person hin zu hören – und kann scheitern, kann abgewehrt werden, kann fallengelassen werden und irgendwo auf dem Weg im Sand auslaufen, versickern. Und das wiederum macht mir Angst vor dem Unver-ständnis (*wen stelle ich mir da vor? Von wem will ich verstanden werden und was wäre das, was ich unter Verstehen fasse, hier?*). Kollektive Benennungspraktiken entstehen in der Tradierung in Communities, sind Versuche zu Positionierungen, zu kritischen Ver_Ortungen, zu Präsenzen, Anwesenheiten. Butler formuliert dies als Utopie von SprachHandlungen:

The word that wounds becomes an instrument of resistance in the redeployment that destroys the prior territory of its operation. Such a redeployment means speaking words without prior authorization and putting into risk the security of linguistic life, the sense of one's place in language, that one's words do as one says. (Butler 1997: 163)

Michelle Cliff schreibt über ihre diskriminierte Positionierung durch (Kolonial-) Rassismus in und durch Sprache, in und durch Schreiben mit einem »wir«, welches rassistisch Diskriminierte meint:

We are fragmented people. My experience as a writer coming from a culture of colonialisms, a culture of Black people riven from one another, my struggle to achieve wholeness from fragmentation, while working within fragmentation, producing work which may find its strength in its depiciton of fragmentation, through form as well as content. (Cliff 2008: ix)

Die hier für mich im Lesen wahrnehmbare Wortung ihrer rassistischen Diskriminierungen, das Äußern ihrer Diskriminierungen in einem Buch, welches ich als auch an Dyke_Trans gerichtet lese, ihre Wortungen der rassistischen Diskriminierungen, die sie konstituiert haben und weiterhin konstituieren, macht mir als in Rassismus privilegierte Dyke_Trans eine Betroffenheit und gibt mir Handlungsimpulse mir selbst gegenüber und mit mir selbst, Handlungsimpulse dazu zu reflektieren, wie sehr ich rassistische sprachliche Diskriminierung entwahrgenommen habe und weiter entwahrnehme. Durch strukturelle Diskriminierungen Positionierte sind auf unterschiedliche Weise fragmentiert, vielleicht ohne dass diese Fragmentierungen gleichzusetzen sind, ohne sie aufwiegen, addieren zu können. Das Bewusstwerden der Präsenz von Fragmentierungen von Michelle Cliff gibt mir einen An_Spruch zu Sensibilisierungen, Wortungen für meine in Bezug auf Rassismus privilegierten Dyke_Trans-Konstituierungen zu suchen und zu kommunizieren. Ihr Mut gibt mir ein In-Kontakt-Gehen mit mir, macht mir Mut.

Zu sprechen ist ein Risiko, ist eine verunsichernde Sicherheit von Präsenz und Ausgesetztsein, macht wahrnehmbar, ver_ortbar, auffindbar und verletzbar. Sprache ist Infragestellen, ent_normalisieren durch versprachlichen, war es wohl immer für mich und wird es immer sein. Sprache ist meine Stimme, mein Schreien, mein Werkzeug, mein Mittel mich mit_teilbar zu machen, mir Raum zu geben, in Kommunikation zu treten_fliegen_kommen. Sprache richtet mich zu, gewaltvoll, verunmöglicht meinen Aus_Druck, mein Finden in Texten, mein Ver_WOrten in nur schwer und mühevoll zu benennenden Communities, Sprache ist gleichzeitig mein Weg und mein kontinuierliches Suchen und Ausprobieren, mein Versuch zu situativen Communities, zu Ver_WOrtungen, mein Mittel zum Aus_Druck in all dieser Ambivalenz. *Die Infragestellungen, die Fragen, die mir andere entgegenbringen, sind Versuche, mich zu einem nicht selbstgewählten Schweigen zu bringen, mir die Stimme und den Atem zu nehmen, mir Gehör zu nehmen und meine Wahrnehmungen dadurch nicht kommunizierbar zu machen, mich sozial zu isolieren. Ich ringe mit einer mir in jeder Äußerung gewaltvoll anmaßenden,* zerstörenden, zurichtenden Sprache und ringe ihr Momente des Mich-Findens, Atems, Illusionen vielleicht nur, aber doch Illusionen von möglichem GehörtWerden, vom Landen meiner Worte im Flügelschlag anderer ab. Illusionen, die mich weiter versuchen lassen zu worten, um anderen wortend zu begegnen.

Evelyn Hayn

Wissen feministisch re_produzieren lernen[1]

Im Wintersemester 1996 beginne ich ein hegemoniales Studium, das mich für Wissensre_produktionsprozesse[2] ausbildet, die Sexismus, Rassismus sowie Antisemitismus, Antiziganismus und → Ableismus re_produzieren – strukturelle → Machtverhältnisse, welche die gegenwärtigen Verhältnisse in Deutschland konstituieren und bedingen[3] und von denen ich mich 1996 noch beinahe gar nicht und heute v. a. mit Rassismus und in gewissem Umfang auch mit Sexismus auseinandergesetzt habe. Ableismus, Antisemitismus und Antiziganismus haben bisher in meinen Auseinandersetzungen mit struktureller → Diskriminierung vergleichsweise nur wenig bis keine Aufmerksamkeit bekommen. Sie sind auch in diesem Text, in dem ich mich auf Effekte und Interventionsmöglichkeiten rassistischer und sexistischer Wissensre_produktionen konzentriere, wenig berücksichtigt. In Bezug auf Sexismus haben mich erst J.ay und insbesondere Alyosxa und Lann durch Aus_Tausch und Mit_Teilen im Rahmen dieses Buchprojekts darauf aufmerksam gemacht, dass ich die Realisierungsformen von Sexismus bislang – wie auch bereits in der Einleitung zu diesem Band kritisiert – als Androgenderung re_produziert habe, also als das Machtverhältnis, das in einer Gesellschaft ›Männer‹ norm(alis)iert und zentral setzt. Noch nicht im Wintersemester 1996, erst seit ca. 2008/09 versuche ich, in meinen Wissensre_produktionen konzeptuell in Andro- und Zweigenderung zu intervenieren. Ich verwende beispielsweise den von Alyosxa konzeptualisierten → dynamischen Unterstrich bei generischen Personenbenennungsformen (→ Appellationen), um Vorstellungen zu unter_brechen, nach denen alle Personen über generische Maskulina eingeschlossen würden oder – bei Genderspezifizierung – ausschließlich in zwei Gender kategorisierbar seien.[4] Jedoch habe ich Sexismus bisher in der Komplexität und → Transdependenz → ent_wahrgenommen, also aktiv nicht wahrgenommen[5], was zu einer Verkürzung meiner Analysen von Sexismus geführt

---

[1] Ich möchte Alyosxa und Lann herzlich für zentrale und kontinuierliche Aus_Tausche und Kommentierungen zu diesem Artikel danken, insbesondere für wichtige Anregungen, meine Thesen und Behauptungen zu konkretisieren. Ohne diese wäre diese letzte Version nicht denkbar gewesen und ich habe versucht, dies in Form feministischer Zitierungen im Artikel entsprechend explizit zu machen.

[2] Mit dem Begriff ›Wissensre_produktionen‹ möchte ich im Anschluss an Hornscheidt 2006 und 2008a und Hornscheidt/Nduka-Agwu 2010 zum Ausdruck bringen, dass jede Wissensproduktion immer im Aus_Tausch mit weiteren Wissensproduktionen entsteht. Der Unterstrich soll deutlich machen, dass Produktion und Reproduktion nie identisch sind und es immer zu Verschiebungen in den Aushandlungsprozessen um Wissen kommt.

[3] Vgl. Einleitung in diesem Band.

[4] Vgl. Lanns Artikel in diesem Band.

[5] Vgl. Einleitung in diesem Band.

hat, wenn ich zwar den dynamischen Unterstrich verwendet, jedoch Begriffe wie ›Frau‹ unreflektiert re_produziert habe, wenn ich meine über Rassismus privilegierte (→ Privilegierung) *weiße* Positionierung entNannt (→ EntNennungen) und meine Wissensre_produktionen auf eurozentristische Weise universalisiert habe.[6] Jetzt positioniere ich mich als über ZweiHeteraCisKategorialgenderung privilegierte → Frauisierte, da ich bisher heteranormative Lebensformen wahr- und eingenommen habe und damit Vorstellungen der grundlegenden, kategorialen Genderisierung von Personen als in zwei und eineindeutig identifizierbare Gender re_produziert habe[7] – und versuche gleichzeitig, die mich privilegierenden Realisierungsformen von Sexismus ständig zu reflektieren, herauszufordern und mich → kritischen Ver_Ortungen anzunähern.[8] Der Begriff ›Frau‹ appelliert Frauisierte wie mich, die in den momentanen gesellschaftlichen Verhältnissen, in denen ich lebe, → Dyke_ Trans, Dykes, Trans, Butches und Lesben (→ lesbisiert) etc. gegenüber privilegiert, → Typisierten gegenüber diskriminiert positioniert sind.[9] Über die Appellation ›Frau‹ wird im hegemonialen deutschen Kontext gleichzeitig auch *Weiß*sein aufgerufen, wenn die *weiße* Positionierung nicht kritisch ver_ortet wird und Schwarze Dyke_Trans, Dykes, Trans, Butches, Lesben und Frauen und Dyke_Trans, Dykes, Trans, Butches, Lesben und Women of Color etc.[10] → ent_erwähnt[11], also aktiv nicht erwähnt werden. In Anlehnung an Alyosxa versuche ich – meine → soziale Positionierung reflektierend –, mich Interventionen in Rassismus_Sexismus auf contra_rassistisch_antiandro_contra_zweiHeteraCisKategorialsexistische Weise (→ anti/contra_) anzunähern.[12] Im Folgenden werden Rassismus und die verschiedenen Realisierungsformen von Sexismus durch Unterstriche im Wort miteinander verbunden, um die konzeptuelle Verwobenheit der Machtverhältnisse als gesellschaftlich stark sedimentierte, transdependente, d. h. sich gegenseitig bedingende, unveränderbar wirkende Diskriminierungsschablone, in den Begrifflichkeiten der Einleitung »Konstituiert- und Bedingtheit von momentanen gesellschaftlichen Verhältnissen«, »Möglichkeitsbedingungen, die [...] Diskriminierungen überhaupt erst als Diskriminierungen wahrnehmbar machen« und als »Diskriminerungsdispositiv« (→ Dispositiv), zu verdeutlichen.[13]

Die Dozen_tinnen und Forscheri_nnen, mit denen ich ab dem Wintersemester 1996

---

6 Vgl. Hornscheidt/Nduka-Agwu 2010.

7 Vgl. Zweigenderung, Heteragenderung, Reprogenderung, Cisgenderung und Kategorialgenderung in der Einleitung in diesem Band.

8 Vgl. Alyosxas Artikel in diesem Band.

9 Vgl. Einleitung in diesem Band.

10 Alyosxa macht mich in einer Kommentierung darauf aufmerksam, explizit darauf hinzuweisen, dass es sich bei den Personenbenennungen um Selbstbe_nennungen handelt, welche hier exemplarisch für einige der verschiedenen Formen interdependenter kritische Ver_ortungen benannt werden.

11 Vgl. zu Ent_Erwähnung Lockward 2010.

12 Vgl. zu anti/contra- Tudor 2010 und Alyosxas Text in diesem Band.

13 Vgl. zum Dispositiv der transdependenten Machtverhältnisse die Einleitung in diesem Band, S. 17, 44, 39.

in meinem Studium zu tun habe, sind meist *weiß* und ›männlich‹ positioniert – *wei-ße* Cis-Typisierte[14] – und propagieren, normalisieren und kanonisieren unreflektiert und unkritisch rassistisch_sexistische Wissensre_produktionen. Ich denke nicht darüber nach, dass es kein Zufall ist, dass ich mit meiner interdependent (→ Inter-dependenzen) privilegierten Positionierung die Möglichkeit zum Studium an der Humboldt-Uni habe, dass ich hegemoniale Wissenre_produktionen nicht in Frage stelle, dass ich sie mitautorisiere. Grada Kilomba benennt in ihrer antirassistischen Wissenre_produktion diese Normalisierungs-, Kanonisierungs- und Autorisie-rungsprozesse als *weiße* rassistische Strategien, mit denen Schwarzen Wissens-re_produzenti_nnen der Zugang zu akademisierter Wissensbildung an deutschen Universitäten verwehrt wird.[15] In meinem ersten Semester besuche ich ein Seminar zu Hermeneutik. Ich versuche, Pierre Bourdieu oder so ähnlich zu lesen und zu ver-stehen.[16] Ich denke, wenn ich diesen kolonialistischen Text zu sozialwissenschaftli-cher Feldforschung[17], den ich – wie Alyosxa bemerkt – erst heute als kolonialistisch be_nennen kann, nicht verstehe, dann muss ich mein Studium abbrechen. Ich denke, ich müsste verstehen. Aktiv nicht nachgedacht[18] – ent_nachgedacht, was Verstehen sein soll. Ent_nachgedacht, aus welcher privilegierten Perspektive ich diesen Text lese. Ent_nachgedacht, dass dieser Text aus hegemonial-kolonialistischer, damit rassistisch_sexistischer Perspektive geschrieben ist. Sexismus_Rassismus. Ent_er-wähnung widerständiger (→ Widerstand) feministischer Stimmen, Entnennung der Wirkmächtigkeit der Kanonisierung und Normalisierung eurozentrischer, ethnome-thodologischer Feldforschung in hegemonialen Sozialwissenschaften, Herstellung und Beobachtung der ›kabylischen Gesellschaft‹ als Untersuchungsprojekt, Objek-tifizierung, Othering. Ich denke, ich hätte damals daraus keine Handlungsstrategien und Interventionen abgeleitet. Lann interveniert in einer Kommentierung[19] zu einer früheren Version des vorliegenden Textes: »Handlungsstrategien hast du schon ab-geleitet, nur keine kritischen, reflektierenden.« Und wie ist das heute?

Kritische Ver_Ortung von Wissensre_produktionen als feministische Handlung

Wie konnte es sein, dass ich gerade dort, wo ich dachte, etwas zu Wissen ler-nen zu können, nicht darüber nachgedacht habe, wie und von w_elchen dieses Wissen re_produziert und hergestellt wird, wel_che Wissensre_produktionen ich

---

[14] Vgl. Einleitung in diesem Band.

[15] Kilomba 2008.

[16] Vgl. Alyosxa zu Interventionen in hegemoniale Kanonisierungen in diesem Band, S. 84.

[17] P. B.s Entwurf einer Theorie der Praxis auf der ethnologischen Grundlage der kabylischen Gesellschaft.

[18] Vgl. Hornscheidt/Nduka-Agwu 2010.

[19] Vgl. Zitierpraxis in Lanns Artikel in diesem Band.

ent_wahrnehme, dass Wissensre_produktionsprozesse Machtverhältnisse struktu-rieren und Machtverhältnisse Wissensre_produktionsprozesse? Lann fragt in einer Kommentierung zu diesem Text, inwiefern mein Wissen(schaft)sverständnis zu Beginn meines Studiums bereits positivistisch geprägt war: Ich nahm tatsächlich an, dass Wissensre_produktionen empirisch nachgewiesen werden könnten. Wenn ich mich im Folgenden mit Fragen zu akademisierter Wissensre_produktion aus-einandersetze, dann lege ich zunächst bewusst den Fokus auf Wissensprozesse an der Universität. Gleichzeitig versuche ich, diesen Fokus für die Re_Produktionen feministischer Wissensprozesse in Frage zu stellen und zu reflektieren, welche Rolle soziale Positionierungen und kritische Ver_Ortungen bei der Re_Produktion feministischen Wissens spielen[20] und wie Wissen als feministisch verhandelt wird. Chandra Talpade Mohanty richtet sich mit ihrer antirassistischen, antiandrosexis-tischen Publikation *Feminism without borders. Decolonizing Theory, Practicing Solidarity* an Feministi_nnen, die aus unterschiedlichen sozialen Positionierungen und kritischen Ver_Ortungen heraus gemeinsame Interessen bei und in der Deko-lonisierung hegemonialer Theoriebildung und der Umsetzung solidarischer Prakti-ken verfolgen[21], und schließt mit ›Wir‹ nach meiner Leseweise mindestens genau diese Personengruppe ein:

> For knowledge, the very act of knowing, is related to the power of self-definition. [...] It is only in the late twentieth century, on the heels of domestic and global oppositional political movements, that the boundaries dividing knowledge into its traditional disciplines have been shaken loose, and new, often heretical, knowl-edge have emerged, modifying the structures of knowledge and power as we have inherited them. In other words, new analytic spaces have been opened up in the academy, spaces that make possible thinking of knowledge as praxis, of knowledge as embodying the very seeds of transformation and change. The appropriation of theses analytic spaces and the challenges of radical educational practice are thus to involve the development of critical knowledges (what women's, black, and ethnic studies attempt) and, simultaneously, to critique knowledge itself.[22]

Als wissenschaftliche Mitarbeiterin am Lehrstuhl für Gender Studies und Sprach-analyse habe ich bisher versucht, meine Seminare an der Humboldt-Uni als con-tra_rassistisch_antiandro_contra_zweiHeteraCisKategorialsexistische Interventio-nen zu reflektieren und anzubieten. Ein Ziel ist dabei, meine Stud_entinnen mit der Frage herauszufordern, welches Wissen während der Sitzungen re_produziert wird. Für jedes Seminar stelle ich einen Reader mit Texten zusammen, mit denen ich den Ver_Such unternehme, mich an Chandra Talpade Mohantys Verständnis

---

[20] Vgl. Alyosxas Artikel in diesem Band.

[21] Vgl. Mohanty 2003:7 und Titel ihrer Publikation *Feminism without borders. Decoloni-zing Theory, Practicing Solidarity*.

[22] Mohanty 2003: 195.

von Solidarität anzunähern; d. h., in meiner Leseweise Wissensre_produktionen als verantwortungsvolle feministische Praxis zu verhandeln, in denen die Differenzen bzw. unterschiedlichen sozialen Positionierungen der Wissensre_produ_zentinnen anerkannt und respektiert werden, wie Chandra Talpade Mohanty expliziert:

> I define solidarity in terms of mutuality, accountability, and the recognition of common interests as the basis for relationships among diverse communities. Rather than assuming an enforced commonality of oppression, the practice of solidarity foregrounds communities of people who have chosen to work and fight together. Diversity and difference are central values here – to be acknowledged and respected, not erased in the building of alliances.[23]

Bisher haben die Stu_dentinnen bezüglich der Reader nie nach den von mir implizierten Auswahlkriterien gefragt – mit einer Ausnahme. Dabei ist die Frage nach den ›Eignungskriterien‹ von Seminartexten eine politische, wie die Ausnahme zeigt: Eine Studentin (der Skandinavistik) fragte mich, wie es denn käme, dass ich fast ausschließlich Texte von ›Frauen‹ ausgewählt hätte. Dem Reader würde doch die ›männliche‹ Perspektive fehlen. ›Bemerkenswert‹ an dieser Nachfrage ist nicht nur die unhinterfragte androZweiHeteraReproCisKategorialsexistische Praxis, die Aut_orinnen im Reader zu typi- oder zu frauisieren und damit Dyke_Trans, Dykes, Trans, Butches und Lesben zu ent_erwähnen[24]; denn wie Lann bei einer Diskussion zu diesem Artikel anmerkt, hatte die Studentin offenbar eine Vorstellung oder Ahnung davon, dass soziale Positionierungen bei der Zusammenstellung von Readern relevant sind, zumindest wenn es darum geht, dass Typisiertenstimmen und -perspektiven nicht darin vorkommen. Leider hatte ich mich auf diese Frage nicht mit einer ›geeigneten‹ Antwort vorbereitet.

Anregung zum Nachdenken für diejenigen Le_serinnen dieses Artikels, die sich angesprochen fühlen:
Wie hätte ich reagieren können? »Würden Sie eine ähnliche Frage stellen, wenn ich einen Reader mit Texten zusammengestellt hätte, die ausschließlich von Typen verfasst worden wären?« Wäre das eine ›geeignete‹ Reaktion, um in die normalisierte Vorstellung zu intervenieren, Leselisten seien nur dann komplett, wenn sie auch Typisiertenliteratur verhandeln? Fordere ich mit dieser Gegenfrage diese Kanonisierungsvorstellungen ›ausreichend‹ heraus? Woran messe ich ›Geeignetsein‹, ›Ausreichendsein‹? Mit einer Bewertung stelle ich mich kritischerweise auch als Person her, die zu wissen scheint, wie in normalisierte sexistische Konzeptualisierungen von Seminarreadern interveniert werden kann.

Da ich den Anspruch habe, in meinen Seminaren Wege zu diskutieren, wie ei_ne sich dem Feminismus-Verständnis in diesem Buch[25] annähern kann, halte ich es

---

[23] Ebd.: 7.

[24] Vgl. Einleitung in diesem Band.

[25] Vgl. ebd.

für notwendig, die Kontextualisierung der jeweiligen Seminare zu reflektieren. We_lche Personen können den in Papierform ausgegebenen Reader ungehindert lesen und welche_ nicht? Für we_lche Personen sind welche Texte zugänglich und für _welche nicht? Inwiefern wähle ich hegemonialisierte Texte zum Thema aus, um an hegemonialisierte Kanonisierungen anschlussfähig zu sein? Inwiefern re_produziere ich damit gleichzeitig hegemonialisierte Wissensre_produktionen? Ich versuche also, mir bei der Textauswahl zu überlegen, welche Texte Wege und Anschlussstellen zur kritischen Auseinandersetzung mit Rassismus, Sexismus – und hoffentlich künftig auch mit Antisemitismus, Antiziganismus, Ableismus – als Ebenen des transdependenten Dispositivs bieten, das so konstituierend für die deutsche Gesellschaft ist, dass Interventionen nur auf → diskursiver Ebene denkbar und möglich sind.[26] Daher halte ich es für notwendig, Texte auszuwählen, in denen die Dekonstruktion und Infragestellung der Effekte struktureller Macht-verhältnisse zumindest aktiv thematisiert werden und die Au_torinnen möglichst ver_suchen, sich kritisch zu ver_orten.[27] In diesem Zusammenhang ist die Beant-wortung der Frage, inwiefern ich glaube, aus meiner privilegierten Positionierung feststellen zu können, dass die Texte aus anti- und contra_-Perspektiven geschrie-ben sind, kritisch. Lann Hornscheidt hat 2007 den Ver_Such unternommen, die zitierten Auto_rinnen zu dritt_re_positionieren und dabei die Prozesse der Zu- und Festschreibung von sozialen Positionen problematisiert.[28] Alyosxa diskutiert in → ykes Artikel die Notwendigkeit der Dritt_Ver_Ortung und Dritt_Re_Positio-nierung, »um eigene Genealogisierungen von Wissen deutlich oder um politische Abgrenzungen und ›safe‹ spaces möglich zu machen«.[29] Wenn ich die soziale Po-sitionierung der A_utorinnen nicht kenne, mache ich sie dann an den Themen fest, mit denen sie sich beschäftigen? Recherchiere ich nach Biographisierungen, setze sie in Bezug zu den Themen, versuche eine Dritt_Ver_Ortung und leite daraus die soziale Positionierung der Autori_nnen als Dritt_Re_Positionierung ab? Diese Praktiken sind problematisch, weil damit soziale Positionierungen machtvoll zuge-schrieben, Diskriminierungen ent_erwähnt und Privilegierungen entnannt werden können. Auch finde ich es fraglich, ob Privilegierte kritische Ver_Ortungen in Tex-ten immer verstehen und wahrnehmen und in der Lage sind, eine Dritt_Ver_Or-tung vorzunehmen.[30] Im Anschluss an Alyosxa sind Wissensre_produktionen stets ver_ortet[31] und es macht daher einen Unterschied, _welche aus welcher sozialen

---

[26] Vgl. ebd.

[27] Vgl. Tudor 2010 und Alyosxa in diesem Band.

[28] Vgl. Hornscheidt 2007 und Lanns Artikel in diesem Band, vgl. zur Dritt_Re_ Positionierung und Dritt_Ver_Ortung Alyosxas Artikel in diesem Band, in dem auch eine Diskussion der Umsetzung genau dieser Strategie verhandelt wird.

[29] Alyosxas Artikel in diesem Band, S. 85.

[30] Vgl. Alyosxas Artikel in diesem Band.

[31] Vgl. Tudor 2010 und Alyosxas Artikel in diesem Band.

Positionierung und/oder kritischen Ver_Ortung heraus welches Wissen re_produzieren: Aus diskriminierter Positionierung heraus re_produzierte Wissensprozesse haben andere Effekte als solche, die aus privilegierter Positionierung heraus re_ produziert werden, gerade bezüglich der jeweiligen Adressati_nnenposition[32]. Grada Kilomba adressiert in ihrer antirassistischen Wissensre_produktion *Plantation Memories. Episodes of Everyday Racism*[33] mit dem aufgemachten ›Wir‹ Schwarze Les_erinnen. Für mich als in Bezug auf Rassismus privilegiert Positionierte ist es unumgänglich, zu reflektieren, auf welche Weise ich meine privilegierte Positionierung kritisch ver_orte, wenn ich Grada Kilombas Text zitiere und re_produziere, in dem sie explizit Schwarze adressiert, und inwiefern dies eine verantwortliche Wissensre_produktion ist.[34] Eine kritische Ver_Ortung könnte beispielsweise über den Versuch vorgenommen werden, zu reflektieren, was ich als *weiß* Privilegierte aus dem Text von Grada Kilomba für contra_rassistisches Handeln lerne, wie ich diese Wissensre_produktion in contra_rassistisches Handeln umsetzen kann und dann auch danach zu handeln. Grada Kilombas antirassistische Fragen zu den rassistischen Wissensre_produktionsprozessen an Universitäten in Deutschland als Grundlage und Ausgangspunkt für das kritische Lesen, Analysieren und Bewerten von beispielsweise akademisierten Texten zu nehmen, wäre ein solcher, möglicher Versuch contra_rassistischer Wissensre_produktion.

Dabei kann mein Handeln aus privilegierter Positionierung immer nur eine Annäherung an solidarisches, verantwortungsvolles Handeln sein.[35] Z. B. halte ich es für notwendig, bei der Zusammenstellung eines Readers zu reflektieren, aus welcher sozialen Positionierung heraus die ausgewählten Texte geschrieben und inwiefern sie kritisch ver_ortet sind. Einen Reader zu sprachlichen Diskriminierungen (nur) aus Texten zusammenzustellen, die aus über Sexismus absolut oder relativ privilegierten Positionen geschrieben sind, führt dazu, empowerte und widerständige Wissensre_Produktionen zu Sexismus, die aus Dyke_Trans- bzw. feministischen Perspektiven formuliert sind, zu ent_erwähnen.[36] Die Wissensre_ produktionen zu den Wirkungsweisen von Sexismus, die in der Einleitung erstmals als auf diskursiver Ebene interdependent benannt werden, sind aus widerständiger, empowerter Perspektive artikuliert. Um hegemoniale Wissensre_produktionsprozesse herauszufordern, ist es notwendig, zu überlegen, welche Texte welche Anschlussstellen dazu geben und wie ich sie im Seminar verhandle. Wie kann ich beispielsweise verhindern, aufgrund meiner Positionierung als durch ZweiHetera-CisKategorialgenderung_Rassismus privilegiert vornehmlich Räume zum Lernen für gleich Positionierte zu schaffen? Eine Möglichkeit ist, Texte auszuwählen, die

---

[32] Vgl. Lanns Artikel in diesem Band.

[33] Kilomba 2008.

[34] Vgl. Lanns Artikel in diesem Band.

[35] Vgl. Alyosxas Artikel in diesem Band zur Konzeptualisierung von anti/contra_.

[36] Vgl. Einleitung zu Sexismus in diesem Band; vgl. Hornscheidt/Nduka-Agwu 2010.

aus antirassistischer, antisexistischer Ver_Ortung verfasst sind und mich kritisch zu den Texten zu ver_orten,[37] um so zu vermeiden, rassistische und sexistische Wissensre_produktionen zu rezentrieren und zu normalisieren. Durch das Lesen und Wahrnehmen von widerständigen Wissensre_produktionen können Vorstellungen von konventionalisierten Lehr- und Wissensre_produktionsprozessen herausgefordert werden: Wenn ich als durch Rassismus_ZweiHeteraCisKategorialgenderung privilegierte Person in einer Seminarsitzung zu Rassismus alle Fragen zulasse und beispielsweise *weiße_durch_ZweiHeteraReproCisKategorialgende*rung-privilegierte Frauisierte und *weiße* Typisierte über ihre Herausforderungen mit ihrem *Weiß*sein und ihren rassistisch_sexistischen Praktiken und Denkweisen diskutieren lasse, handele ich rassistisch_sexistisch, indem ich hegemoniale Wissensre_produktionspraktiken re_produziere, nach denen – die Effekte sozialer Positionierungsprozesse ent_wahrnehmend – alles frag- und sagbar ist und die Re_ Produktion sozialer Zuschreibungen und Positionierungen ermöglicht wird. Grada Kilomba schreibt über die Akademie als Ort *weißer* Wissenre_produktion, indem sie mit ›we‹ Schwarze Wissensre_produzen_tinnen adressiert:

> [T]he academic centre [...] is not a neutral location. It is a *white* space where Black people have been denied the privilege to speak. Historically, it is a space where we have been voiceless and where *white* scholars have developed theoretical discourses that formally constructed us as the inferior »Other«, placing Africans in absolute subordination to the *white* subject. Here we have been described, classified, dehumanized, primitivized, brutalized, killed.[38]

Vor dem Hintergrund dieser Überlegungen fragt mich Alyosxa, wann, warum und ob ich Texte von *weißen* Wissensre_produzentin_nen überhaupt noch lesen lassen sollte. Ich überlege. Für *weiß* Privilegierte ist es m. E. notwendig, aus Grada Kilombas antirassistischer Wissensre_produktion aktiv zu lernen und zu benennen, dass die Universität ein von *weißen* Wissenschaftl_erinnen dominierter Raum ist und es kein Zufall ist, dass widerständige Schwarze Wissensre_produktionen aktiv nicht gehört wurden und werden: Durch Ent_Erwähnung Schwarzer Wissensproduktionsprozesse – »Black people have been denied the privilege to speak« – und Entnennung *weißer* Handlungsmacht wurden und werden die gewaltvollen Dis-Kontinuitäten und Folgen von Kolonialismus – »[Black people] have been described, classified, dehumanized, primitivized, brutalized, killed« – immer noch ent_erwähnt und aktiv ignoriert. Die Objektivierung Schwarzer Wissensre_produzentinn_en ermöglicht überhaupt erst, kolonialistische Praktiken zu re_produzieren, die sich u. a. darin äußert, *weiße* Wissensre_produktionen als ›neutral‹ zu konzeptualisieren. Für *weiß* Privilegierte, die an der Universität angestellt und beispielsweise im Rahmen von Forschung und Lehre an akademisierter Wissen-

---

[37] Vgl. oben.
[38] Kilomba 2008: 27.

re_produktion beteiligt sind, leite ich hier die Handlungsnotwendigkeit ab, in diese *weißen* Wissensre_produktionsprozesse zu intervenieren und dafür Sorge zu tragen, widerständige Schwarze Wissensre_produktionen an der Universität feministisch re_produzieren zu lernen. Patricia Hill Collins macht in *Black Feminist Thought* für den US-amerikanischen Kontext deutlich, dass Schwarzes feministisches Wissen von durch Rassismus und_oder Sexismus interdependent Privilegierten nicht ohne kritische Reflexion re_produziert werden kann. Diese Intervention ist vor dem Hintergrund global wirkender DisKontinuitäten kolonialistischer Wissensre_produktionen auf den deutschen Kontext übertragbar:

> By advocating, refining and disseminating Black feminist thought, other groups – such as Black men, white women, white men, and other people of color – further its development. Black women can produce an attenuated version of Black feminist thought separated from other groups. Other groups cannot produce Black feminist thought without African-American women. Such groups can, however, develop self-defined knowledge reflecting their own standpoints. But the full actualization of Black feminist thought requires a collaborative enterprise with Black women at the center of a community based on coalitions among autonomous groups.[39]

Ich lese daraus eine Aufforderung an privilegiert Positionierte, sich kritisch mit den strukturellen Konstitutionsbedingungen von Wissensre_produktionen auseinanderzusetzen und sich kritisch zu diesen zu ver_orten. Die Auseinandersetzung mit Wissensre_produktionen als anti/contra_rassistisch und anti/contra_androZweiHeteraReproCisKategorialsexistisch ver_ortet verhandelt die Positionierungen, aus denen Wissensprozesse re_produziert werden, und ist im Kontext einer kritischen Ver_Ortung notwendig.[40] Aufgrund unterschiedlicher transdependenter sozialer Positionierungen sind Reflexionsprozesse über Privilegien nicht universalisierbar und nicht von strukturellen Machtverhältnissen loslösbar. Bei dem Versuch, mich kritisch zu ver_orten, ist es relevant, meine interdependenten Privilegierungen nicht nur zu benennen, sondern kontextbezogen zu reflektieren. Es geht dabei nicht darum, zu überlegen, wo ich wann wie benachteiligt bin. Die Reflexion der Privilegien ist kein Prozess des ›Offenlegens‹ oder des ›Bekennens‹, sondern der Versuch, einen verantwortungsvollen Umgang mit Privilegierungen zu überlegen und umzusetzen. Sich zu den eigenen Privilegierungen kritisch zu ver_orten, diese zu hinterfragen und Konsequenzen daraus zu ziehen, ist herausfordernd, zumal diese Reflexion niemals abgeschlossen sein wird. Diesen Prozess der kritischen Ver_Ortung jedoch bei der Verhandlung von Wissen im Rahmen eines Seminars transparent zu machen/explizit zu reflektieren, hätte den Effekt der Machtrezentrierung. Es kann daher m. E. nicht Ziel akademisierter feministischer Wissensre_produktionsprozesse, beispielsweise Überlegungen als Schwerpunktthema eines

---

[39] Collins 2000b: 414.

[40] Vgl. Alyosxas Artikel in diesem Band.

Seminars oder gar eines ganzen Kurses zu setzen, die darauf abzielen, Strategien zu entwickeln, mit denen *weiße,* durch AndroZweiHeteraReproCisKategorialgenderung oder durch ZweiHeteraReproCisKategorialgenderung Privilegierte einen Umgang mit ihren interdependenten Privilegierungen lernen.[41] Durch das aktive Ent_merken meiner sozialen Positionierung gelingt mir dies jedoch nicht immer und kann auch nie vollständig und abgeschlossen sein – auch in diesem Text nicht –, womit ich mir infolgedessen potentiell immer zunächst *weiße,* durch ZweiHeteraReproCisKategorialgenderung Privilegierte wie mich selbst als lernende Personen vorstelle und damit auch adressiere und somit gleichzeitig rassistisch_zweiHeteraReproCisKategorialsexistische Ausschlüsse an der Universität re_produziere.[42] Sich nur optional oder manchmal mit den eigenen Privilegierungen auseinanderzusetzen, stabilisiert die Privilegierung und verhindert die Re_Produktion kritischer Handlungsstrategien. Lann kommentiert dazu, dass NichtHandlungen auch Handlungsstrategien nach sich ziehen, jedoch keine kritischen. So stehe ich mit meiner kritischen Ver_Ortung bezüglich meiner Privilegierungen über HeteraReproCisKategorialgenderung noch am Anfang, Ableismus_Antiziganismus_Antisemitismus habe ich wenig bis gar nicht dazu reflektiert, wodurch ich bisher bei der Auswahl von Texten zu sprachlicher Diskriminierung Wissensre_Produktionen zu sprachlicher HeteraReproCisKategorialgenderung und Ableismus marginalisiert und ent_erwähnt und Antisemitismus und Antiziganismus gänzlich ent_erwähnt habe. Lann fragt in einer Kommentierung, inwiefern ich bisher in meinen Kursen anti/contra_antiziganistische Wissensre_produktionen verwendet habe. Das habe ich nicht, auch nicht anti/contra_antisemitische Wissensre_produktionen. Ich habe versucht, die Kurse an anti/contra_zweiHeteraReproCisKategorialgenderung und anti/contra_rassistische und nur punktuell an anti/contra_ableistische Wissensre_produktionsprozesse anzuschließen, und habe durch Ent_Erwähnung heteraReproCisKategorialsexistisch, ableistisch, antisemitisch und antiziganistisch diskriminiert. Erst durch die Reflexionsprozesse im AK Feministische SprachPraxis und anti-antisemitische Interventionen einer Freundin und eines Freundes bin ich sensibilisiert und auf meine diskriminierenden Handlungen bezüglich Antisemitismus, Antiziganismus und Ableismus hingewiesen worden. Widerständige Sprach-Handlungen intervenieren in hegemoniale Wissenskanonisierungen und -autorisierungen, machen sie als hegemonial benennbar und setzen diesen widerständiges Wissen entgegen. Ein aus privilegierter Perspektive verantwortungsvoller Umgang mit den eigenen Wissensre_produktionen sowie mit denen anderer lässt sich dann nicht an der Benennung diskriminierter Verhältnisse ablesen, sondern an den Handlungen, die Privilegierte aus ihren Reflexionsprozessen ableiten:[43] Sind die Wissensre_produktionsprozesse in Universitätskursen an anti-antisemitische, anti-

---

[41] Vgl. ebd.

[42] Vgl. zur Adressierung Lanns Artikel in diesem Band.

[43] Vgl. Alyosxas Text in diesem Band.

antiziganistische und antiableistische Wissensre_produktionen anschlussfähig und inwiefern werden sie transdependent zu auch antirassistischen und antisexistischen Wissensre_produktionen diskutiert? Wo suche und wie finde ich anti-antiziganistische und antiableistische und anti-antisemitische Wissensre_produktionen? Inwiefern reflektiere ich meine akademisch-konventionalisierten Recherchemethoden und konzentriere beispielsweise meine Suche nicht mehr nur auf akademisierte Wissensre_produktionen, die in verschriftlichter Form in konventionellen Universitätsbibliotheken aufzufinden sind, sondern beispielsweise auf der Webseite des Dokumentations- und Kulturzentrums Deutscher Sinti und Roma.[44]

Auch meine momentane, finanzierte Beschäftigung als Wissenschaftlerin ist Ausdruck und Effekt meiner Privilegierungen über ZweiHeteraReproCisKategorialgenderung_Rassismus und es reicht nicht aus, dies nur zu benennen. Es ist notwendig, zu reflektieren, welche Konsequenzen ich daraus ziehe, wenn ich im Kontext von Wissensre_produktionsprozessen als Dozentin positioniert bin, wenn Dozen_tinnen die Möglichkeit haben, kostenlos Reader erstellen lassen zu können, längere Ausleihzeiten sowie Büroarbeitsplätze nutzen zu können, wodurch Zugänge zu (akademisierten) Wissensre_produktionen erleichtert werden. Wie kann ich als Forscherin und Dozentin in hegemonialen akademischen Diskursen Wissensnormierungen und -kanonisierungen mitbestimmen und einen Beitrag dazu leisten, in diese mit dem Zitieren von antiableistischer, antisexistischer, antirassistischer, anti-antiziganistischer und anti-antisemitischer Wissensre_produktionen zu intervenieren? Beispielsweise können Akad_emikerinnen zu Konferenzen Vert_reterinnen nicht-akademisierter Organisationen einladen, um in Aus_Tausch über widerständige, interventionistische SprachHandlungen zu treten.

Die AG Praktiken von Interdependenzen/Intersektionalitäten am Lehrstuhl Gender Studies und Sprachanalyse des Zentrums für transdisziplinäre Geschlechterstudien hat 2009 in Berlin ein Werkstattgespräch zu *Praktiken von Interdependenzen/Intersektionalitäten* organisiert. Eingeladen waren Personen aus Bildungs- und Beratungseinrichtungen, Verlagen, Kunst- und Kulturprojekten, die sich auf unterschiedlichen Ebenen und aus unterschiedlichen Positionen in ihrer Arbeit mit den Interdependenzen von Rassismus, → Migratismus, Ableismus und Sexismus auseinandersetzen. Im Rahmen des Werkstattgesprächs konnten sie die Potentiale und Herausforderungen mit dem Konzept Interdependenzen bzw. Intersektionalitäten in ihrer Arbeit präsentieren, darüber in Dialog treten und sich vernetzen. Mit dem Rathaus Kreuzberg als Veranstaltungsort sollte gleichzeitig die Uni als hegemonialer Ort der Wissensbildung ent_normalisiert und als *ein* Praxisort neben weiteren positioniert werden.

Ein weiteres Beispiel für die Ent_Normalisierung hegemonialer akademischer Wissensre_produktion ist die Konferenz *Feminist perspectives on racism and migratism as concepts for analysing Swedish and German realities from a*

---

[44] http://www.sintiundroma.de/index/ (letzter Zugriff: 31.03.2011).

constructivist perspective, zu der Lann 2010 neben im konventionalisertem Verständnis akademisierten auch nichtakademisierte Wissensre_produze_ntinnen an die Universität Uppsala eingeladen hatte, die aus unterschiedlich positionierten, widerständigen Perspektiven Konzepte zur Analyse von Rassismus und Migratismus in Schweden und Deutschland präsentierten. Personen, die an der Akademie über Mittel und Kapazitäten zur Organisation von Konferenzen und Workshops zurückgreifen können, können hier eine Arbeit leisten, welche widerständigen, interventionistischen Organisationen nur schwer möglich ist, wenn ihnen als Vereine meist wenig oder keine finanzielle Ausstattung und Zeit für eine Durchführung von Konferenzen zur Verfügung stehen. Auch können Do_zentinnen Initiativen in ihre Seminare einladen, die wie der AK UniWatch[45] und Speak Up[46] an der Uni interventionistisch tätig sind, um im Seminar über Strategien gegen Rassismus an der Uni zu reflektieren und sich auszu_tauschen.

Die Beispiele zeigen, wie Wissensch_aftlerinnen bezahlte akademische Tätigkeit als interventionistische Arbeit verhandeln können. In diesem Kontext halte ich es für notwendig, zu überlegen, an welche akademisierten und nichtakademisierten Wissensre_produktionen ich meine Forschung und Lehre anzuschließen versuche, inwiefern die Wissensre_produktionen, die ich fokussiere, feministisch sind und wie hegemoniale Kanonisierungen ent_normalisiert werden können. J.ay bemerkt zu meinem Artikel im Anschluss an Chandra Talpade Mohanty, zu überlegen, was das Wissen ist, das ich produzieren möchte: Chandra Talpade Mohanty fragt in *Feminism without borders. Decolonizing Theory, Practicing Solidarity*, welchen Beitrag feministische Wissensre_produktionen in einem größeren politischen Kontext haben.[47] Diese Anmerkungen haben mich dazu inspiriert, zu hinterfragen, ob ich mir als Adre_ssatin meiner Dissertation tatsächlich noch – wie anfangs geplant – ›die Europäische Kommission‹ vorstellen möchte bzw. ob es mein Ziel ist, meine Arbeit v. a. an hegemoniale, normalisierte Wissensre_produktionsprozesse, wie ich sie innerhalb der Europäischen Kommission vermute, anschlussfähig ›zu machen‹ (soweit ich das überhaupt beeinflussen kann[48]). Wie kann ich stattdessen meine Arbeit an Wissensre_produktionsprozesse sich feministisch ver_ortender NGOs anschlussfähig machen, wie in Dialog mit ihnen treten? Zur Ent_konventionalisierung hegemonialer Praktiken gehört auch, normalisierte Zitierweisen zu reflektieren: Dieser Text wäre ohne den Aus_Tausch und Dialog im AK Feministische Sprach-Praxis und ohne die Anmerkungen von Teiln_ehmerinnen des Dokt_orandinnenkolloquiums von Lann Hornscheidt am 05. April 2011[49], die mich dazu veranlassten,

---

[45] http://akuniwatch.wordpress.com (letzter Zugriff: 01.05.2011).

[46] http://speakup2011.wordpress.com (letzter Zugriff: 01.05.2011).

[47] Vgl. Mohanty 2003.

[48] Vgl. zu den Gefahren der Vereinnahmung widerständigen Wissens Lanns Artikel in diesem Band.

[49] Jules Fütty, Izabela Dahl, Kerstin Kasha Piepenstock, Julia Roßhart, Alyosxa Tudor,

Stellen, an denen ich die Effekte meiner SprachHandlungen nicht reflektiert hatte, umzuschreiben und zu streichen, so nicht denkbar und möglich gewesen. An mehreren Stellen habe ich versucht, diesen Aus_Tausch und Dialog explizit und mich an deren Wissensre_produktionen anschlussfähig zu machen.[50]

Sommersemester 1997 bis Sommersemester 2001: In den nächsten Semestern wähle ich Studienkontexte, in denen die Dis_Kontinuitäten von Sexismus_Rassismus im akademisierten Wissensre_produktionsprozess nur wenig herausgefordert werden, in denen ich die Dis_Kontinuitäten fortschreibe, welche die Strukturen akademisierten Arbeitens re_produzieren und manifestieren. Ich verhandele akademisch normalisierte, kanonisierte Wissensre_produktionsprozesse – rassistisch_sexistische Wissensre_produktionsprozesse.

Wissensre_produktion als vielstimmiger Prozess

Feminist practice as I understand it operates in a number of levels: at the level of daily life through the everyday acts that constitute our identities and relational communities; at the level of collective action in groups, networks, and movements constituted around feminist visions of social transformation; and at the levels of theory, pedagogy, and textual creativity in the scholarly and writing practices of feminists engaged in the production of knowledge.[51]

Inwiefern Wissensre_produktionen als feministisch verhandelt werden können bzw. was es heißt, feministisches Wissen zu re_produzieren, ist hier in Anlehnung an die Einleitung zu Feminismus in diesem Band und an Chandra Talpade Mohanty als ein vielstimmiger Prozess und als eine Annäherung an verantwortungsvolles, solidarisches feministisches Handeln zu verstehen, der – wie oben vorgeschlagen – nicht losgelöst von sozialen Positionierungen und Normierungen in der Wissensproduktion betrachtet werden kann.

Beim Verfassen von schriftlichen Arbeiten kann es beispielsweise eine verantwortungsvolle feministische Praxis sein, kritisch zu reflektieren, wie ich als Forsch_erin zu einem Thema komme. Ich kann mir z. B. überlegen, welche Wissensre_produktionen ich in einem Universitätsseminar, auf einer Konferenz, in der Politgruppe und_oder im Aus_Tausch mit Feministi_nnen besonders inspirierend oder herausfordernd fand und warum. Dazu kann ich eine Mind-Map erstellen und mir erste Überlegungen aufschreiben. Dann Texte zum Thema lesen und meine Mind-Map mit den gerade gelesenen Wissensre_produktionen vergleichen: Welche Überlegungen habe ich mir beim Erstellen der Mind-Map gemacht, welche nicht? Inwiefern haben die gelesenen Texte dazu beigetragen, meine eigenen hegemoni-

---

Lann Hornscheidt und Delina Binaj.

[50] Vgl. zu Praktiken des Zitierens Lanns Artikel in diesem Band.

[51] Mohanty 2003: 5.

alen Wissensre_produktionen als hegemonial wahrzunehmen und in Frage zu stellen? Woran mache ich das fest? Wie bin ich zu den gelesenen Texten positioniert? Lese ich widerständige, empowerte Texte zum Thema? Mache ich das beispielsweise an Erwähnungen von widerständigen Wissensre_produktionen fest, die meine Privilegierungen benennen? Was kann ich zur Ver_Ortung eines Textes sagen?[52] Was motiviert mich, mich mit dem Thema auseinanderzusetzen?

Meine Motivation, mich im Rahmen meiner Dissertation mit dem Thema »Kolonialistische DisKontinuitäten in Entwicklungsdiskursen« zu beschäftigen, ist bedingt durch vielstimmige Impulse von Personen, die unterschiedlich sozial positioniert sind und sich unterschiedlich kritisch ver_orten. Erstmals hat mich ein antirassistisches Seminar von Grada Kilomba auf die Kontinuitäten von Rassismus in der deutschen Gesellschaft und auf meine eigenen, ent_merkten, also aktiv nicht be- und gemerkten, Rassismen aufmerksam gemacht.[53] Lann hat mich mit → trykes antisexistischer und contra_rassistischer Forschung zu Kritischer Lexikographie sensibilisiert, autoritäre und hegemoniale Wissensre_produktionen, wie sie konventionellerweise in Wörterbüchern und Lexika autorisiert werden, zu hinterfragen.[54] In meinem Versuch, in einem Beratungsbüro für EU-Fördermittel antiandrosexistische_contra_rassistische Arbeit zu leisten, haben mich die hegemonial_kolonialistischen Arbeitspraktiken von Repräsent_antinnen der Europäischen Kommission irritiert, welche in Diskursen um sog. ›Entwicklungszusammenarbeit‹ ihre *weißen*, eurozentristischen Privilegierungen nicht reflektierten. Vor dem Hintergrund, dass es widerständige und interventionistische Forschungsarbeiten waren, welche die Analyse eurozentristischer Praktiken motivier(t)en und ermöglich(t)en, ist es m. E. für kritische Forschung notwendig, sich an feministische Wissensre_produktionsprozesse anschlussfähig zu machen, wie sie in der Einleitung zu diesem Band erläutert werden. Sie sind mein Ausgangspunkt für die Dekonstruktion und Intervention in hegemonial_eurozentrische Wissensre_produktionsprozesse, wenn ich mich mit dem Thema »Kolonialistische DisKontinuitäten in Entwicklungsdiskursen« auseinandersetze. Der Aus_Tausch mit weiteren feministisch arbeitenden Personen ist zentraler Bestandteil meiner Wissensre_produktionsprozesse, der meine eigenen Konventionen der Wissensre_produktion herausfordert. Wenn ich mich beispielsweise nicht mit weiteren Feministi_nnen aus_tausche, praktiziere ich ein Monoschreiben, das die Intervention anderer Stimmen in meinen Wissensre_produktionsprozess ver_hindert. Ich isoliere mich damit von feministischen Wissensre_produktionsprozessen und ent_wahrnehme zentrale feministische Arbeitspraktiken.[55]

Bei der Wissensre_produktion sind in der Aushandlung von Wissen unter-

---

[52] Vgl. Alyosxas Text in diesem Band und weiter oben.

[53] Vgl. auch weiter unten.

[54] Vgl. Hornscheidt 2008b, 2010.

[55] Vgl. Lanns Artikel in diesem Band.

schiedliche Prozesse wirksam, von denen ich im Folgenden einige nenne und die nicht vollständig sind. NichtBenennung bzw. Weg_Nennungen[56] von Wissensre_ produktionsprozessen über strukturelle Diskriminierung haben je nach struktureller Positionierung als diskriminiert oder privilegiert unterschiedliche Effekte: EntNennungen und Ent_Erwähnungen sind aktive Prozesse, aus privilegierter Perspektive zum einen die eigenen Positionierungen[57] und zum anderen widerständige Wissensre_produktionen[58] nicht zu reflektieren und zu benennen. Ent_Wahrnehmen wird in der Einleitung im Zusammenhang mit der → Abjektivierung von Dyke_Trans als die »sprachliche [...] Ignorierung einer Positionierung jenseits von Zweigenderung« vor dem Hintergrund der Annahme eines Modells von Zweigenderung verhandelt. Ent_Wahrnehmungen führen dazu, die Wahrnehmbarkeit von und damit Interventionen in Diskriminierungen zu verunmöglichen, denn »[d]as, was nicht denkbar ist, kann auch nicht diskriminiert sein«.[59] Ent_Merken benennt Prozesse aktiven NichtMerkens, also wenn Personen in einer Sprachhandlung nicht auf die eigenen diskriminierenden Wissensre_Produktionen aufMerksam sind.[60] Beim Prozess des aktiven NichtLernens – Ent_Lernen – werden gelernte, hegemoniale Wissensre_ produktionsprozesse ungebrochen re_produziert.[61] Dies ist der Fall, wenn beispielsweise Vorstellungen von Zwei-, Hetera-, Repro-, Cis- und Kategorialgenderung als gegeben, angeboren und essentiell re_produziert und nicht versucht wird, diese Vorstellungen auf contra_zweiHeteraReproCisKategorialsexistische Weise zu ent_lernen. Aktives Weg_Nennen antirassistischer, antisexistischer, anti-antisemitischer, antiableistischer Wissensre_produktionsprozesse kann aus widerständiger Perspektive hingegen empowernde Wissensre_produktionen zu strukturellen Machtverhältnissen bewirken und ›safe spaces‹ für Diskriminierte schaffen.[62] Auch können Wissensre_produktionen hegemonial-konventionalisiert kanonisierter Aut_orinnen, die Wissensre_produktionsprozesse über Machtstrukturen entNennen und ent_Erwähnen, entNormalisiert und entZitiert[63], also eben nicht re_produziert und nicht zitiert werden. Ich kann mich also beispielsweise aktiv gegen die Re_Produktion eines konventionalisierten Kanons entscheiden und diesen explizit nicht zitieren.

Wissensre_produktion ist auch eine Aushandlung der Bedeutung von Wissen. Bedeutung wird in Kommunikationssituationen in der gegenseitigen (?) Verständigung über bestimmtes Wissen hergestellt. D. h., dass im Moment der Kommu-

---

[56] Vgl. Hornscheidt/Nduka-Agwu 2010.

[57] Vgl. ebd.

[58] Vgl. Lockward 2010.

[59] Einleitung in diesem Band, S. 44f.

[60] Vgl. Hornscheidt 2010.

[61] Vgl. Hayn 2011 zu Ent_Lernen.

[62] Vgl. Collins 2000a.

[63] Begriff von Lann.

nikation ausgehandelt wird, auf welch_e Wissensre_produktionen ein_e sich ggf. einigt.[64] So wird in hegemonialisierten Diskursen zu ›Entwicklungspolitik‹ beispielsweise ›Entwicklungszusammenarbeit‹ als eine Aktivität verhandelt, welche eine Existenz unterschiedlich entwickelter Gesellschaften voraussetzt und – wie Lann anmerkt – Gesellschaften an sich als vorgängig präsupponiert. Auch die Notwendigkeit einer bestimmten Vorstellung von ›Entwicklung‹ ist eine bereits kolonialistisch gesetzte Vorannahme.[65] Der Begriff kann jedoch auch widerständig und solidarisch ausgelegt werden. Vor dem Hintergrund von anti/contra_rassistischen Wissensaushandlungen über die Effekte von Dis_Kontinuitäten kolonialistischer Praktiken kann ›Entwicklungszusammenarbeit‹ aus anti/contra_rassistischer Perspektive als eine Praxis re_Signifiziert[66] werden, wonach beispielsweise in die DisKontinuität kolonialistischen Praktiken sog. geldgebender Institutionen wie die Europäische Union oder globaler Akte_urinnen wie europäische ›Entwicklungs‹-NGOs in der Zusammenarbeit mit anti/contra_rassistischen Institutionen wie der Afrikanischen Union oder AfricAvenir unter dem Stichwort ›Entwicklungszusammenarbeit‹ interveniert und Reparationszahlungen eingefordert werden. ›Entwicklungshilfe‹ würden dann die EU und die europäischen NGOs dafür erhalten, zu lernen, die eigenen kolonialistischen Praktiken zu reflektieren. Konventionalisierte Lesarten, wonach als nach US- und eurozentrischem Muster ›entwicklungsbedürftig‹ klassifizierte Gesellschaften und Nationen von westlichen Institutionen in der hierarchisierten Zusammenarbeit Bevormundungen erfahren,[67] ist eine aktive Ent-Nennung der privilegierten Position und Ent_Erwähnung widerständigen Wissens über kolonialistische Praktiken mit dem Effekt der Re_Produktion und Manifestierung der Privilegien.

Mit Überlegungen zu Wissensre_produktionen werden in hegemonial-akademisierten Diskursen um Wissensre_produktionen, die beispielsweise in schriftlichen Hausarbeiten fixiert werden, auch Fragen nach der Urheberi_nnenschaft von Wissen aufgerufen. Diese Überlegungen re_produzieren ein strukturalistisches Verständnis von Wissen, wonach Wissen klassifiziert, objektiviert, benannt und auf einen Ursprung zurückgeführt werden kann. Mein Artikel stellt einen Versuch dar, in Vorstellungen von der Fixierbarkeit, Essentialisierung und Stabilisierung von Wissensre_produktionsprozessen zu intervenieren und die Re_produktion als Prozess kritisch zu reflektieren sowie mit den Effekten sozialer Positionierungen und kritischer Ver_Ortungen zusammenzudenken. Wenn Kanonisierungen von hegemonialisierten Wissensre_produktionsprozessen nicht hinterfragt und machtkritisch analysiert und herausgefordert werden, dann wird diese hegemoniale Wissen-

---

[64] Vgl. Hornscheidt 2006 und 2008a zu pragmatisch-konstruktivistischer Perspektive auf Sprachgebrauch.

[65] Vgl. Hayn 2010.

[66] Vgl. zu ReSignifizierungen Hornscheidt 2008a.

[67] Vgl. Eggers 2008.

re_produktion stabilisiert und beispielsweise als notwendige Wissensentität in den Diskurs einer Disziplin wie z. B. den Sozialwissenschaften hergestellt. Vor diesem Hintergrund erscheint dann die Frage, ob bestimmte kanonisierte Literatur gelesen wird oder nicht, unstellbar. Diese zu kennen, zu lesen und zu zitieren, scheint in hegemonialen, verdisziplinierten Sozialwissenschaften Pflicht zu sein, während die in meinem Artikel zitierten Wissensre_produzentinn_en (mit einer Ausnahme) kennen, lesen und zitieren als Ausnahme und Spezialinteresse hergestellt wird.[68] Kanonisierungen führen dazu, antisemit_rassist_sexist_antiziganist_ableistische Wissensre_produktionsprozesse zu manifestieren und zu naturalisieren und widerständige Wissensre_produktionsprozesse zu ent_erwähnen.

Anregung zum Nachdenken für diejenigen, die sich angesprochen fühlen: Inspiriert von einer Übung von Grada Kilomba[69] haben Lann und J.ay für eine Seminarübung Fragen formuliert, welche die einzelnen teilnehmenden Personen dazu auffordern sollen, kritisch zu reflektieren, welche Wissensre_produzentinne_n in akademischen Wissensre_produktionsprozessen wann, wo und von we_lchen zitiert werden:
Wel_che der folgenden Auto_rinnen und Werke kenne ich?
- Audre Lorde: *Sister Outsider*
- Katharina Oguntoye/May Ayim/Dagmar Schultz (Hrsg.): *Farbe bekennen*
- Leslie Feinberg: *Stone Butch Blues*
- Judith Butler: *Gender Trouble*
- Luise Pusch: *Alle Menschen werden Schwestern*
- Jacques Derrida: *Die Schrift und die Differenz*
- Michel Foucault: *Archäologie des Wissens*

Welch_e dieser Autorin_nen und Werke habe ich schon einmal in einer Arbeit oder Prüfung zitiert?
We_lche dieser Au_torinnen und Werke habe ich gelesen?
Ergänzend zu den Fragen von Lann und J.ay könnte noch überlegt werden, welche Schlussfolgerungen ich aus meinen Antworten bezüglich der Positionierung und Autorisierung der jeweiligen A_utorinnen und Werke ziehe und wie ich meine Antworten bezüglich der Frage reflektiere, inwiefern ich in den Gender Studies Kanonisierungen erlebe und welche Effekte diese für mein Verständnis von wissenschaftlichem Arbeiten haben.

Als Dozentin, die Texte für ein Seminar auswählt und Arbeiten von Studen_tinnen benotet, bin ich über meinen Status strukturell in der Position, darüber zu entscheiden, an welche Wissensre_produktionsprozesse ich die Diskussionen im Seminar »Einführung in die Gender Studies am Beispiel der Linguistik« anschlussfähig machen möchte. So werden beispielsweise Personen, die sich in strukturalistisch orientierter Sprachwissenschaft ausbilden wollen, keine Anschlussstellen für struktu-

---

[68] Dieser Gedanke ist in Diskussionen um Ent_disziplinierung mit Alyosxa, Lann und J.ay entfaltet worden.

[69] Vgl. unten.

ralistische Wissensbildung finden; jedoch werden sie – wie Lann bemerkt – solche Anschlussstellen finden, die strukturalistische Denkweisen herausfordern und in sie zu intervenieren versuchen, die das Bedürfnis nach Strukturen als Voraussetzung für Diskriminierungen begreifen und die eine konstruktivistische Perspektive als unabdingbare Notwendigkeit für machtkritische feministische Wissensre_produktionen setzen. Eine strukturalistisch orientierte Erkenntnisweise ist machtentnennend, da sie den Kontext einer sprachlichen Handlung unberücksichtigt lässt und strukturelle Machtverhältnisse in Sprachanalysen ent_wahrnimmt. Eine konstruktivistische Erkenntnisweise interveniert in Vorstellungen eines objektiven, wertneutralen und meinungsfreien Sprachgebrauchs und begreift diesen als prozesshafte, machtvolle, Diskriminierungen und Privilegierungen bewirkende Verhandlung von Bedeutung[70] vor dem Hintergrund der diskursiven Effekte des transdependenten Diskriminierungsdispositivs.[71] D. h., dass Diskussionen im Seminar prozesshaft und immer potentiell diskriminierend sowie privilegierend sind. Eine feministische Wissenre_produktion im Seminar ist also prozesshaft und machtkritisch und ein Lernen im Aus_Tausch wird dann möglich, wenn in die interdependenten Diskriminierungsverhältnisse als diskursive Effekte des transdependenten Diskriminierungsdispositivs interveniert wird. Konventionalisierte Zitierweisen und Vorstellungen von Status werden herausgefordert, wenn im Wissensre_produktionsprozess des Seminars unterschiedliche Wissensre_produktionserwartungen und -erfahrungen durch die Seminarteil_nehmerinnen (inklusive Dozentinn_en) verhandelt werden. Alyosxa Tudor schreibt dazu im Artikel *Rassismus und Migratismus: Die Relevanz einer kritischen Differenzierung*:

> Gemeinsame Wissensproduktionen werden durch konventionalisierte akademische Praktiken oft unwahrnehmbar gemacht. So taucht z. B. als Au_torin dieses Artikels ausschließlich mein Name auf, jedoch wäre mein Denken und Schreiben in dieser Form ohne gemeinsame Denkprozesse, intensive inspirierende Zusammenarbeit und geteilte Visionen von contra/antirassistischem_Dyke_Trans_Feminismus nicht möglich gewesen.[72]

Durch den Aus_Tausch mit weiteren Fem_inistinnen, durch das Zitieren und Interpretieren von feministischem Wissensprozessen bleibt die Wissensre_produktion prozesshaft, ist nie abgeschlossen und kann bei Wissensre_produktionen aus Contra_Perspektive solidarisch unterstützend sein, wobei contra_rassistische_contra_sexistische Interventionen immer nur Annäherungen an nichtdiskriminierende, feministische Handlungen sein können. So haben mich Lann und Claude beim Schreiben dieses Artikels darauf aufmerksam gemacht, dass ich durch eine Fokussierung auf die schriftliche Fixierung meiner Überlegungen sowie durch das

---

[70] Vgl. Hayn 2011.

[71] Vgl. Einleitung in diesem Band.

[72] Tudor 2010: 396.

bevorzugte Zitieren schriftlich gefassten Wissens eine kolonialistisch_ableistische Praxis der aktiven Nichthinterfragung von Alphabetsprache und dieser Form von Schriftlichkeit fort_Schreibe, wenn ich aus privilegierter ableistisch_*weißer* Positionierung heraus Alphabetschriftsprachlichkeit vor und über Mündsprachlichkeit und andere Formen von Verschriftlichung setze und widerständiges, mündliches Wissen ent_erwähne[73] und damit konventionalisierte ableistische Vorstellungen von Befähigung (mit der Stimme sprechen, mit den Augen lesen, mit den Händen Schreiben, mit den Ohren hören können) appelliere.[74]

Sommersemester 2001: Lann macht mich im Seminar »Die Herstellung kultureller Selbst- und Fremdstereotype in skandinavischen Tageszeitungen. Textlinguistische Analysen« auf den Zusammenhang zwischen → Sprache und Rassismus, Antisemitismus sowie Sexismus aufmerksam, den ich mir bisher nicht bewusst gemacht – ent_wusst – habe.

Sommersemester 2004: Im Seminar »Invisible Realities – Intersecting Race, Gender and Racism« sensibilisiert mich Grada Kilomba durch ein Quiz für antirassistische, widerständige Wissensre_produktionen, die ich bisher aktiv nicht kannte – ent_kannte – und auf die institutionalisierte Re_Produktion von Rassismus in der akademisierten Wissensre_produktion in Deutschland,[75] die ich bis dahin unreflektiert fortdachte.

In den folgenden Jahren mache ich mir in der Auseinandersetzung mit anti- und contra_rassistischen Wissensre_produktionen im Aus_Tausch mit Lann und Alyosxa und J.ay, Claude, Aiste, Jules Fütty, Natasha A. Kelly, Kerstin Kasha Piepenstock, Izabela Dahl, Alanna Lockward und Claudia Brunner bewusst, dass hegemoniale Wissensre_produktionsprozesse an Universitäten in Deutschland rassistisch sind, dass *weiße* Deutsche wie ich durch Rassismus privilegiert sind, dass es ein *weißes* → Privileg ist, entscheiden zu können, inwiefern ich mich mit Rassismus auseinandersetze, dass ich in meinen Kursen, die ich als *weiße* Dozentin anbiete, wieder nur *weiße* Lernräume schaffe, wenn ich dort Umgangsstrategien mit *Weiß*sein und *weißen* Privilegien diskutiere(n) (lasse), dass Wissensre_produktionsprozesse strukturell situiert sind, dass die Auseinandersetzung mit sozialen Privilegierungen ein nie endender Reflexionsprozess ist, der sich in konkreten solidarischen Contra_-Handlungen äußert und nicht in der Reflexion und Beschreibung von Handlungs- und Umgangsstrategien mit den Privilegien. Ich bin aus anti- und contra_rassistischer Perspektive angreifbar, wenn ich rassistische Wissensre_produktionsprozesse ent_merke, an norm(alis)ierten Wissensre_produktionsprozessen teilhabe, ausschließlich *weiße* Aut_orinnen zitiere, mich also der Auseinandersetzung mit meinen eigenen rassistischen Wissensre_produktionsprozessen entziehe.

---

[73] Vgl. Thioñg'os und Brathwaites Texte zu Sprache und Kolonialismus 1995, Collins und Blot (2003) und Lanns Artikel in diesem Band.

[74] Vgl. unveröffentlichtes Manuskript von J.ay zu diskriminierenden Wahrnehmungsmetaphorisierungen, vgl. Hornscheidt 2011.

[75] Vgl. unten.

Grada Kilomba hat mich – wie oben geschildert – in ihrem Seminar durch ein Quiz auf meine eigene, auf hegemoniale Kanonisierung begrenzte, rassistische Wissensre_produktion aufmerksam gemacht, die ich bisher entNannt habe. In ihrer antirassistischen Publikation *Plantation Memories. Episodes of Everyday Racism* schreibt sie zu den ersten Sitzungen ihrer Seminare:

> Every semester, on the very first day of my seminar, I quiz my students to give them a sense of how knowledge and racial power intertwine. [...] I start by asking very simple questions: What was the Berlin Conference of 1884-5? Which African countries were colonized by Germany? How many years did German colonization in the continent of Africa last? [...] Who was Queen Nzinga and what role did she play in the struggle against European colonization? Who wrote *Black Skin, White Masks*? Who was May Ayim? Not surprisingly, most of the *white* students seated in the room are unable to answer the questions, while the Black students answer most of them successfully. Suddenly, [...] [t]hose who are usually silent start speaking, while those who always speak become silent. Silent, not because they cannot articulate their voices or their tongues, but rather because they do not possess *that* knowledge. Who knows what? Who doesn't? And why? The exercise allows us to [...] understand how concepts of knowledge, scholarship and science are intrinsically linked to power and racial authority.[76]

Grada Kilomba zeigt, wie hegemonialisiertes Wissen und Rassismus miteinander verhandelt werden. Sie erklärt am Beispiel einer Seminarsituation, wie Wissen rassistisch situiert und kontextualisiert wird, und hinterfragt die Konzeptualisierung von Wissen und Wissenschaft. Indem sie Wissensre_produktionen benennt, welche konventionalisierterweise ent_erwähnt werden und *weiße* Privilegien herausfordern, und überprüft, inwiefern und für we_lche dieses Wissen bekannt ist, verdeutlicht sie, dass Wissen nicht neutral, objektiv und universell ist. Sie zeigt, dass die Akademie in Deutschland ein hegemonialer *weißer* Ort der Wissensre_produktion ist, in dem Schwarzes Wissen in Forschung und Lehre ent_verhandelt, ent_erwähnt, ent_zitiert und ent_kanonisiert wird.[77] Wie Grada Kilomba schreibt, zeigt ihre Übung, dass die Konzeptualisierung dessen, was in hegemonial akademisierten Kontexten in Deutschland als Wissen konzeptualisiert wird, eine machtvolle, rassistische Praxis ist: Widerständige Wissensre_produktionen zu deutschem und europäischem Kolonialismus sind im hegemonialen Wissenskanon ent_erwähnt und machtvolle, rassistische *weiße* Wissensre_produktionen, welche deutschen Kolonialismus beispielsweise als eine vergleichsweise kurze oder abgeschlossene historische Phase konzeptualisieren, entNannt. Vor dem Hintergrund eines Ver-

---

[76] Kilomba 2008: 27.
[77] Vgl. ebd.

ständnisses von Rassismus als interdependentes Diskriminierungsverhältnis sind es hier Wissensre_produktionsprozesse von über Rassismus diskriminierten Positionen, die in der deutschen Gesellschaft aus hegemonialer Perspektive Wissen ent_erwähnt werden, während Wissensre_produktionsprozesse von über Rassismus privilegierten Positionen als Allgemein- oder kanonisiertes Wissen gewaltvoll hergestellt und autorisiert werden.[78]

Grada Kilombas Fragen können auch auf weitere universitäre Kontexte übersetzt werden: Inwiefern haben Schwarze die gleichen Bedingungen und Möglichkeiten wie *weiße*, zu studieren, zu forschen, eine feste Stelle an der Universität zu bekommen, Studien- oder Forschungsstipendien zu erhalten, Schwarzes Wissen an der Uni zu re_produzieren und zu etablieren? Und übertragen auf die eigenen Wissensre_produktionsprozesse: Inwiefern und wie reflektiere und zitiere ich in meinem wissenschaftlichen Arbeiten Schwarze Wissensre_produktionsprozesse aus einer *weißen* Positionierung heraus? Inwiefern analysiere ich die Wissensre_produktionsprozesse, die ich zitiere, hinsichtlich Sexismus_Rassismus? Inwiefern beziehe ich mich in meiner Arbeit nur auf verschriftliche Texte und ent_erwähne Wissensre_produktionsprozesse, von denen ich aus Vorträgen oder Gesprächen lerne? Inwiefern schreibe ich den zitierten Personen ein bestimmtes Wissen zu und inwiefern konzeptualisiere ich dabei Wissen und Zitieren als Prozess, Inspiration, voneinander Lernen, Aus_Tausch? Wie sind die zitierten Personen sozial positioniert? Wie bin ich zu ihren Wissensre_produktionsprozessen sozial positioniert? Alyosxa weist mich hier darauf hin, zu hinterfragen, wie ich meine Wissenre_produktion kritisch ver_orte. Inspiriert durch ykes Differenzierung in soziale Positionierung und kritische Ver_Ortungen und ykes Explizierung von Bezugnahmen auf anti/contra_-ver_ortete Wissensre_produktionen sowie Lanns Reflexion der Adressierungen von Texten in ykes jeweiligen Artikeln habe ich versucht, in meinem Text diejenigen kritischen Ver_Ortungen der Personen zu benennen, die ich aus den jeweiligen Texten herauslesen konnte. Bei den direkten Zitierungen habe ich versucht, zu reflektieren, we_lche Personen in den jeweiligen Textpassagen beispielsweise durch die Verwendung von ›wir‹ adressiert sind und inwiefern ich diese Passagen in meinen Text einsetzen kann, wobei ich mir erst nach dem Lesen von Lanns Text konkrete Gedanken dazu gemacht habe, an we_lche Personen eigentlich mein Artikel gerichtet ist. Wie oben schon geschrieben adressiere ich hier aus meiner sozialen Positionierung heraus potentiell vermutlich zunächst über Rassismus_ZweiHeteraReproCisKategorialgenderung privilegiert Positionierte wie mich, die es hoffentlich als Notwendigkeit erachten, immer wieder zu lernen, sich kritisch zu ver_orten. Dabei steht der Aus_Tausch im und mit dem AK Feministische SprachPraxis zentral in meinem Lern- und Wissensre_produktionspro-

---

[78] Vgl. ebd., vgl. exemplarisch zur Hegemonialisierung des Wissens über ›Afrika‹ in Deutschland Kuria 2010.

zess über kritische Ver_Ortung,[79] der gleichzeitig durch meine Teilprivilegierung über Sexismus ZweiHeteraReproCisKategorialsexistisch strukturiert ist: Ich lerne in und von der AG Einleitung und insbesondere von Lann und Alyosxa ein neues Verständnis von Feminismus sowie neue Denkbewegungen zu Sexismus als interdependentes Diskriminierungsverhältnis auf diskursiver Ebene und als transdependentes Machtverhältnis auf dispositiver Ebene sowie zu den Möglichkeitsbedingungen und Wirkungsweisen des transdependenten Diskriminierungsdispositivs[80] und gebe wenig Input zurück. Auch hier ist mein Reflexionsprozess darüber nicht abgeschlossen, welche Effekte es hat, wenn ich in meinem Text die Wissensre_produktionen der AG Einleitung zitiere, die dort Dyke_Trans erstmals ent_abjektiviert sowie mit dem Text explizit an_spricht und adressiert.[81] Ich habe versucht, das in meinen Wissensre_produktionen zu reflektieren.

Indem ich Wissensre_produktionsprozesse Anderer zitiere und ent_zitiere, handele ich jedes Mal machtvoll, da ich widerständige Wissenre_produktionsprozesse erwähnen, aber auch ent_erwähnen kann. Wenn ich mit Zitieren hier die Bezugnahme auf Wissensre_produktionsprozesse durch Paraphrasierungen oder Kopieren von Textteilen meine, welche Effekte produziere ich mit diesem Zitieren und inwiefern benenne ich diese Effekte? Inwiefern wird der Kontext durch Auslassungen und Verkürzungen verschoben? Inwiefern berücksichtige ich dabei die diskursiven Effekte des transdependenten Diskriminierungsdispositivs? Inwiefern handelt es sich bei den Wissenre_produktionsprozessen, an die ich mich anschließe und die ich somit ›zitiere‹, um antirassistische, anti-antiziganistische, antisexistische, anti-antisemitische und antiableistische Wissensproduktionen einerseits oder um contra_rassistische, contra_antiziganistische, contra_sexistische, contra_antisemitische und contra_ableistische andererseits, die potentiell immer auch rassistisch, antiziganistisch, sexistisch, antisemitisch, ableistisch sein können/sind? Letztere kann ich im Kontext einer hegemonialen Wissenre_produktion ohne Irritationen und Brüche re_produzieren und würde dann widerständige, d. h. antirassistische, antiziganistische, antisexistische, anti-antisemitische und antiableistische Wissensre_produktionsprozesse ent_erwähnen. Durch meine Zitierweisen – verstanden als Konzeptualisierung der Re_Produktion von Wissen – kann ich versuchen zu zeigen, inwiefern es sich bei meiner Wissensre_produktion um eine contra_rassistisch_antiandrosexistisch_contra_zweiHeteraReproCisKategorisalsexistische handelt. Zitiere ich beispielsweise hegemoniale Wissensre_produktionsprozesse, die hegemoniale Diskurse zu Kolonialismus stabilisieren, dann schreibe ich einen hegemonialisierten Kanon fort. Beispielsweise ent_erwähnt eine Konzeptualisierung von ›Postkolonialismus‹ als Kolonialismus, der als vergangen oder abgeschlossen verstanden wird, widerständige Wissensre_produktionsprozes-

---

79 Vgl. Vorwort in diesem Band.
80 Vgl. Einleitung in diesem Band.
81 Vgl. ebd.

se, die Kolonialismus als globale DisKontinuität verhandeln.[82] Um feministisch verantwortungsvoll schreiben zu lernen, muss aus privilegierter Perspektive reflektiert werden, welche Lesarten und Konzeptualisierungen zu Kolonialismus im Wissensre_produktionsprozess aufgerufen werden, wenn beispielsweise ein Begriff wie ›postkolonial‹ verwendet wird.

In diesem Artikel habe ich versucht, zu reflektieren, wie ich meine interdependent privilegiert und diskriminiert positionierten Wissensre_produktionsprozesse auf verantwortungsvolle Weise widerständigen feministischen Praktiken annähern kann. Als zentral erachte ich ausgehend von meinem momentanen Reflexionsprozess, Wissensre_produktionen als kritisch ver_ortete und vielstimmige Prozesse zu konzeptualisieren und zu zitieren. Daher ist mein Text nicht ohne den vielstimmigen Aus_Tausch im und mit dem AK Feministische SprachPraxis sowie nicht ohne die weiteren hier zitierten Personen und ihre Wissensre_produktionen sowie die Personen, die diese wiederum in ihren Wissensre_produktionen zitieren, denkbar. Auch ist der Text als Momentaufnahme eines Wissensre_produktionsprozesses zu verstehen, der nie abgeschlossen sein wird und hier nicht enden soll...

Anregung zum Nachdenken, für diejenigen, die sich angesprochen fühlen: Wie würde ich heute, morgen, in einer Woche, einem Monat oder Jahr den folgenden Satz weiterdenken?
Um feministisch schreiben zu lernen,

_____

_____

_____

_____

_____

_____

_____

_____

(*bitte ergänzen*)

---

[82] Vgl. Loomba 1998.

Lann Hornscheidt

Sie fragen – Prof. Dr. H. antwortet. FAQs zu Sprache, Diskriminierung und Feminismus

Die Fragen sind teils wortgenaue, teils leicht veränderte oder zusammengefasste Fragen, die ich nach Vorlesungen und in Seminaren gestellt bekomme. Dieser Text ersetzt keine tiefergehenden Auseinandersetzungen mit den Themen Sprache, Diskriminierung und Feminismus, er liefert einen ersten Einstieg und Orientierungshilfen. Ich habe versucht, die Fragen nach inhaltlichen Gruppen zu bündeln. Die abgekürzten Namen sind zufällig zusammengesetzt und in keiner Verbindung zu konkreten Personen. In Kapitälchen stehen jeweils die Realisierungsformen von Sexismus, die in der Einleitung ausdifferenziert sind.

Fragen zum Verhältnis von Sprache und Wirklichkeit

Ich finde Texte und Sprache werden total überbetont. Schließlich muss es doch vor allem um gesellschaftliches Unrecht gehen, um ungleiche Geldverteilung in der Gesellschaft, um Armut und Reichtum. Wie können Sie sich da so stark mit Sprache beschäftigen? Das ist doch unpolitisch! Ich habe keinen Job, meine Kinder haben keine Fahrräder – das ist die Wirklichkeit! Aber Sie regen sich über Sprachformen auf?! Helga B. aus A.

Liebe Helga B., ich verstehe Ihren Frust und Ärger und nehme so wie Sie wahr, dass es ein großes gesellschaftliches Unrecht gibt, welches auch ganz stark über eine ungleiche Verteilung von Geld geregelt ist. Eine Beschäftigung mit Sprache und den Diskriminierungen, die über Sprache hergestellt werden, widerspricht dem aber nicht, sondern ist ein wichtiger Teil von politischen Handlungen gegen soziale Ungerechtigkeit. Ungleiche Verteilungen ökonomischer Ressourcen werden auch über sprachliche Handlungen getragen und hergestellt und drücken sich auch über sprachliche Benennungspraktiken aus. Wo genau geht die Grenze zwischen »arm« und »reich«, mit welchen sprachlich verfassten Normen wird darüber befunden, was genug Geld zum Leben sei, wie in der Bestimmung von Hartz IV-Regelsätzen z. B., wie viel Bewegungsmöglichkeit eine Person braucht, wie viel Ausstattung zum täglichen Leben etc. Gesetze sind sprachlich verfasst und sind zentrale Instanzen und Bezugspunkte für die Frage, wie Geld in einer Gesellschaft verteilt ist, welche Personen und Personengruppen zu welchen Ressourcen Zugang haben. Wie ist »Arbeit« beispielsweise in einer Gesellschaft definiert? Warum verdient eine Person in der Krankenpflege, die mit unregelmäßigen Arbeitszeiten körperlich anstrengende Arbeit verrichtet, deutlich weniger als eine Person, die eine Maschine »führt« (ANDROGENDERUNG) – und wie ist die Geschlechterverteilung (ZWEIGENDERUNG) in diesen Arbeitsbereichen? Warum wird die Betreuung von Kindern und pflegebedürftigen älteren Angehörigen (REPROGENDERUNG) so schlecht bezahlt und ist v. a. Aufgabe von weiblichen Erziehungsberechtigten (ZWEIGENDERUNG) und warum können Personen in bestimmten Berufsgruppen, v. a. Männer (ANDROGENDERUNG), neben hochdotierten Vollzeitstellen noch mehrere Aufsichtsratsposten wahrnehmen und werden dafür mit immensen Summen entlohnt und bekommen eine große gesellschaftliche, öffentliche Anerkennung, ohne dass sie diese Aufgaben schon rein zeitlich alle angemessen bewältigen könnten? Warum finanziert der Staat nicht politische Aktivität, wohl aber die Anzahl der Kinder und Verheiratet- oder Verpartnertsein (HETERAGENDERUNG) über Zulagen zu Löhnen und Steuererleichterungen? Alle diese Beispiele zeigen, dass es einen engen und unauflösbaren Zusammenhang zwischen sprachlichen Praktiken auf verschiedenen Ebenen gibt, auf Ebene von Gesetzestexten und staatlichen Verlautbarungen, amtlichen Ablehnungsbescheiden, aber auch in Alltagsgesprächen dazu, was denn als Arbeit und »Leistung« angesehen wird beispielsweise, in Medien, Schulbüchern und vielen weiteren Quellen. Sprachliche Handlungen also schaffen Wirklichkeiten, teilen Menschen ein, bewerten Menschen und umso selbstverständlicher die Bewertungen erscheinen, umso weniger verbinden Sprech_erinnen einer Sprache sie noch damit, dass in und über sie diese Einteilungen und Bewertungen überhaupt auch erst geschaffen werden. Ein Agieren gegen gesellschaftliche Ungerechtigkeit und Missstände bedeutet also auch, sich mit sprachlichen Handlungen und ihren Wirkungen kritisch-reflektierend auseinanderzusetzen.

Also mich regt das zunehmend auf mit dieser ganzen Sprachpolizei! Jetzt darf man schon nicht mal mehr einfach was sagen, sondern wird die ganze Zeit noch dafür kritisiert, dass man Formen benutzt, die verletzend oder diskriminierend seien. Das lenkt doch nur von den eigentlichen Problemen ab, es wäre doch viel besser, dass zuerst die Wirklichkeit verändert wird, dann kommen die Sprachformen schon hinterher. Friede A. aus U.

Liebe Friede A., ich verstehe Ihre Aufregung. Sprachliche Ausdrucksweisen zu verändern, ohne dass eine Überzeugung damit einhergeht, dies nicht aus Überlegungen dazu entsteht, etwas anders ausdrücken zu wollen, bringt aus meiner Perspektive überhaupt nichts. Ganz im Gegenteil, es werden sich sehr schnell Verulkungen und Umgehungen von solchen offiziellen Sprachregelungsversuchen herausbilden, die letztendlich zeigen, dass Sprachänderungen mit Einstellungsänderungen einhergehen müssen, wollen sie wirksam sein. Ich nehme sprachliche

Veränderungen und Einstellungsänderungen als untrennbar voneinander wahr, das eine ist ohne das andere nicht zu bewerkstelligen. Eine Sprachänderung einfach nur mitzumachen, deren Sinn Sie nicht verstehen, ist vermutlich wenig sinnvoll. Dann ist es vielleicht besser, so (weiter) zu sprechen wie bisher. Lässt es Sie kalt, wenn Sie hören, dass Ihre Art zu sprechen, die Formen, die Sie benutzen, andere Personen verletzen? Und ist es Ihnen nicht auch wichtig zu überlegen, wie Sie dies verhindern können – und nicht das Problem bei der anderen Person zu sehen. Solche Begegnungen können auch häufig Anlass sein, über die eigenen sprachlichen Handlungen nachzudenken. Vielleicht haben Sie bisher gar nicht bemerkt, dass eine andere Person von Ihren Sprachhandlungen verletzt sein könnte – vielleicht auch davon, dass Sie in bestimmten Situationen nicht widersprechen, sondern schweigen und weghören, was auch Sprachhandlungen sind. Ich gehe aus meiner langjährigen Praxis davon aus, dass viele Diskriminierungsformen gesellschaftlich gewollt sind, dass sie Personen als normal erscheinen, dass sie gar nicht bemerkt werden und Personen erst anfangen müssen, sich diese Normalität als potentiell diskriminierend bewusst zu machen. Dies ist ein wichtiges soziales wie politisches Anliegen: anderen respektvoll begegnen zu können und dazu gehört auch, darüber nachzudenken, welche Wirkungen die Anredeformen im Sprechen mit und über Personen haben und haben können. Gesellschaftliche Diskriminierungen sind so grundlegend in meiner Wahrnehmung, dass die Diskriminierung gerade häufig über ihr Nichtbemerken geschieht, und wenn Andere mich dann beispielsweise auf eine solche sprachliche Diskriminierung ansprechen, bin ich erstmal sehr schockiert und reagiere mit Abwehr. Ich glaube aber nicht, dass alle dieselben Chancen und dieselben Lebensbedingungen haben, selbst wenn ich es auf einen vergleichsweise kleinen Raum wie Ihren Wohnort U. beziehen würde. Dass andere Sie darauf hinweisen, dass Ihre sprachlichen Handlungen nicht egal sind, dass diese etwas machen mit anderen, und auch mit Ihnen selbst, dafür können Sie dankbar sein und Sie können versuchen, damit aktiv weiterzuarbeiten. Wenn Sie anfangen, sprachlich etwas anders auszudrücken, wenn Sie beispielsweise nicht nur sog. generisch männliche Formen verwenden, sondern zumindest auch Frauisierte durch Doppelformen mit erwähnen, werden Sie schnell merken, dass sich auch Ihre inneren Bilder, Ihre Vorstellungen verändern. D. h. mit der sprachlichen Veränderung geschehen zeitgleich auch andere soziale Veränderungen. Oder Sie merken, dass es gar nicht so einfach geht, einen Text umzustellen und »einfach« andere Formen einzufügen. Das zeigt Ihnen dann, dass die sprachlichen Formen, die Sie vielleicht zuvor als neutral wahrgenommen haben, gar nicht so neutral und egal sind, sondern eine bestimmte Vorstellung herstellen und verfestigen, die Sie mit veränderten sprachlichen Formen herausfordern würden.

Oder noch mal anders gewendet: Wenn Sprachhandlungen wirklich so egal wären, warum ist es dann nicht einfach egal, die Formen, die andere von ihnen erwarten und wünschen, zu benutzen? Aber scheinbar ist es nicht so egal, denn sonst gäbe es ja nicht eine so große Abwehr gegen jede Form von Sprachveränderung. Probieren Sie es aus, Sie werden merken, dass Ihr soziales Umfeld sofort reagieren wird, dass alle die Veränderungen bemerken und diese kommentieren werden, dass sie also eine Rolle spielen – und sich mit ihnen gesellschaftliche Vorstellungen und damit Wirklichkeiten verändern.

Mir geht das zu weit mit diesem ganzen Konstruktionsgequatsche. Der Baum ist ja auch ein Baum, wenn er nicht als Baum benannt wird, wenn wir gerade mal nicht über den Baum sprechen! Es gibt doch Grenzen für Konstruktionen, es ist doch nicht alles konstruiert, sonst wird ja alles beliebig. N. H. aus M.

Ihrer Aussage liegt die Annahme zu Grunde, dass es eine richtige Perspektive gibt. Aus meiner Perspektive aber gibt es unterschiedliche Möglichkeiten, sich die Welt zu erklären, die alle nebeneinander stehen können. Für viele Personen ist die Vorstellung (und »Welterklärung«), dass alles konstruiert sei, nicht nachvollziehbar. Sie haben das Gefühl, dass damit jeglichen moralischen Vorstellungen, Bewertungen, Glaubenssätzen der Boden entzogen würde und dass eine Annahme einer grundsätzlichen Konstruktion eine Beliebigkeit bedeuten würde. Dies ist in meinem Verständnis von der grundsätzlichen konstruktivistischen Verfasstheit von Welt nicht der Fall. Auch wenn ich als Konstruk_tivistin nicht davon ausgehe, dass es etwas gibt, was nicht irgendwann und irgendwie auch konstruiert worden ist, glaube ich dennoch, dass Konstruktion ein langer Prozess ist, der auch so durchdringend und nachhaltig sein kann, dass der Prozess der Konstruktion gerade nicht mehr als solcher direkt erkennbar ist. Viele Forschungen in Gender Studies beispielsweise drehen sich genau um diesen Punkt: Gibt es natürliche Unterschiede zwischen Gruppen von Menschen, beispielsweise Genderunterschiede, ›Race‹-Unterschiede, oder sind diese Unterschiede konstruiert? In vielen Ansätzen wird bis zu einem gewissen Grad angenommen, dass nicht alles natürlich ist, dass es bestimmte Verhaltensweisen gibt, die erst erlernt sind – also durch Sozialisation konstruiert werden. Dies drückt sich beispielsweise auch in einer Differenzierung in natürliches und soziales Geschlecht aus. Woran »natürliches« Geschlecht festgemacht wird, variiert dann auch noch mal erheblich und kann von Aussehen über Hormone, Gehirngrößen bis hin zu DNA-Strukturen reichen. Alleine diese Variabilität der Frage und ihrer Beantwortung, was denn das natürliche Geschlecht sei, zeigt, dass dies nicht eine klare und einfache Angelegenheit ist, sondern dass die Frage, was denn natürlich sei, Teil gesellschaftlicher VerHandlungen ist, über die Grenzen und Normvorstellungen ausgehandelt werden: von unterschiedlichen Forsche_rinnen unterschiedlicher Disziplinen, in unterschiedlichen Diskursen, Kontexten und zu unterschiedlichen Zeiten. Eine wichtige alltagsweltliche Grenze in der Frage, ob Gender natürlich sei, ist die Wahrnehmung von Körpern, die Gegenüberstellung von Performances und Körperlichkeit, die Annahme, einer Sicht- und Lesbarkeit von Körpern als eindeutig männlich oder weiblich in einer Vorstellung von Gender (ZWEIGENDERUNG). Nichteindeutigkeiten werden als »krankhaft« und als abweichend hergestellt, übersehen, dem Zweigenderungssystem zugeordnet, geleugnet, reglementiert, sanktioniert. Nur eine Seitenfrage dazu: Während es in westlichen Gesellschaften in den mindestens letzten 100 Jahren anhaltende und sich inhaltlich immer wieder verändernde Debatten dazu gibt, wo die Grenze zwischen Konstruktion und Natürlichkeit in Bezug auf die Kategorisierungen Race und Gender ist, wird eine solche Frage für Migration und Vorstellungen von Befähigungen und BeHinderungen nicht in vergleichbarer Form gestellt. Bei diesen beiden machtvollen Zu_Schreibungen und Machtverhältnissen erscheint es so viel selbstverständlicher, dass es sich um relationale Zu_Ordnungen von Menschen handelt, die sich aus konkreten Situationen ergeben. Migration ist kein Kennzeichen und Merkmal einer Person unabhängig von Kontexten und Situationen, Machtregimes und Handlungen, sondern eine machtvolle und diskriminierende Herstellung eines Status von Personen als abweichend von einem gleichzeitig so geschaffenen Normalzustand (den Alyosxa Tudor in einem früheren Artikel als Statisierung benennt). BeHinderung entsteht ebenfalls erst aus konkreten Situationen, in denen bestimmte Fähigkeiten notwendig sind, um beispielsweise an bestimmten Formen gesellschaftlichen Lebens teilzunehmen. Auch BeHinderung ist also relational. Wieso aber sollten es Race und Gender nicht sein? Meine Auffassung hierzu ist, dass sie es ebenso sind – ebenso grundsätzlich konstruiert sind –, dass diese Konstruktion aber momentan nur sehr wenig (an)greifbar erscheint, dass es eine sehr lange Geschichte der Konstruktion gibt, die sich so stark und machtvoll verfestigt und konventionalisiert hat, dass sie nicht mehr als Konstruktion wahrnehmbar ist. Dazu ist entsprechende Forschung wichtig, wie sie in Teilen z. B. in den Gender Studies betrieben wird, um genau diese stark verfestigten Konstruktionen und Konventionalisierungen wahrnehmbar zu machen. Und dies ist wiederum wichtig, um aufzuzeigen, wie stark gesellschaftliche Normalisierungen in das Leben von Individuen eingreifen, sie zurichten, wie bestimmte Machtverhältnisse wie Sexismus und Rassismus aufrechterhalten werden, was gerade durch die Normalisierungen und Naturalisierungen von Unterschieden in meiner konstruktivistischen Lesweise geschieht.

Was hat das alles jetzt mit dem Baum zu tun, der ein Baum ist, auch wenn ich nicht darüber spreche? Ja, auch das verstehe ich als eine starke Konventionalisierung von Wahrnehmungen. Ist es nicht genauso vorstellbar, dass ein Baum nicht als Baum, sondern als eine sehr große Blume wahrgenommen würde? Oder als eine Ansammlung von Ästen? Oder als ein Holzgerüst und damit ein Holzgerüst neben anderen wäre wie beispielsweise Häuser? Oder ein Signal in einer aufrechten Form neben anderen wie z. B. Verkehrsschilder, Bewachungspersonal an Eingängen vor bestimmten Gebäuden, Hochhäusern? Was ich mit diesen beliebigen Beispielen zeigen will, ist, dass es immer auch eine Frage der Perspektive, der kategorialen Ein- und Zuordnung ist, die etwas zu etwas macht und was Menschen dann sprachlich zum Aus_Druck bringen. Dass der Baum eine gesellschaftliche Konvention ist, eine Konstruktion, heißt ja nicht, dass er nicht existiert, ganz im Gegenteil! Es gibt

166

bestimmte gesellschaftliche Übereinkünfte, die so selbstverständlich sind, dass sie eben genau nicht mehr hinterfragbar scheinen. Menschen organisieren ihr Leben und ihre Umwelt nach ihren Bedürfnissen und den in einer Gesellschaft erlernten Konventionen, die selbst auch wieder durch Bedürfnisse, Machtansprüche und den Ausprägungen von Sinnesorganen geprägt sind. Dass es so selbstverständlich erscheint, dass ein Baum ein Baum ist, beruht aus meiner konstruktivistischen Perspektive auf einer starken gesellschaftlichen, lange tradierten Übereinkunft, und ich interessiere mich als Forsch_erin dafür, was solche Übereinkünfte herstellen, worauf sie basieren, wie sie geschaffen und verhandelt werden, was damit an Normalität hergestellt wird. Wo werden beispielsweise Grenzen zwischen Lebewesen gesetzt und auf der Grundlage welcher Normen? Ich kann mir also vorstellen, dass etwas da ist, jenseits dessen, ob ich sprachlich darauf zugreife, ob ich gelernt habe, etwas als etwas Bestimmtes wahrzunehmen, als einen Baum, einen Tisch, eine frauisierte Person. Viele dieser Übereinkünfte geben mir Sicherheit innerhalb meines sozialen Kontextes und ermöglichen es mir, mit anderen zu kommunizieren, mich im Raum zu bewegen. Viele dieser Übereinkünfte tragen und re_produzieren auch Machtverhältnisse, verstetigen gesellschaftliche Vorstellungen, normalisieren bestimmte Lebensweisen und entnormalisieren andere: Lebensweisen, Auffassungen, Wertungen, Vorstellungen, Aussehen und vieles mehr. Es gibt viele gesellschaftliche Übereinkünfte, die ich als problematisch auffasse, da sie Menschen diskriminieren, ausschließen, zurichten, anormalisieren, und diese sind es, die mich dazu bringen, in diesen Bereichen konstruktivistisch zu forschen. Von der grundsätzlichen Konstruktion jeder Wahrnehmung – und das ist in meiner Vorstellung die einzige Zugangsebene, die Menschen haben – auszugehen, bedeutet nicht, dass alles beliebig ist, alles frei verhandelbar, es nichts gibt, worauf ein_e sich verlassen kann etc. Aber es bedeutet, genauer zu reflektieren, wie Ideen von Natürlichkeit, Vorgängigkeit, Selbstverständlichkeit funktionieren und aufrechterhalten und/oder herausgefordert werden und werden können. Jede Setzung, dass es etwas einfach so gäbe, macht mich also skeptisch und fordert meine Neugier dazu heraus, wie das denn dann vorstellbar, zugänglich, benennbar ist, wenn es nicht zunächst die gesellschaftliche Konventionalisierung ist, die genau diese Zugänglichkeit schafft. Mehr als Neugier noch geht es hier für mich um meinen politischen Anspruch, wahrnehmen zu wollen, wie Diskriminierungen funktionieren, indem bestimmte Normalisierungen geschaffen werden, die unhinterfragbar, selbstverständlich erscheinen. Eine solche konstruktivistische Perspektive zieht mir nicht den Boden weg, sie gibt mir Boden, da ich das, was ich als problematisch erlebe, nicht hinnehmen muss. Das bedeutet ja nicht, dass ich nicht gleichzeitig in und durch Konventionen mit anderen kommuniziere. Es gibt für mich beispielsweise momentan keine politische Notwendigkeit, das Konzept Baum zu dekonstruieren. Dies ist aber ganz anders in Bezug auf Körper, Gender, Race: Hier sehe ich wichtiges und großes politisches Handlungspotential.

Das mit dem Feminismus ist ja alles gut und schön – aber Wissenschaft ist das ja nun wirklich nicht mehr! Wissenschaft bedeutet doch Objektivität, Logik, Nachvollziehbarkeit, Beweise. Feminismus aber ist eine Politik – die ja wichtig sein mag, aber es ist doch wichtig, zwischen Politik und Wissenschaft zu unterscheiden. Wissenschaft ist neutral und keine Meinungsangelegenheit. Feminismus hat also aus meiner Sicht wirklich nichts verloren in der Akademie! Gesine S. aus F.

Genauso, wie es unterschiedliche Verständnisse dazu gibt, ob alles konstruiert sei oder nicht, gibt es in einer bestimmten gesellschaftlichen Situation auch unterschiedliche Auffassungen dazu, was Wissenschaft sei und wo die Grenze zwischen Wissenschaft und Meinungsäußerung verlaufe – oder ob es überhaupt eine Grenze zwischen diesen beiden Bereichen gibt. Wissenschaftliche Wissensproduktion bedeutet für mich, explizit reflektiert und damit in dem, was ich an Wissen produziere, transparent zu sein, darüber nachzudenken, welche Fragen ich stelle, welche Wege ich zur Produktion von Wissen wähle. Es bedeutet für mich weiterhin zu fragen, warum ich Wissen produziere, für wen ich es produziere und was ich damit machen will, welchen Sinn meine Wissensproduktion hat. Als Forsc_herin mit einer Festanstellung an einer Universität habe ich die gesellschaftliche Verantwortung, sinnvolles und für die Gesellschaft wichtiges Wissen zu produzieren und zu vermitteln. Wie ich das definiere, ist stark von meiner feministischen Einstellung geprägt. Ich arbeite an der Universität, weil ich eine Reflexion von Machtverhältnissen als eine wichtige gesellschaftliche Herausforderung verstehe, um Diskriminierungen bearbeiten zu können, um Interventionen überlegen zu können, die Diskriminierungen verändern können. Universität ist dabei sowohl eine wichtige Institution zur Bildung und Ausbildung von zukünftigen Wissensp_roduzentinnen als auch ein institutioneller Rahmen, der mir Ressourcen zur Verfügung stellt, um genau diese Forschungen betreiben zu können und nicht zuletzt mir auch einen Status in der Gesellschaft verschafft, mit dem ich Gehör finden kann. So wie ich meine Grundeinstellung als feministisch bezeichne und versuche, in meinen Wissensproduktionen deutlich zu machen, was dies bedeutet, auf wie vielen Ebenen dies in unterschiedlicher Weise eine Rolle spielt, genauso verstehe ich jegliche Wissensproduktion als positioniert. Nur, weil sie nicht eine eigene Benennung hat, heißt es nicht, dass sie nicht ebenso von einer bestimmten Position aus durchgeführt und vertreten wird. Die Unterscheidung, die in Ihrer Frage aufgemacht wird, zwischen Feminismus als Meinung und Wissenschaft als Objektivität ist in meiner Auffassung eine eigene politische Positionierung, die gerade darin besteht, von der Möglichkeit von Objektivität auszugehen. Mit einem konstruktivistischen Wissenschaftsverständnis gehe ich hingegen davon aus, dass jegliche Wissensproduktion nicht neutral ist, dass es aber bestimmte Wissenschaftsverständnisse gibt, die sich als neutral postulieren und dadurch glauben oder meinen, eine höhere gesellschaftliche Anerkennung und Autorität zu bekommen, die auf der scheinbaren Objektivität von Forschungsergebnissen und Methoden beruhen. Femin_istinnen haben schon sehr lange untersucht und gezeigt, dass die Idee von Objektivität ein machtvoller Mythos ist, um bestimmte Wissensproduktionen als neutral herzustellen und damit unangreifbar zu werden. Es gibt auch eine gewisse Trennlinie zwischen den sog. Natur- und Technikwissenschaften in dieser Hinsicht und den sog. Kultur- und Sozialwissenschaften. Die Neutralität von Methoden, Versuchsaufbauten und Experimenten, die viele Naturwi_ssenschaftlerinnen für sich postulieren, ist aber gerade von Fe_ministinnen immer wieder hinterfragt und herausgefordert worden. Teil meiner feministischen Forschung ist es, meine Perspektive explizit zu machen und dadurch in einem positiven Sinne angreifbar zu sein: angreifbar, weil ich den Punkt, an dem ich stehe, zu benennen versuche, die Entscheidungen, die ich konzeptuell, inhaltlich, methodisch etc. treffe als Entscheidungen zu benennen, die auch hinterfragbar sind. Nur durch eine solche Möglichkeit bieten sich m. E. Anschlussstellen für die Sichtweisen anderer, nur so können Kommunikationen und verantwortungsvolle neue Wissensbildungen entstehen. Postulate einer angeblich neutralen, objektiven, nichtpolitischen Forschung beruhigen mich nicht, sondern machen mich skeptisch, da sie die Positionierung der For_scherinnen und der Forschung ignorieren und keine Möglichkeit zu konstruktiven kritischen Anschlüssen ermöglichen. Dass es Mechanismen zur Universalisierung einer männlichen Norm als neutral (ANDROGENDERUNG) gibt, ist mittlerweile kein »Geheimwissen« mehr, und ähnlich ist es mit der Annahme einer Neutralität von bestimmten akademischen Wissensproduktionen, die daraufhin befragt werden müssen, welche Perspektiven und Standpunkte auf diese Weise neutralisiert werden. Feminismus und Wissenschaft ist also kein Widerspruch, sondern eine notwendige Stellungnahme, ein Transparentmachen von Normen und Perspektiven, die Wissenschaften grundlegender verändern könnte, würde feministisches Arbeiten in diesem Sinne wissenschaftliches Arbeiten allgemeiner inspirieren.

Fragen zu Sexismus

Ich möchte in meinem Studium Allgemeinwissen erwerben, Allgemeinwissen zu Geschlechterverhältnissen. Ich habe Angst, dass ich in den Gender Studies nur feministisches Wissen kennenlerne. Feministisches Wissen ist ja ein Spezialwissen, oder? B. A. aus M.

Lie_be B. A., vielen Dank für Ihre Frage. Es ist gut, dass Sie sich vor Aufnahme eines Studiums so genau mit den Inhalten auseinandersetzen und Ihre Fragen formulieren. Ich will versuchen, Ihnen meine Perspektive auf diese Frage zu verdeutlichen. Ich habe in meinem eigenen Studium vor langer Zeit nur am Rande etwas von »Geschlecht« oder »Geschlechterforschung« mitbekommen, die Kurse, die ich besucht habe, haben, ohne es explizit zu machen, eine Vorstellung re_produziert, dass akademisches Wissen neutral sei. Ich bin in Sprachwissenschaften ausgebildet, und da habe ich beispielsweise gelernt, dass es Sprachfamilien gebe, dass die grammatische Klassifizierung von Substantiven nach Genus nichts mit Geschlecht zu tun habe, dass es einen korrekten Sprachgebrauch gebe. Zu allen diesen Fragen habe ich dann später noch viel gelernt und meine Auffassungen haben sich deutlich verändert – ich habe z. B. die Annahme, dass Sprachen nach Fmilien geordnet seien (REPROGENDERUNG) in Frage gestellt. Gelernt habe ich zu diesen Fragen v. a. von Fem_inistinnen_Anti-Rass_istinnen, die sprachwissenschaftlich gearbeitet haben und sich mit den unhinterfragten Normen dieses Wissenschaftsgebietes auseinandergesetzt haben und diese herausgefordert haben. Und in diesen Problematisierungen und Reflexionen ist für mich immer deutlicher geworden, dass es kein »Allgemeinwissen« und »Spezialwissen« gibt, sondern dass jedes Wissen ein »Spezialwissen« ist. Die oben zuerst von mir genannten Forschungen würde ich heute als sexistisch – andro-, hetera-, zwei- und reprogendernd – sowie als rassistisch bezeichnen. Sie sind also nicht ›neutral‹, und wenn sie Allgemeinwissen sind, dann wäre dies ein Indiz dafür, dass das sog. Allgemeinwissen auf strukturellen Diskriminierungen wie Sexismus und Rassismus beruht und diese auch immer wieder aufruft, wiederherstellt. Die Benennung Allgemeinwissen wäre dann also entweder ein Euphemismus, ein »Schönschreiben« von diskriminierenden Wissensproduktionen oder/und eben Indiz für eine gesellschaftliche momentane Normalisierung von bestimmten Diskriminierungsverhältnissen, die genau dadurch normal, → entwahrgenommen sind. Und diese Überlegungen kann ich nur vor dem Hintergrund einer politisch expliziten, d. h. kritisch ver_orteten, reflektierten Forschung, wie feministische Forschung es ist, anstellen. Jede Forschung ist für mich politisch, ein entscheidender Unterschied liegt aber darin, ob ich dies explizit mache und reflektiere oder ob ich mich auf eine Idee einer neutralen Position zurückziehe, von der ich nicht glaube, dass es sie gibt. Eine Ausbildung in Gender Studies kann Ihnen dazu verhelfen, genau diese Fragen zu stellen – selbstkritisch und kritisch-reflektierend in Bezug auf Wissensbildungen, die sie vermittelt bekommen. Jedes Wissen ist Spezialwissen, da es von den Konventionen und Normen einer Gesellschaft, ihren Übereinkünften dazu, was diese als wichtig, wissenswert, forschungswert erachtet, sowie von den konkreten Reflexionen der einzelnen For_scherin dazu, wie sie sich ver_ortet, was sie machen kann und was sie nicht machen kann, für wen sie sprechen kann, geprägt ist. Jeder Allgemeinplatz ist mit Hilfe einer kritisch-reflektierenden Ausbildung in Gender Studies daraufhin befragbar, was auf diese Weise universalisiert wird, welche Gruppen dadurch ausgeschlossen werden, welche Wissensbildungen als Wissensbildungen zu einem bestimmten Zeitpunkt in einer bestimmten gesellschaftlichen Situation anerkannt werden.

Der ganze Feminismus macht die Gesellschaft nur noch unfriedlicher. Frauen und Männer werden so immer weiter auseinander getrieben. Es ist doch wichtig, sich die Gemeinsamkeiten anzugucken und nicht immer mehr Unterschiede aufzumachen, wie das durch den Feminismus gemacht wird. Männer werden auch sexistisch diskriminiert, wenn sie nicht einfach so sein dürfen, wie sie sind, wenn Jungen in der Schule nicht genügend gefördert werden, wenn sie nicht das machen dürfen, was sie gut können und immer im Kreuzfeuer der Fem_inistinnen stehen! P. M. aus S.

Diese Auffasung verwechselt in meiner Wahrnehmung Ursache und politische Intervention. Die Idee, dass die Gesellschaft in Bezug auf Sexismus »friedlich« sei, ist für mich Teil der Durchgängigkeit von Sexismus, Teil einer Normalisierung von Sexismus als Nichtsexismus in der momentanen deutschen Verfasstheit; dass es beispielsweise als so normal empfunden wird, dass es Frauenhäuser (ZWEIGENDERUNG) und Frauenparkplätze geben muss, dass es sexualisierte Gewalt gegen Frauen in einem immensen Umfang gibt, so dass ein Großteil der Frauisierten ein Leben lang mit den Konsequenzen auf verschiedenen Ebenen zurechtkommen muss, ohne dass dies ein Skandal wäre, ohne dass dies öffentlich angemessen wahrgenommen würde; dass der Staat schon automatisch in Unterhaltszahlungen für weibliche Erziehungsberechtigte (HETERAGENDERUNG, REPROGENDERUNG) einspringt, da es gesellschaftlich akzeptierte Realität ist, dass die sozial als ›Väter‹ hergestellten Personen sich weder kümmern noch angemessen zahlen und diese Unterhaltszahlungen also letztendlich von allen in der Gesellschaft getragen und bezahlt werden. Dass es sexistische (HETERAGENDERUNG, ZWEIGENDERUNG) Werbungen gibt, dass über die Verteilung von Erziehungszeiten momentan in den Medien nur von »Vätermonaten« gesprochen wird (ANDROGENDERUNG) etc. Die Idee also, dass die Gesellschaft »friedlich« sei, ist in meiner analytischen feministischen Wahrnehmung eine Beschwichtigung eines ganz grundlegenden und durchgängigen Sexismus, der sich so weit normalisiert hat, dass er nicht länger als Sexismus wahrgenommen wird. Sexismus ist Teil eines internalisierten Selbstbildes momentaner deutscher Selbstvergewisserung, die aber weitgehend ent_wahrnehmbar gemacht ist. Dies zeigt sich z. B. auch darin, dass »Probleme« wie »Frauenunterdrückung« und Sexismus nach außen verlagert werden, aus einem deutsch-statisierten Selbstverständnis heraus anderen zugeschrieben werden und dadurch eine Norm des eigenen, deutsch-statisierten Nichtsexismus hergestellt wird. Sexismus ist nicht v. a. eine individuelle, bewusst durchgeführte Handlung, sondern Teil einer gesamtgesellschaftlichen Normalisierung von Vorstellungen, Genderkonzepten, Verhaltensnormen und internalisierten Bewertungen, die diskriminierende Effekte auf Frauisierte, Lesben und Dyke_Trans haben, die von direkter körperlicher Gewalt bis zur Ent_Wahrnehmung reichen.

Feminismus ist u. a. eine Parteilichkeit gegen Sexismus und Sexismus ist keine umkehrbare Relation in meiner politischen Überzeugung – und aus diesem Grund kann es auch keinen Sexismus gegen Männer geben, wie es auch keinen Rassismus gegen *Weiße* geben kann. Beides sind aus meiner Perspektive Ver_Suche, struktu-relle Diskriminierungen ent_wahrnehmbar zu machen, den Mythos von Neutralität aufzugeben. Ich halte es politisch für wichtig, zwischen der Diskriminierung von Personen und Personengruppen auf der einen Seite und individuellen Gefühlen verletzt zu sein auf der anderen Seite zu unterscheiden, und mit Hilfe von Reflexi-onen die eigene politische Ver_Ant_WOrtung dafür zu übernehmen, immer genau zu überprüfen, um was es sich konkret handelt.

Fragen zu feministischen Sprachveränderungen

Ich muss jetzt mal ehrlich nachfragen: Wer soll denn diese ganzen Texte mit großen Is und den vielen Schräg- und Unterstrichen noch verstehen können???!! Machen feministische Sprachveränderungen nicht alles viel zu kompliziert und schließen dadurch Menschen aus? Wer soll sich denn damit noch angesprochen fühlen und wer soll das denn noch verstehen können? W. S. aus B.

In dieser Frage wird bereits eine bestimmte Norm aufgerufen und auch wieder hergestellt: dass die eine Form zu schreiben für alle oder zumindest die meisten Menschen verständlich sei und die andere Form zu schreiben für viele unver-ständlich. Auf diese Weise wird eine bestimmte Norm als universell und neutral hergestellt, eine bestimmte Vorstellung ein_er neutr_alen Le_serin geschaffen, die selbstverständlich und unhinterfragbar erscheint. Ich möchte diese Norm je-doch in Frage stellen. Für mich ist es ein langer und auch schwieriger Prozess gewesen, mir einzugestehen, dass Texte mit sog. generisch maskulinen Formen für mich unverständlich sind, schwierig zu lesen sind, dass Texte, die kontinuierlich reprogendernd, frauisierend, heteragendernd sind für mich viel Übersetzungsarbeit bedeuten, um sie mir zugänglich, verständlich zu machen, um sie in meinen Erfah-rungshorizont zu übersetzen, um mich in ihnen wiederzufinden. Texte mit dynami-schen Unterstrichen sind für mich nicht schwer verständlich, sondern sind Texte, in denen ich mich lesen, suchen und finden kann, die ich mir nicht erst gleichzeitig und lange erlernt und doch anstrengend und mühsam übersetzen muss, sondern die mich ansprechen. Eine Verwendung von dynamischen Unterstrichen ist damit mo-mentan für mich auch ein Mittel, mir Schreibformen und damit Sprachhandlungen anzueignen, mich im Schreiben und Lesen anwesend zu machen. Aussagen, dass solche Texte schwer verständlich sind, diskriminieren mich, schließen mich erneut aus, denken mich als Dyke_Trans nicht mit. Es gibt keine neutrale Aussage von schwerer Lesbarkeit für mich, sondern diese Wahrnehmungen hängen auch immer eng mit der eigenen Positionierung und ihrer Reflexion zusammen und drücken diese damit auch aus. Dynamische Unterstrichformen geben mir eine Präsenz, eine Anwesenheit, ein Angesprochensein in Texten.

Versuchen Sie mal, einen Text mit sog. generisch maskulinen Formen (ANDROGEN-DERUNG) umzuschreiben, und Sie werden feststellen, dass dies gar nicht so einfach möglich ist, dass es gar nicht geht, »einfach nur« einzelne Sprachformen zu ersetzen und zu verändern, dass es keine rein formalen Änderungen gibt, sondern diese auch Inhalte neu fassen, neu herausfordern. Eine solche kleine Übung ist die beste Selbstuntersuchung dazu, wie stark Sprachhandlungen wirken und dass es nicht egal ist, welche Formen ein_e beim Schreiben und Sprechen benutzt. Sprachliche Äußerungen sind wichtige Handlungsformen zur Aufrechterhaltung und Veränderung von sozialen Wirklichkeiten, und alle Abwehrstrategien, konventionalisierte Sprachhandlungen zu verändern, zeigen, dass es überhaupt nicht egal ist, welche Sprachformen Spre_cherinnen jeweils benutzen. Sprachhandlungen sind kompliziert, ja, so kompliziert wie das Leben an sich, wie gesellschaftliche Organisation und Kommunikation. Sie sind machtvoll, herausfordernd, voraussetzungsreich, irritierend, intervenierend und eine große Chance zum einem ver_ant_WOrtungsvollen sozialen Handeln.

Ich bin total verunsichert und weiß überhaupt nicht mehr, wie ich schreiben soll. Wenn ich im Duden nachschaue, dann steht da keine einzige der hier verwendeten Formen drin. Dann darf ich die doch gar nicht benutzen, oder? Stud_entin in einer Sprechstunde

Der Duden – und auch jedes andere einsprachige Wörterbuch oder Lexikon – sind lediglich durch gesellschaftliche Autorisierung und Tradierung normgebend. Alle diese Nachschlagewerke sind Bücher, die einen »allgemeinen« Sprachgebrauch zu einem bestimmten Zeitpunkt beschreiben wollen. Aus einer konstruktivistischen wissenschaftlichen Perspektive ist die Idee, dass eine Beschreibung möglich wäre, eine Anmaßung und eine Weg_Nennung von Normen, die auf diese Weise re_produziert, normalisiert, neutralisiert werden. Der Duden hat eine sehr hohe öffentliche Autorität in Deutschland und wird nicht als beschreibend, sondern von vielen Menschen als normativ, als vorschreibend wahrgenommen und benutzt. Dies hängt mit der Idee zusammen – und stellt diese auch wieder her –, dass es eine richtige Sprache gibt, die ei_ne in Kommunikationen benutzen muss. Die Idee einer richtigen oder korrekten Sprache ist selbst aber auch nur eine Naturalisierung einer bestimmten Form von Sprachbenutzung, die dadurch den Status einer Neutralität bekommt und die entsprechend kritisch reflektiert werden muss. Es gibt also keine Verbindlichkeit bestimmter Sprachformen jenseits gesellschaftlicher Konventionen, sondern nur genau diese gesellschaftlichen Konventionen, die sich beispielsweise besonders manifest in Publikationen wie dem Duden finden und von dort immer weiter tradiert werden. Der Duden selbst ist ein eher traditionelles Organ, welches auch keinen »neutralen« Blick auf den momentanen Sprachgebrauch hat, gar nicht haben kann, sondern eine bestimmte Norm alleine schon durch die Auswahl der Quellen, denen die Einträge im Duden zu Grunde liegen, re_produziert:

»Natürlich« sind keine feministischen Zeitschriften, Blogs oder Internetforen in den Quellen vertreten, aus denen der Duden seine Einträge generiert. Auf diese Weise re_produziert sich subtil und machtvoll ein bestimmter Sprachgebrauch, der damit eine hohe Autorität bekommt – und auf diese Weise gelingt es der Duden-Redaktion seit sehr langer Zeit, kritisch-reflektierte Sprachveränderungen zu missachten, runterzuspielen, kleinzureden, ent_wahrzunehmen.

Wenn ich feministische Sprachformen benutze, versteht mich meine Oma/Mutter/Schwester/Frisörin/Nachbarin/Therapeutin/Schildkröte nicht mehr... I. S. aus B.

Und – sind Sie vorher verstanden worden? Von wem und inwiefern? Wenn Sie überlegen, Ihren Sprachgebrauch zu verändern, dann doch deshalb, weil Sie etwas neu und anders ausdrücken wollen, weil Sie etwas Neues ausdrücken wollen, oder? Und um das zu kommunizieren, müssen Sie ja unweigerlich neue Sprachformen, neue Ausdrucksmöglichkeiten wählen. Ich bin sicher, dass die anderen in der Kommunikation nachfragen werden und Sie dadurch die Möglichkeit haben, zu erklären, was Sie sagen wollen und warum Sie es so sagen oder schreiben, wie Sie es tun, dass der veränderte Sprachgebrauch Sie also in Kommunikationssituationen präsenter macht und zu einer Kommunikation mit anderen führt, in der sie Ihre Perspektive deutlich machen können. Ein veränderter Sprachgebrauch ist ein Kommunikationsangebot, keine Kommunikationserschwernis. In allen sprachlich hergestellten Kommunikationen werden fortlaufend neue Formen verwendet, neue Ausdrücke für Dinge und Sachverhalte, die es vor kurzem vielleicht noch nicht in der eigenen Erfahrungswelt gegeben hat. Die vielen unterschiedlichen Ausdrücke im Bereich des Internets sind dafür ein Beispiel. Und um sich verständlich zu machen, benutzen Personen, die sich mit dem Internet beschäftigen, diese Ausdrücke. Sprache verändert sich kontinuierlich in der Verwendung und ist eine Handlungsform, mit der ich kontinuierlich um Aus_Druck, um Verständigung ringe. Sprache ist eine kreative Handlungsform, wie sie nicht zuletzt auch die unzähligen literarischen Texte, Wortspiele und Werbungstexte zeigen. Ich handle sprachlich, um mit anderen in Kontakt zu sein, um anderen Kommunikationsangebote zu machen, und ich bin froh, dass ich Sprachhandlungen als eine kreative, nicht durchgängig und lückenlos vorgeformte, reglementierte Handlungsform für mich immer wieder neu erleben kann. Nur dadurch kann ich in meinen Sprachhandlungen präsent sein. Sprache ist für mich kein Medium, welches unabhängig von der Benutzung besteht, sondern entsteht in einer sprachhandelnden Verwendung immer wieder neu, verändert sich mit jeder Kommunikation, ist immer nur vorläufig, immer ein Prozess. Die Annahme, dass es eine Sprache jenseits meines Sprechens gibt, re_produziert Vorstellungen von einem Sprachsystem, das für mich aber nur die besonders verfestigte Form eines stark normierten Sprachgebrauchs ist. Sprachgebrauch ist Bewegung, Prozess, Kommunikation, ist nicht reduzierbar auf Regeln, entzieht sich Vorstellungen von Logik, ist eine unglaublich spannende und herausfordernde und machtvolle Handlungsform. Sprachliche Kommunikationen basieren darauf, dass ich anderen etwas vermitteln will, dass ich mit anderen in Kontakt treten will. Neue Sprachformen zu benutzen, ist mein Wunsch und mein Ver_Such, in Kontakt zu treten, und keine Änderung eines Sprachsystems jenseits eines Sprachgebrauchs. Verständlichkeit entsteht immer nur im Aus_Tausch, in der Kommunikation. So wie ich überhaupt nur spreche, da nicht alles selbstverständlich (alles, was selbstverständlich ist, muss gar nicht sprachlich kommuniziert werden), klar, natürlich, sprachlich vorgängig ist, so verwende ich auch nur Sprachhandlungen, die ich als angemessene und sinnvolle Kommunikationsangebote für das, was ich vermitteln will, erlebe. Sprachformen sind keine äußere und beliebige Hülle zu darin steckenden Inhalten, sondern Form und Inhalt sind zusammenhängend, ein komplexes Gebilde, und meine Verwendung von dynamischen Unterstrichformen drückt mich momentan am besten aus.

Was ist denn so schlimm daran, wenn ich ein generisches Maskulinum benutze? Ich meine doch alle Menschen damit! Und was ist so schlimm daran, wenn ich XYZ sage? Ich meine es doch nicht so, alle sagen das doch so. Außerdem habe ich QQ gefragt und die findet das gar nicht schlimm, wenn ich sie so bezeichne! Und dann sind das doch nur Worte, viel wichtiger ist doch, was ich damit meine und ich bin doch wirklich keine Rassi_stin/Se_xistin!

    Re_Aktion einer ehemaligen Freundin nach einer Kritik an ihrem Sprachgebrauch

In dieser Aussage sind mehrere Sachen impliziert, also vorausgesetzt: Zum einen, dass es einen potentiellen Unterschied zwischen dem, was eine meint, und dem, was eine sagt, gibt. Dass es eine richtige Lesart von Sprachhandlungen gibt, dass ein allgemeines Verstehen Indiz dafür ist, dass bestimmte Sprachhandlungen in Ordnung sind und dass die Aussage einer einzelnen Person auch Legitimation für bestimmte Sprachhandlungen sein kann. Allen diesen Aussagen liegt eine Ignoranz an einer offenbar zuvor geäußerten Kritik zu Grunde, die dadurch in Abrede gestellt wird, dass andere Instanzen – die eigene Intention und die Aussage einer dritten Person – herangezogen werden. Für mich ist die Aussage einer diskriminierten Person – in Bezug auf Sexismus also einer Dyke_Trans, in Bezug auf Rassismus einer Schwarzen Person –, dass sie sich durch etwas diskriminiert fühlt, für meine Einschätzung, ob eine konkrete Sprachhandlung diskriminierend ist oder nicht, verbindlich. Gleichzeitig aber muss nicht jede so diskriminierte Person als Instanz fungieren, jede Diskriminierung klar haben und auch noch anderen gegenüber formulieren müssen. D. h., jenseits dieser Instanz halte ich es für wichtig, dass ich meinen Sprachgebrauch selbst kontinuierlich daraufhin reflektiere, ob er potentiell diskriminierend ist oder nicht. Auch wenn Millionen von heteragegenderten Frauisierten sich nicht diskriminiert fühlen, kann ich als Fors_cherin aufgrund meiner Analysen zu der Einschätzung gelangen, dass es eine sexistische Diskriminierung gibt, die von dieser Gruppe beispielsweise überhaupt nicht wahrgenommen wird, sondern ignoriert, internalisiert, weg_konzeptualisiert sein kann. Sexismus ist ein strukturelles Phänomen und in meiner Vorstellung erst zweitrangig eine individuelle Handlungsintention. Es gibt bewusste sexistische Handlungen, aber Sexismus erschöpft sich nicht in diesen bewussten Entscheidungen von Personen zu Sexismus, sondern ist eine strukturelle Normalität, auf der unterschiedlichste Handlungen basieren können. Als Individuum in einer Gesellschaft habe ich die Ver_Ant_ WOrtung, mich mit den strukturellen Diskriminierungen, die in dieser Gesellschaft tradiert sind, auseinanderzusetzen und daraus ver_ant_wortliche Handlungen abzuleiten, mir immer wieder neu zu überlegen. Normalvorstellungen wirken ja gerade dadurch so stark, dass sie mir normal vorkommen und ich sie nicht hinterfragen muss, häufig gar nicht weiß, wie ich das machen könnte. Und erst in Umstelltests z. B. kann ich merken, dass die Sprachformen, die ich benutze, gar nicht so neutral sind, sondern ausschließen. Wenn ein Text, der mit einer vordergründig generisch maskulinen Form wie »Professoren« (ANDROGENDERUNG) beginnt und dann im Laufe des Textes klar wird, dass die Form heterogegendert (gedacht) ist, wenn später irgendwo steht »diese (Professoren) und ihre Frauen« (HETERAGENDERUNG). Aber auch Untersuchungen dazu, welche inneren Bilder bei Personen entstehen, die solche Formen hören oder lesen, zeigen alle, dass es eine prototypische Vorstellung von Männern als Menschen gibt (ANDROGENDERUNG) und Frauisierte die Ausnahme dazu bilden. Neutral kann ein_er das also nur vorkommen, wenn das eigene, unbewusste Weltbild dadurch die ganze Zeit auch immer wieder bestätigt wird. Dass dieses Weltbild nicht »neutral« ist, sondern Teil umfassender struktureller Diskriminierungen, ist meines Erachtens häufig auch das, was zu so heftigen Abwehrreaktionen führt, dass ein_e ja ›natürlich‹ keine Sexi_stin/R_assistin sei! Diese Abwehr basiert auf den Annahmen, dass es sich um bewusste, immer reflektierte intentionale Handlungen handeln würde und auf einem Selbstbild, dass solche Handlungen von Anderen, nicht aber von ei_ner selbst ausgeführt würden. Beides aber, wie ich hoffe in meiner Ant_Wort habe darstellen zu können, ist Teil des Problems, da sie die Funktionsweisen dieser Diskriminierungen weg_nennen.

Ist das nicht klassistisch/ableistisch/migratistisch, so ausgefallene, komplizierte Sprachformen zu benutzen? P. D. aus B.

Das ist eine wichtige Frage nach dem Zusammenhang unterschiedlicher struktureller Diskriminierungen: Kann ich mich nur mit einer Diskriminierungsform beschäftigen und welche Effekte hat dies auf andere Diskriminierungsformen? Zum einen glaube ich nicht, diskriminierungsfrei sprachhandeln zu können. Es ist wichtig, immer wieder zu überlegen, wen ich mit meinen sprachlichen Kommunikationen anspreche, wen ich wie erreichen will, was ich mitteilen, vermitteln will. Zum anderen erlebe ich mein Sprachhandeln nicht so, dass ich »einfach« irgendwelche Formen benutze, ohne dass ich in der konkreten Kommunikationssituation im kontinuierlichen Aus_Tausch mit denjenigen, mit denen ich kommuniziere, dazu bin. Ungewohnte, für andere irritierende Sprachformen können gerade ein Kommunikationsangebot sein, können mich in der Kommunikation präsent machen und zu Gesprächen dazu führen, wen ich eigentlich meine, wenn ich spreche, wen ich eigentlich ansprechen will, wenn ich schreibe. Formen sind also nicht eine geschlossene Liste in einem luftleeren Raum, sondern sind mein In-Aus_Tausch- und In-Kommunikation-Gehen mit anderen. Ungewohnte Sprachformen machen mich auch in einem positiven Sinne angreifbar, ich bin spürbar, hör- und lesbar in meinen Kommunikationen, ich eigne mir Sprachhandlungen an, ich versuche, über meine Kommunikationsformen zu bestimmen. Es handelt sich dabei aber immer um Kommunikationen, nicht um einseitige Sackgassenverwendungen, mit denen mir ganz egal ist, was bei anderen dadurch ausgelöst ist. Ich benutze die Formen, die ich benutze, in einem ständigen Ringen um Anwesenheit in Kommunikationen, um nicht aus der Kommunikation herauszufallen, um meine Interessen und politischen Impulse mitteilbar zu machen. Diese Formen verändern sich kontinuierlich und werden sich auch weiter verändern, und es ist wichtig für mich, auch kontinuierlich darüber nachzudenken, wen ich mit meiner Form der Kommunikation anspreche und wen ich ausschließe. In meiner Wahrnehmung besitzen alle Personen ein sehr hohes kreatives Potential in Bezug auf Sprachhandlungen. Menschen re_agieren mit ihren SprachHandlungen sehr direkt und konkret auf Dinge, die sie erlebt haben, prägen neue Begriffe und Phrasen, neue sprachliche Formen zur Beschimpfung von anderen, neue Namen und Anreden. Sprachgebrauch wird nicht einfacher dadurch, dass er versteinert, in Pro-forma-Regeln gegossen wird, sondern funktioniert nur, wenn er als kontinuierlicher Aus_Tausch verstanden wird. Die Idee, dass ein veränderter Sprachgebrauch klassistisch sein könnte, impliziert eine bestimmte Vorstellung dazu, welche Personen welche sprachlichen Kompetenzen besitzen und welche nicht, eine Auffassung, die ich nicht teile, sondern die etwas über die Selbst- und Fremdeinschätzungen der Personen, die dies äußern, aussagt. Dasselbe gilt für eine Annahme, dass ein solcher kreativerer Sprachgebrauch migratistisch sei. Auch hier wird eine bestimmte Norm einer Einsprachigkeit und einer bestimmten Sprachkompetenz unterstellt, die ich so nicht teile. Migratisierte Personen können sich in der Regel in mehreren Sprachen ausdrücken und haben eine sehr viele höhere sprachkommunikative Kompetenz als statisierte Deutsche, die in der Regel nur in einer Sprache – Deutsch – erstsprachliche Kompetenzen haben. Auf diese Weise re_produziert sich auch eine bestimmte Auffassung dazu, was sprachliche Kompetenz sei. Ableistisch können Kommunikationsformen sein, die beispielsweise nicht durch Computerprogramme von Schrift- in Lautsprache überführt werden können. Dies ist aber mit Unterstrichen nicht der Fall. Unterstriche werden als Unterstriche gelesen und stellen also kein Verständnishindernis dar.

Und zuletzt:

Wieso kann ich nicht zu allem was sagen? Wieso soll ich nicht alles sagen dürfen, was ich will? Das ist doch Zensur...

Das ist eine schwierige Frage. Sie setzt voraus, dass es ein Sprechen und Sprachhandeln ohne Zensur geben könnte. Gleichzeitig setzt die Frage voraus, dass Zensur etwas Negatives, Repressives ist. Und zum Dritten ist in der Frage impliziert, dass alles sagbar sei. Alle drei impliziten Voraussetzungen vollziehe ich in dieser Eindeutigkeit nicht nach, sondern will einige kritisch-reflektierenden Anmerkungen dazu machen. Es ist für mich ein wichtiger Teil feministischen Selbstverständnisses, über meine eigenen Sprechpositionen und Sprachhandlungen nachzudenken: Wen spreche ich an, aber auch: Für wen spreche ich, welche kollektive Gruppe mache ich mit meinen Aussagen auf, wenn ich »wir«-Formen benutze, wenn ich meine, allgemeinere Aussagen machen zu können, die über mich als Person hinausgehen. Es ist eine unabgeschlossene Auseinandersetzung des Feminismus in Deutschland, wer für wen hier spricht, ob es allgemeine Forderungen gibt, die alle von Sexismus Diskriminierten betreffen und für alle gelten und wie unterschiedliche Diskriminierungen und unterschiedliche Positionierungen in einer Gesellschaft zum Aus_Druck gebracht und respektiert werden können. So ist es ein wichtiger Kritikpunkt Schwarzer Fem_inistinnen an *weißen* Femin_istinnen, dass diese von einem universalisierten ›Subjekt des Feminismus‹ ausgehen würden und unterschiedliche Lebensbedingungen, Diskriminierungsformen und Entscheidungen nicht angemessen berücksichtigen bzw. dafür keine Räume in ihren Sprachhandlungen lassen. Auch die Texte in diesem Buch machen deutlich, dass auch ein Sprechen von ›Frauen‹ häufig zu Ausschlüssen von Dyke_Trans führen kann und auf diese Weise auch selbst universalisierend und vereinnahmend sein kann – etwas, was in der Einleitung in diesem Buch als unterschiedliche Realisierungsformen von Sexismus ausdifferenziert worden ist. Wie Alyosxa in ykes Artikel in diesem Band zeigt, ist die eigene soziale Positionierung sowie die eigene kritische Ver_Ortung ein wichtiger Bestandteil politischer Handlungsweisen, und es ist nicht egal, von welcher Positionierung aus und mit welcher kritischen Ver_Ortung ich welche Aussagen mache. Kann ich für größere Gruppen sprechen? Ich glaube nicht, und bei jedem ›wir‹, das ich verwende, ist es wichtig, dass ich explizit mache, für wen ich meine mitzusprechen. Alle Texte in diesem Buch handeln auf unterschiedliche Weise auch davon. Zensur ist ein konventionalisiert negativer Begriff, der stark auch staatspolitische Regulierungen aufruft – außer an dem Punkt, wo Forderungen von Diskriminierten nach nichtdiskriminierenden Sprachhandlungen gerade der Vorwurf von Zensur gemacht wird. Für mich geht es vielmehr um eine ständige Reflexion meiner eigenen Positionierung, meiner eigenen Möglichkeiten, meiner eigenen Machtansprüche und meiner eigenen Formen zu Politiken. Wo bin ich Diskriminierte, wo und wie Privilegierte? Wo kann ich Verbündete sein und was heißt dies für mich konkret, für meine Handlungen, Handlungsmöglichkeiten etc.? Wo und wie kann ich sprechen und wo ist es eine ver_ant_wOrtungsvollere Handlung, nicht zu sprechen und evtl. anderen Sprechräume zu eröffnen – ohne aber auch wieder darüber voll zu befinden, die Kontrolle zu haben? Statt also von Zensur zu sprechen, würde ich von selbstreflektierenden Überlegungen dazu sprechen, welche Macht ich mit meinem Sprechen, mit meiner Art und Weise wie auch mit meinen Inhalte ausübe und was ich mit meinen Sprachhandlungen machen will. Es handelt sich für mich hier also nicht um die von anderen auferlegten, von mir als willkürlich eingelesenen Verhaltensnormen, sondern um ein kontinuierliches, prozesshaftes und nie abgeschlossenes Reflektieren meines Sprachhandelns, zu dem auch die Frage gehört, was ich sage, wann ich spreche und zu wem ich meine zu sprechen, sprechen will.

Wie sage ich es denn jetzt richtig?

»Richtig sagen« gibt es gar nicht für mich. Es gibt den Ver_Such, das kontinuierliche Suchen danach zu realisieren und zu reflektieren, welche Handlungsmacht Sprachhandlungen haben, wie ich mit und durch und über meine SprachHandlungen Diskriminierungen reflektieren, herausfordern, irritieren, verändern kann, wie ich ver_suchen kann ver_ant_wortungsvoll sprachlich zu handeln. In jeder Äußerung liegt das Potential zu Diskriminierungen, keine Äußerung ist jenseits eines direkten Äußerungskontextes und einer konkreten Situation verständlich und analysierbar. »Richtiges Sprechen« ist für mich daher vielleicht am ehesten ein Nicht-Fertig-Sein und Nicht-Fertig-Werden, ein Ausprobieren, immer wieder neu und anders und mehr und anders, eine Offenheit für die Kritik anderer und eine Offenheit, selbst zu reflektieren, ohne erst von anderen auf mögliche sprachliche Diskriminierungen hingewiesen zu werden, ein Wunsch nach sprachlicher Kreativität, wie sie sich in diesem Buch auch ganz stark in den zahlreichen schriftsprachlichen Neuerungen aus_drückt, nach einer Aneignung von sprachlichen Handlungsmöglichkeiten, nach ihrer Veränderung und einem ver_ant_wortungsbewussten Um_ Gang mit mir und meiner sozialen Umwelt. Ein Wunsch nach immer neuen Fragen und Auseinandersetzungen.

Alyosxa Tudor und Lann Hornscheidt[1]

Feminismus schreiben lernen: Ein Glossar[2]

Das Glossar gibt kurze Einführungen in zentrale Begrifflichkeiten des vorliegenden Buches. Viele von ihnen sind für diese Publikation neu gebildet worden und/oder werden in einer von bisherigen Verwendungen abweichenden Weise benutzt. Die hier gegebene Übersicht soll die Orientierung in den einzelnen Texten erleichtern. Die Kurzvorstellungen ersetzen dabei nicht die längeren Argumentationen und Herleitungen in den einzelnen Texten dieses Bandes. Da alle diese Begriffe für die vorliegende Publikation zentral sind und es bisher keine oder nur wenige Tradierungen ihrer Gebrauchsweise gibt, haben wir uns entschlossen, hier eine solche Kurzübersicht zusammenzustellen.

Abjekt

A. basiert auf einer Differenzierung von → Dispositiv und → Diskurs. A.e liegen jenseits der Sag- und Denkbarkeit, d. h., sie sind innerhalb der Möglichkeitsbedingungen des Dispositvs und der darauf basierenden Diskursivierung nicht konzeptualisierbar. A.e können ent_abjektiviert werden, indem sie aus der Sphäre der gedachten Unsagbarkeit in mögliche Sagbarkeiten überführt werden. Dies ist eine paradoxe, lediglich theoretische Bewegung. Sobald etwas als A. be_nannt wird, geschieht das post hoc, d. h., durch die Be_Nennbarkeit ist ein A. kein A. (mehr). Das Unsag- und Undenkbare dennoch zu konzeptualisieren, ist paradox, da es eigentlich nicht möglich erscheint und gelingt immer nur in Annäherungen und ist das, was wir unter der theoretisch angenommenen Möglichkeit des → Widerstands verstehen.

Ableismus/ableisiert

Ableismus ist das Machtverhältnis, das Vorstellungen von Nicht_Befähigungen und Nicht_Behinderungen herstellt. Den Zuschreibungsprozess, Personen als ableisiert oder disableisiert herzustellen und zu positionieren, nennen wir hier Ableisierung. Ableismus als Machtverhältnis führt zu strukturellen Diskriminierungen über Disableisierungen.

---

[1] Unter Mitarbeit von Evelyn Hayn.

[2] Das Glossar bezieht sich auf die Konzepte, die in diesem Buch vorgestellt und entwickelt worden sind. Die einzelnen Kurztexte beziehen sich auf die Texte dieses Buches und sind teilweise neu formuliert.

*Anti-/Contra_*

Bei der Differenzierung von → kritischen Ver-Ortungen als anti- oder contra_-
geht es darum, politische Kämpfe als immer schon positioniert zu begreifen. A.
bezeichnet eine kritische Ver_Ortung aus diskriminierter, c. aus → privilegierter
→ Positionierung.

Appellation

A.en sind wirklichkeitskonstruierende Be_Nennungen von z. B. Personen, über
die Machtverhältnisse verhandelt werden bzw. die Machtverhältnisse re_produzie-
ren. A.en sind konzeptuelle Bedeutungsaushandlungen über sprachliche Be_Nen-
nungsformen. Personale Appellationsformen sind solche, die Personen benennen.
Dies können Namen sein, Tätigkeitsbezeichnungen (»Wissensch_aftlerin«), politische Bezeichnungen (»Femi_nistin«) und vieles mehr.

Bio-Deutsch

B.-D. ist ein ironisierender Verweis darauf, dass privilegierte Positionierungen
meist naturalisiert und biologisiert werden, anstatt sich auf die sozialen Konstruktionsprozesse zu beziehen, durch die sie entstanden sind. Im deutschen Kontext
wird ›Deutschsein‹ auf einer Blutlogik aufbauend als → statisiert_*weiß*_christlich
imaginiert. Dies erfolgt jedoch meist nicht als explizite Selbstbe_Nennung, sondern über die Herstellung und Be_Nennung von migratisierten, nicht*weißen,* nicht-
christlichen anderen. B.-D. wurde z. B. in einem Videoclip von kanak attak geprägt
(vgl.»Weißes Ghetto«, 2002, www.kanak-attak.de/ka/kanaktv/volume1.html.; vgl.
auch Heidenreich 2006). ›B.-D.‹ ist ein aus antimigratistischen/antirassistischen
politischen Bewegungen geformter Begriff, der aus antimigratistischer/antirassis-
tischer Perspektive statisierte, also über Migratismus bzw. Rassismus privilegierte,
in Deutschland lebende Personen bezeichnet.

Diskriminierung/Diskriminierungsverhältnisse und Privilegierungen

Diskriminierungen und Privilegierungen sind diskursive Effekte von → Machtverhältnissen. Sie sind durch Machtverhältnisse getragene, ständig auf verschiedenen
gesellschaftlichen Ebenen wirkende und Machtverhältnisse re_produzierende Herstellungsprozesse von → sozialen Positionierungen. Jede Privilegierung impliziert
wechselseitig die Produktion einer Diskriminierung und auch andersherum.

Diskurs/diskursiv

Diskurs ist ein analytisches Konstrukt und bezeichnet in dieser Publikation eine
Ebene der Wahrnehmungen von → interdependenten, → diskriminierenden Handlungen. Diskurs ist die auf den Möglichkeitsbedingungen des → Dispositivs beruhende Ebene der ständig konturverändernden, flexiblen Realisierungsformen
von → Machtverhältnissen über → Diskriminierungen. Diskurse sind nicht mit

→ Sprache gleichgesetzt, sondern bestehen aus verschiedensten Handlungsensembles, von denen → Sprachhandlungen einen bedeutenden Teil ausmachen. Sprache grundsätzlich als Handlung zu konzeptualisieren, schließt nicht aus, dass es Handlungen geben kann und muss, die nicht in erster Linie Sprachhandlungen sind, wie z. B. Sitzblockaden, Umverteilung von Ressourcen, Karriereförderungspraktiken, politische Eheschließungen etc. Dennoch stehen diese Praktiken nicht außerhalb des Diskursiven, sondern sind ›Stimmen‹ in Diskursen und durch Diskurse hervorgebracht und ein Zugriff auf, ein Wahrnehmen und Einlesen dieser Handlungen ist lediglich über Sprachhandlungen möglich.

Dispositiv

Das D. bildet die Möglichkeitsbedingungen für → diskursive Verhandlungen, bedingt diese, ist ihnen folglich vorgängig und grundlegend, was jedoch nicht heißt, dass es jenseits von gesellschaftlichen Konstruktionsprozessen liegt. Das D. ist die Momentaufnahme eines langen, tradierenden historischen Prozesses der Sedimentierung von → Machtverhältnissen. → Soziale Positionierungen erscheinen, in dem normalisierenden D. hegemonialer Selbstverständnisse, die dieses herstellen, dieses re_produzieren, klar zuorden- und wortbar, fixiert; sie sind die sedimentierten Diskursmöglichkeiten.

Dyke_Trans

Dyke_Trans ist der Ver_Such einer Neuformulierung einer politischen → Ver_Ortung, die gegen Sexismus in der hier ausformulierten komplexen Form ankämpft und dieses Kämpfen in eine positive, selbstempowernde kollektive Begrifflichkeit zu überführen versucht. Dieser Ver_Such an sich ist auch bereits eine Strategie der Intervention in Sexismus. Dyke_Trans richtet sich gegen → interdependente → Machtverhältnisse und ist mehr als Antisexismus. Mit dem Begriff streben wir zugleich eine Ausdifferenzierung zwischen verschiedenen, über → Machtverhältnisse hergestellten → sozialen Positionierungen wie Frauen bzw. Hetera-Frauen an, Lesben und Dyke_Trans, um unterschiedliche Positionierungen in dem komplexen Ausgesetztsein von Sexismus auch begrifflich fassbar zu machen. Dyke_Trans ist der Ver_Such einer Ent_Abjektivierung (→ Abjekt) von etwas vorher Unsag- und Undenkbarem.

Dynamischer Unterstrich

Um Binarisierungen weiter aufzubrechen und keine schriftbildliche Re_Präsentation eines männlich-konventionalisierten Wortes mit ›angehängter‹ weiblich-konventionalisierter Endung aufzurufen, wandert der Unterstrich als ›d. U.‹ durch die personalen Appellationsformen (→ Appellation).

Ent_dependenz/ent_dependierend

E. ist ein analytischer Begriff, der deutlich macht, dass in vielen → Diskursen → Interdependenzen und → Transdependenzen → entnannt werden. Mit Hilfe des Begriffs werden Trans- und Interdependenzen konzeptuell als Norm gesetzt.

Ent_Erwähnungen

E. sind aktive Prozesse, aus → privilegierter Perspektive → widerständige Wissensre_produktionen bei der Bildung von Wissen und in → Sprachhandlungen nicht zu reflektieren und zu benennen (vgl. Lockward 2010).

Ent_Sagungen

E. sind die → dispositiven Verunmöglichungen, etwas auch nur theoretisch benennen zu können. Während → Ent_Erwähnungen und → EntNennungen in Nennungen und Erwähnungen auflösbar wären, sind E. die Nichtsagbarkeiten.

EntNennungen

E. sind aktive Prozesse, aus → privilegierter Perspektive die eigenen → Positionierungen bei der Wissensre_produktion und in → Sprachhandlungen nicht zu reflektieren und nicht zu benennen (vgl. Hornscheidt 2005/2009; Hornscheidt/ Nduka-Agwu 2010).

Ent_Wahrnehmungen

E. wird im Zusammenhang mit der Ent_Abjektivierung (→ Abjekt) von → Dyke_Trans als die → sprachliche Ignorierung einer Positionierung jenseits von Zweigenderung vor dem Hintergrund der Annahme eines Modells von Kategorial-Genderung (→ Abjekt) verhandelt. E. führen dazu, die Wahrnehmbarkeit von und damit Interventionen in → Diskriminierungen zu verunmöglichen, denn das, was nicht denkbar ist, kann auch nicht diskriminiert sein.

Frauisiert

In und durch ZweiGenderung wird → diskursiv eine Unterscheidung zwischen → typisierten und frauisierten → Positionierungen und Personen/gruppen hergestellt, und diese Unterscheidung zugleich als selbstverständlich, natürlich, unhinterfrag- und unhintergehbar und objektiv gesetzt. Wir verwenden die Begrifflichkeit f., um den diskursiven und prozessualen Herstellungscharakter dieser → sozialen Positionierungen explizit zu machen. Die Be_Nennung ersetzt die konventionalisierte Be_Nennung ›Frau‹ und eröffnet andere Bedeutungsebenen. AndroGenderung wirkt sexistisch auf Frauisierte, ZweiHeteraReproCisKategorialGenderung privilegiert Frauisierte und Heterasierte

Intelligibel

Intelligibilität ist die Möglichkeit, die durch → dispositive Möglichkeitsbedingungen auf → diskursiver Ebene überhaupt als möglich gedacht werden kann. Zu »intelligible genders« vgl. Butler 2008 [1990]: 22.

Interdependenzen

Mit I. be_nennen wir die gegenseitige Konstitution lediglich analytisch voneinander trennbarer Machtverhältnisse auf diskursiver Ebene (vgl. Walgenbach et al. 2007; Hornscheidt 2007a; Eggers 2007).

Kritische Ver_Ortung

Praktiken kritischer Ver_O.rtung ist eine Konzeptualisierung, die von Alyosxa Tudor für → dyke_trans-politische Bewegungen und damit verbundene Wissensbildungen formuliert ist. Es sind Ver_Suche, (eigene) → soziale Positionierungen bei der Produktion von Wissen zu reflektieren und hinterfragen bzw. empowernd einzusetzen, auf verschiedenen Ebenen der Wissensproduktion zu explizieren und zu theoretisieren und Interventionen in (Effekte) gesellschaftliche(r) → Diskriminierungsverhältnisse daraus abzuleiten. Dies bedeutet auch, Erkenntnisperspektivierungen in gegenseitiger Konstitution mit → privilegierten oder diskriminierten Positionierungen zu begreifen. D. h. konkret, dass soziale Positionierungen auf verschiedene Weisen für Wissensproduktionen konstituierend sind. Kritisch ver_ ortete Wissensproduktionen reflektieren diese Zusammenhänge, de_konstruieren fortwährend die Wirkweisen der gegenseitigen Konstitution von sozialer Positionierung und Wissensbildungsprozessen und leiten widerständige Handlungsimpulse daraus ab. Es gibt keine nichtver_orteten Wissensproduktionen, sondern lediglich ent_ver_ortete.

Lesbisiert

Wir verwenden die Begrifflichkeit l., um den → diskursiven und prozessualen Herstellungscharakter der → sozialen Positionierung ›Lesbe‹ explizit zu machen.

Machtverhältnisse

Wir unterscheiden zwischen M.n und → Diskriminierungsverhältnissen. M. sind lediglich theoretisch angenommene und analytisch differenzierbare produktive Größen, die Gesellschaft konstituieren (d. h. ausmachen, bedingen, herstellen, denkbar machen etc.). Sie sind jedoch nicht jenseits von Konstruktionsprozessen, sondern werden durch gesellschaftliche Konstitutionen re_produziert, allerdings nicht in nachvollziehbaren, fassbaren Zusammenhängen. Sie liegen auf Ebene des → Dispositivs, d. h., es sind keine direkten, willentlichen und steuerbaren Interventionen möglich. Veränderungen kann es nur in ihre → diskursiven Effekte (→ Privilegierungen, → Diskriminierungen) geben, was theoretisch immer auch einen nicht vorhersehbaren, nicht steuerbaren, zeitlich nicht erfassbaren Effekt auf den Prozess der → Sedimentierung, d. h. Ablagerung, Konstruktion, der → dispositiven M. hat.

Migratismus/migratisiert

Die Konzeptualisierung von M. macht erstens das → Machtverhältnis be_nennbar, das ›Migration‹ und ›Mig_rantinnen‹ sowie → Statisierte überhaupt erst herstellt. Zweitens hilft die Konzeptualisierung von M., Analysen von kolonialistischem Rassismus zu schärfen und die Spezifik von Rassismus besser fokussieren zu können. Und drittens wird deutlich, dass Migratisierung eine grundlegende Strategie von Rassismus in Deutschland ist (vgl. Tudor 2010a).

Privileg

Wir unterscheiden zwischen P. und → Privilegierungen. P.ien sind kristallisierte, gesellschaftliche Vorteile, die oft durch Privilegierungen gesichert und verteidigt werden, jedoch auch manchmal trotz → Diskriminierungen erlangt werden können.

Privilegierung

→ Diskriminierung

Religosizismus/religiosisiert

R. ist das Machtverhältnis, das Religion als Kategorisierung konstruiert und Chri_stinnentum als Norm setzt bzw. als → privilegierte Kategorisierung hierarchisiert (vgl. Brunner 2010; Hornscheidt/Nduka-Agwu 2010). In deutschen Kontexten geschieht eine Abgrenzung dabei meist gegenüber Konstruktionen von Jüdin_nentum und Islam. Andere Religionen werden → ent_erwähnt.

Soziale Positionierung

S. P.en sind die über → interdependente → Diskriminierungen und/oder → Privilegierungen hergestellten, lediglich situativ, kontextuell und historisierend feststellbaren kollektiven Ausgangspunkte, aus denen heraus politische Kämpfe geführt werden. Jede Definition von s. P. ist schon mit Analyse und Konstruktionsleistungen verbunden. S. P. ist eng mit Prozessen der Subjektivierung verbunden und nicht autonom und willentlich veränderbar, jedoch u. U. de_konstruierbar.

Sprache; Sprachhandlungen; Sprachverständnis, pragmatisch-konstruktivistisches

Wir verstehen Sprache immer als Handlungen, die Wirklichkeiten konstruieren und wechselseitig durch gesellschaftliche Verhältnisse konstituiert sind (vgl. Hornscheidt 2006, 2008). Ein strukturalistisches Verständnis von Sprache als System, das einzelnen Äußerungen vorausgeht und begrenzte Regeln dessen bietet, was sagbar ist, wird nach dem pragmatisch-konstruktivistischen Sprachverständnis nach Hornscheidt verworfen. So wie sex schon immer Gender war (vgl. Butler 2008: 9), ist ein Sprachsystem schon immer eine bestimmte konventionalisierte Tradierung von Sprachhandlungen, die durch gesellschaftliche → Machtverhältnisse konstruiert, bedingt, naturalisiert und damit legitimiert werden und wechselseitig zu deren Re_Produktion beitragen. Sprache liegt auf der → diskursiven Ebene und re_produziert diese ständig und wird durch die Möglichkeitsbedingungen des → Dispositivs bestimmt. Die dispositive Ebene ist sprachlich nicht zugänglich, paradoxerweise sind (sprachlich realisierte) Konzeptualisierungen von Dispositiv immer auf diskursiver Ebene und damit lediglich Annäherungen an das Undenkbare, Unsagbare, → Ent_Sagte.

Statisierung

Um die Konstruktion von → Nichtmigratisierung als → privilegierter → Positionierung be_nennbar zu machen, schlagen Hornscheidt und Tudor den Begriff S. vor. Die Idee von räumlicher Mobilität, die mit dem Wort ›Migration‹ aufgerufen wird, impliziert, dass es auch die Idee räumlicher Stabilität gibt, was analog als ›Station‹ bezeichnet wird. Die S. ist auch immer eine Lokalisierung, die so selbstverständlich erscheint bzw. als so selbstverständlich und als jeglicher Be_Nennung vorgängig hergestellt wird, dass sie auch nicht begrifflich und argumentativ aufgerufen wird, sondern die → ent_nannte Voraussetzung von über → Migratisierungen geschaffenen De_Lokalisierungen ist (vgl. Hornscheidt 2010a; Tudor 2010a).

Transdependenz/en

T. ist eine theoretische Annahme der Verwobenheit von → Machtverhältnissen auf Ebene des → Dispositivs, die nur in sprachlichen Fixierungen → ent_dependierend, d. h. trennbar und additiv, hergestellt werden. Mit diesem Begriff wollen wir ausdrücken, dass eine Trennung in einzelne Machtverhältnisse, wie wir es begrifflich und analytisch vornehmen, eine analytische Trennung ist, die gleichzeitig die Begrenzung von Analysen ist und aufzeigt. T. drückt für uns an diesem Punkt aus, dass die von uns momentan begrifflich formulierbaren und als zentral analysierten Machtverhältnisse sich nicht nebeneinander befinden, nicht optional in ihrer Wahrnehmung und Bearbeitung sind, sondern dass sie sich gegenseitig bedingen, dass sie theoretisch einen gesellschaftlichen Rahmen bilden, über den offenbar nicht hinausgegangen und -gedacht werden kann, welcher Norm(al)vorstellungen bedingt, Diskriminierungsverhältnisse bestimmt, Wertvorstellungen und Un/Denkbarkeiten voraussetzt und impliziert.

Transdependenz ist ein theoretischer Zugriff auf Ebene des Dispositivs. Da dies auch die Ebene des Unwortbaren ist, sind jegliche Versuche, die dispositive Dimension von Machtverhältnissen zu worten, lediglich → diskursive Annäherungen an die analytische Idee eines Dispositivs. T. ist somit weniger eine analytische Größe als eine theoretische Annahme der Verwobenheit von Machtverhältnissen,

186

die zusammen ein gesellschaftliches Dispositiv konstituieren. Die diskursiv vollzogene Differenzierung in einzelne Machtverhältnisse und die damit einhergehende Vorstellung ihrer Trennbarkeit, potentiellen Additivität ist Teil der Unmöglichkeit dispositive Dimensionierungen → sprachlich zu fassen und zeigt sich zugleich
hier.

Typen/typisiert

In und durch ZweiGenderung wird diskursiv eine Unterscheidung zwischen typisierten und → frauisierten → Positionierungen und Personen/gruppen hergestellt
– und diese Unterscheidung zugleich als selbstverständlich, natürlich, unhinter-
frag- und unhintergehbar und objektiv gesetzt. Wir verwenden die Begrifflichkeit
t., um den → diskursiven und prozessualen Herstellungscharakter dieser → sozialen Positionierungen explizit zu machen. Die Be_Nennung T. ersetzt die konventionalisierte Be_Nennung ›Mann‹. Sexismus privilegiert Typisierte.

WegNennungen

Unter dem Oberbegriff W. fassen Hornscheidt/Nduka-Agwu (2010) sowohl → Ent-
Nennungen von → Privilegierungen als auch → Ent_Erwähnungen (vgl. Lockward 2010) von rassistisch → Diskriminierten, d. h. die Folie, vor der etwas als W.
konzeptualisiert wird, sind die kritisch-reflektierenden Analysen zu Rassismus und
seinen Manifestationen in → sprachlichen Handlungen.

Widerstand

W. be_nennt eine aus einer → diskriminierten → Positionierung → ver_ortete politische Handlung gegen → Diskriminierungen. W. ist auf → diskursiver Ebene
möglich und bedeutet Interventionen in die Effekte von → Diskriminierungsverhältnissen (z. B. Umverteilung von → Privilegien) oder Interventionen in die Effekte von → Machtverhältnissen (z. B. De_Konstruktion von → Privilegierungen).
Effekte von Machtverhältnissen (Diskriminierungen und Privilegierungen) lassen
sich nicht autonom, individuell, steuerbar und willentlich verändern. Interventionen in das → Dispositiv sind gar nicht direkt möglich, sind aber theoretisch
denkbar über Veränderungen der → Sedimentierungsprozesse, die allerdings nicht
willentlich steuerbar, nicht absehbar und noch nicht mal fass-, denk- und konzeptualisierbar sind.

Widerwille

Widerwille bezeichnet die hegemoniale Abwehr von → widerständigen Handlungen.

-yke/-tryke

(-)yke und (-)tryke sind pronominale Formen sowie Suffixe zur Bezugnahme auf
→ Dyke_Trans, um sowohl Dyke- als auch Trans-Aspekte zu explizieren. Yke und

187

tryke sind Vorschläge für pronominale Formen für Dyke_Trans-Positionierungen, in allen Fällen und Deklinationen werden dieselben Formen verwendet. Häufig kann der erste Buchstabe des herkömmlichen Pronomens vorangesetzt werden, wie in *die > dyke*, *welche > wyke*, es kann aber auch genauso die Formen tryke in beiden Fällen verwendet werden: *dtryke* und *wtryke*. Diese Formen sind Teil des Versuchs Dyke_Trans_Ver_Ortungen zu w_Orten und dadurch die Ausdifferenzierung von Sexismus auch benennend positiv für die → kritische Ver_Ortung als Dyke_Trans herzustellen, hör- und sprech-, les- und schreibbar zu machen: Dyke_Trans ist eine kollektive wortende → Appellation, die in diesem Buch neben der substantivischen Be_Nennung auch in den pronominalen Formen ›yke‹ oder ›tryke‹ umgesetzt wird sowie in weiteren personalen → Appellationsformen, die auf ›yke‹ oder ›tryke‹ enden: Freundyke, Expertryke, Unterstützyke und mit denen andere Trans_Dyke benannt werden. Endet die entsprechende Form auf dyke, wie in Freundyke, kann die Form ›daik‹ ausgesprochen werden, ansonsten, auch als pronominale Form, als ›üke‹.

Literaturverzeichnis

Acke, Hanna; Hornscheidt, Lann; Jana, Ines (2011): Einleitung. In: Hornscheidt, Lann; Jana, Ines; Acke, Hanna (Hrsg.): *Schimpfwörter – Beschimpfungen – Pejorisierungen. Wie in Sprache Macht und Identitäten verhandelt werden.* Frankfurt a. M.: Brandes & Apsel. S. 7-14.

Agamben, Giorgio (2008): *Was ist ein Dispositiv?* Zürich, Berlin: Diaphanes.

Ahmed, Sara (2004): Declarations of Whiteness: The Non-Performativity of Anti-Racism. In: *borderlands*, e-journal. http://www.borderlands.net.au/vol3no2_2004/ahmed_declarations.htm (16.05.2011)

Anzaldúa, Gloria (2009 [1991]): To(o) queer the writer. Loca, escritora y chicana. In: Keating, AnaLouise (Hrsg.): *The Gloria Anzaldúa Reader.* Durham, London: Duke University Press.

Bourdieu, Pierre (1972): *Entwurf einer Theorie der Praxis auf der ethnologischen Grundlage der kabylischen Gesellschaft.* Frankfurt a. M.: Suhrkamp.

Braidotti, Rosi (1994): *Nomadic Subjects.* New York, Chichester, West Sussex: Columbia University Press.

Bränström Öhman, Annelie; Mona Livholts (Hrsg.) (2007): *Genus och det akademiska skrivandets former.* Lund: Liber.

Brathwaites, Edward Kamau (1995): Nation Language. In: Ashcroft, Bill; Griffiths, Gareth; Tiffin, Helen (Hrsg.): *The Post-colonial Studies Reader.* London, New York: Routledge. S. 309-313.

Brewster, Anne (2009): Teaching The Tracker in Germany: a journal of whiteness. In: Baird, Barbara; Riggs, Damien (Hrsg.): *The Racial Politics of Bodies, Nations and Knowledges.* Newcastle: Cambridge Scholars Publishing. S. 228-44.

Brunner, Claudia (2010): *Wissensobjekt Selbstmordattentat: Epistemische Gewalt und okzidentalistische Selbstvergewisserung in der Terrorismusforschung.* Wiesbaden: VS Sozialwissenschaften.

Bührmann, Andrea D.; Schneider, Werner (2007): Mehr als nur diskursive Praxis? Konzeptionelle Grundlagen und methodische Aspekte der Dispositivanalyse. In: *Forum Qualitative Sozialforschung*, vol. 8, No. 2, Art. 28. http://www.qualitative-research.net/fqs-texte/2-07/07-2-28-d.htm (16.05.2011).

Bührmann, Andrea D.; Schneider, Werner (2008): *Vom Diskurs zum Dispositiv. Einführung in die Dispositivanalyse.* Bielefeld: Transcript.

Bührmann, Andrea D.; Schneider, Werner (2010): Die Dispositivanalyse als Forschungsperspektive. Begrifflich-konzeptionelle Überlegungen zur Analyse gouvernementaler Taktiken und Technologien. In: Angermüller, Johannes; van Dyk, Silke (Hrsg.): *Diskursanalyse meets Gouvernementalitätsforschung. Perspektiven auf das Verhältnis von Subjekt, Sprache, Macht und Wissen.* Frankfurt a. M., New York: Campus. S. 261-288.

Butler, Judith (1993): *Bodies that matter: On the Discursive Limits of Sex.* London: Routledge.

Butler, Judith (2000): *Antigone's Claim: Kinship Between Life and Death.* New York: Columbia University.

Butler, Judith (2007 [1997]): *Excitable Speech. A Politics of the Performative.* New York: Routledge.

Butler, Judith (2008 [1990]): *Gender Trouble. Feminism and the Subversion of Identity.* New York: Routledge.

Caplan, Karen (1996): *Questions of Travel: Postmodern Discourses of Displacement.* Durham, London: Duke University Press.

Chrystos (1988): *Not vanishing.* Vancouver: Press Gang Publishers.

Clarke, Cheryl (2002): Lesbianism, 2000. In: Anzaldúa, Gloria E.; Keating, Analouise (Hrsg.): *This bridge we call home. Radical visions for transformation.* New York, London: Routledge. S. 232-238.

Cliff, Michelle (2008): Preface: Journey into Speech. In: *If I could write this in fire.* Minneapolis, London: University of Minnesota Press. S. 7-21, vii-xi.

Collins, James; Blot, Richard K. (2003): *Literacy and Literacies: Texts, Power, and Identity.* New York: Cambridge University Press.

Collins, Patricia Hill (2000a): *Black feminist thought: knowledge, consciousness and the politics of empowerment.* New York: Routledge.

Collins, Patricia Hill (2000b): Black Feminist Thought. In: Back, Les; Solomos, John (Hrsg.) *Theories of Race and Racism. A Reader.* London, New York: Routledge. S. 404-420.

Danius, Sara; Jonsson, Stefan; Spivak, Gayatri Chakravorty (1993): An Interview with Gayatri Chakravorty Spivak. In: *boundary,* 2, Vol. 20, No. 2 (Summer, 1993). S. 24-50.

Danz, Daniela (2009): Masada. In: *Pontus. Gedichte.* Göttingen: Wallstein.

Dietze, Gabriele; Yekani, Elahe Haschemi; Michaelis, Beatrice (2007): »Checks and Balances.« Zum Verhältnis von Intersektionalität und Queer Theory. In: Walgenbach, Katharina; Dietze, Gabriele; Hornscheidt, Antje Lann; Palm, Kerstin: *Gender als interdependente Kategorie. Neue Perspektiven auf Intersektionalität, Diversität und Heterogenität.* Opladen/Farmington Hills: Barbara Budrich. S. 107-139.

Eggers, Maureen Maisha; Kilomba, Grada; Piesche, Peggy; Arndt, Susan (2005/2009): *Mythen, Masken und Subjekte. Kritische Weißseinsforschung in Deutschland.* Münster: Unrast.

Eggers, Maureen Maisha (2007): Kritische Überschreitungen. Die Kollektivierung von (interdependentem) Eigen-Sinn als identitätspolitische Herausforderung. In: Ha, Kien Nghi; Lauré al-Samarai, Nicola; Mysorekar, Sheila (Hrsg.): *Re/Visionen – Postkoloniale Perspektiven von People of Color auf Rassismus, Kulturpolitik und Widerstand in Deutschland.* Münster: Unrast. S. 243-260.

Engel, Antke (2002): *Wider die Eindeutigkeit. Sexualität und Geschlecht im Fokus queerer Politik der Repräsentation.* Frankfurt. a. M.: Campus.

Engel, Antke (2009): *Bilder von Sexualität und Ökonomie. Queere kulturelle Politiken im Neoliberalismus.* Bielefeld: Transcript.

Erel, Umut (2007): Auto/biografische Wissensproduktionen von Migrantinnen. In: Ha, Kien Nghi; Lauré al-Samarai, Nicola; Mysorekar, Sheila (Hrsg.): *Re/Visionen – Postkoloniale Perspektiven von People of Color auf Rassismus, Kulturpolitik und Widerstand in Deutschland.* Münster: Unrast. S. 147-160.

Foucault, Michel (1978): *Dispositive der Macht. Über Sexualität, Wissen und Wahrheit.* Berlin: Merve.

Frankenberg, Ruth; Mani, Lata (1993): Crosscurrents, crosstalk: race, »postcoloniality« and the politics of location. In: *Cultural Studies,* Nr. 2. S. 292-310.

Garber, Linda (2001): *Identity Poetics. Race, Class, and the Lesbian Feminist Roots of Queer Theory*. New York: Columbia University Press.

Ha, Kien Nghi (2005): *Hype um Hybridität: Kultureller Differenzkonsum und postmoderne Verwertungstechniken im Spätkapitalismus*. Bielefeld: Transcript.

Ha, Kien Nghi; Lauré al-Samarai, Nicola; Mysorekar, Sheila (2007) (Hrsg.): *Re/Visonen – Postkoloniale Perspektiven von People of Color auf Rassismus, Kulturpolitik und Widerstand in Deutschland*. Münster: Unrast.

Haaf, Meredith et al. (2008): *Wir Alphamädchen. Warum Feminismus das Leben schöner macht*. Hamburg: Hoffmann & Campe.

Halberstam, Judith (1998): *Female Masculinity*. Durham, London: Duke University Press.

Halberstam, Judith (2005): *Queer Time and Place: Transgender Bodies, Subcultural Lives*. New York: New York University Press.

Hallgren, Hanna (2008): *När lesbiska blev kvinnor. Lesbiskfeministiska kvinnors diskursproduktion rörande kön, sexualitet, kropp och identitet under 1970- och 1980-talen i Sverigen*. Stockholm: Kabusa.

Hark, Sabine (1996a): *Deviante Subjekte. Die paradoxe Politik der Identität*. Opladen: Leske + Budrich.

Hark, Sabine (Hrsg.) (1996b): *Grenzen lesbischer Identitäten*. Berlin: Querverlag.

Hartmann, Jutta; Klesse, Christian; Wagenknecht, Peter; Fritzsche, Bettina; Hackmann, Kristina (2007): *Heteronormativität: Empirische Studien zu Geschlecht, Sexualität und Macht*. Wiesbaden: VS Sozialwissenschaften.

Hayn, Evelyn (2010a) ›Entwicklung‹, ›Entwicklungszusammenarbeit‹, ›-hilfe‹, ›-politik‹. In: Nduka-Agwu, Adibeli; Hornscheidt, Lann (Hrsg.): *Rassismus auf gut Deutsch. Ein kritisches Nachschlagewerk zu rassistischen Sprachhandlungen*. Frankfurt a. M.: Brandes & Apsel. S. 106-114.

Hayn, Evelyn (2010b): Political Correctness. Machtvolle Sprachhandlungen und sprachliche Mythen in Diskussionen um »Politische Korrektheit«. In: Nduka-Agwu, Adibeli; Hornscheidt, Lann (Hrsg.): *Rassismus auf gut Deutsch. Ein kritische Nachschlagwerk zu rassistischen Sprachhandlungen*. Frankfurt a. M.: Brandes & Apsel. S. 46-68.

Hayn, Evelyn (2011): Structures we live by – Die Re_Produktion einer Grammatik der ›politisch korrekten‹ ›Integration‹. In: Hornscheidt, Lann; Jana, Ines; Acke, Hanna (Hrsg.): *Schimpfwörter – Beschimpfungen – Pejorisierungen. Wie in Sprache Macht und Identitäten verhandelt werden*. Frankfurt a. M.: Brandes & Apsel. S. 46-68.

Heidenreich, Nanna (2006): Von Bio- und anderen Deutschen: Aspekte der V/Erkennungsdienste des deutschen Ausländerdiskurses. In: Tißberger, Martina; Dietze, Gabriele; Hrzán, Daniela; Husmann-Kastein, Jana (Hrsg.): *Weiß – Weißsein – Whiteness. Kritische Studien zu Gender und Rassismus. Critical Studies on Gender and Racism*. Frankfurt a. M. u. a.: Peter Lang. S. 203-218.

Heyes, Cressida J. (2009): Changing Race, Changing Sex: the Ethics of Self-transformation. In: Shrage, Laurie J. (Hrsg.): *›You've changed.‹ Sex Reassignment and Personal Identity*. Oxford, New York: Oxford University Press. S. 135-154.

hooks, bell (1995): ›this is the oppressor's language / yet I need it to talk to you‹: Language a Place of Struggle. In: Dingwaney, Anuradha (Hrsg.): *Between Languages and Cultures: Translation and Cross-Cultural Texts*. London. S. 295-302.

hooks, bell (1999 [1981]): *Ain't I a Woman: Black Women and Feminism*. Boston: South End Press.

Hornscheidt, Lann (2005/2009): (Nicht)Bennungen: Critical Whiteness Studies und Linguistik. In: Eggers, Maisha M.; Kilomba, Grada; Piesche, Peggy; Arndt, Susan (Hrsg.): *Mythen, Masken und Subjekte. Kritische Weißseinsforschung in Deutschland*. Münster: UnRast. S. 464-478.

Hornscheidt, Lann (2006): *Die sprachliche Benennung von Personen aus konstruktivistischer Sicht. Genderspezifizierung und ihre diskursive Verhandlung im heutigen Schwedisch*. Berlin, New York: de Gruyter.

Hornscheidt, Lann (2007a): Sprachliche Kategorisierung als Grundlage und Problem des Redens über Interdependenzen. Überlegungen zu sprachlicher Normalisierung und Privilegierung in Interdependenzen. In: Walgenbach, Katharina; Dietze, Gabriele; Hornscheidt, Lann; Palm, Kerstin: *Gender als interdependente Kategorie. Neue Perspektiven auf Intersektionalität, Diversität und Heterogenität*. Opladen, Farmington Hills: Budrich. S. 65-106.

Hornscheidt, Lann (2007b): ›Die Sprache erscheint in der Wirklichkeit um ein Vielfaches‹. Über die Vielfalt in Wilhelm von Humboldts sprachwissenschaftlichen Werken und die Einfalt der Rezeption. In: Henningsen, Bernd (Hrsg.): *Humboldts Zukunft. Das Projekt Reformuniversität*. Berlin: BWV. S. 219-268.

Hornscheidt, Lann (2008a): *Gender resignifiziert. Schwedische Aushandlungen in und um Sprache*. Berlin: Berliner Beiträge zur Skandinavistik.

Hornscheidt, Lann (2008b): A concrete research agenda for critical lexicographic research within critical discourse studies. An investigation into racism/colonialism in monolingual Danish, German, and Swedish dictionaries. In: *Critical Discourse Studies*, 2008, 5: 2. S. 107-132.

Hornscheidt, Lann (2010a): Statisierungskritik: Überlegungen zu einem dekonstruierenden Analysekonzept deutscher statisierter Normalisierungen im Kontext von Rassismus und Migratismus. In: Nduka-Agwu, Adibeli; Hornscheidt, Antje Lann (Hrsg.): *Rassismus auf gut Deutsch: Ein kritisches Nachschlagewerk zu rassistischen Sprachhandlungen* Frankfurt a. M.: Brandes & Apsel. S. 421-447.

Hornscheidt, Lann (2010b): Zum Rassismus in einsprachigen Wörterbüchern – ein Analyseleitfaden zur kritischen Reflexion rassistischer Sprachhandlungen. In: Nduka-Agwu, Adibeli; Hornscheidt, Lann (Hrsg.): *Rassismus auf gut Deutsch. Ein kritisches Nachschlagewerk zu rassistischen Sprachhandlungen*. Frankfurt a. M.: Brandes & Apsel. S. 456-477.

Hornscheidt, Lann (2011): Pejorisierung – ein konstruktivistisches Konzept zur Analyse von Beschimpfungspraktiken. In: Hornscheidt, Lann; Jana, Ines; Acke, Hanna (Hrsg.): *Schimpfwörter – Beschimpfungen – Pejorisierungen. Wie in Sprache Macht und Identitäten verhandelt werden*. Frankfurt a. M.: Brandes & Apsel. S. 15-45.

Hornscheidt, Lann; Nduka-Agwu, Adibeli (2010): Der Zusammenhang zwischen Rassismus und Sprache. In: Nduka-Agwu, Adibeli; Hornscheidt, Lann (Hrsg.): *Rassismus auf gut Deutsch. Ein kritisches Nachschlagewerk zu rassistischen Sprachhandlungen*. Frankfurt a. M.: Brandes & Apsel. S. 11-49.

Hull, Gloria T.; Scott, Patricia Bell; Smith, Barbara (1982) (Hrsg.): *But Some of Us Are Brave. Black Women's Studies*. Old Westbury.

Keim, Janet (2009): *Spuren der Subalternisierung. Eine dekonstruktive Relektüre interdependenter/intersektionaler Ansätze*. Unveröffentlichte Magistr_aarbeit in den Gender Studies an der Humboldt-Universität zu Berlin, Juni 2009.

Keim, J.ay (2011): *Diskriminierende Metaphorisierungen ent_sprechen lernen – Feministische Reflexionen über ent_normalisierende Wahrnehmungen*. Unveröffentlichtes Manuskript.

Keller, Reiner (2005): *Wissenssoziologische Diskursanalyse. Grundlegung eines Forschungsprogramms*. Wiesbaden: VS Sozialwissenschaften.

Kilomba, Grada (2005/2009): Becoming a Subject. In: Eggers, Maureen Maisha; Kilomba, Grada; Piesche, Peggy; Arndt, Susan (2005/2009): *Mythen, Masken und Subjekte. Kritische Weißseinsforschung in Deutschland*. Münster: Unrast. S. 22-24.

Kilomba, Grada (2008): *Plantation Memories. Episodes of Everyday Racism*. Münster: Unrast.

Kirsch, Sarah (2005): *Kommt der Schnee im Sturm geflogen*. München: Deutsche Verlags-Anstalt.

Kuria, Emily Ngubia (2010): ›AFRIKA!‹ – seine Verkörperungen in einem deutschen Kontext. In: Nduka-Agwu, Adibeli; Hornscheidt, Lann (Hrsg.): *Rassismus auf gut Deutsch. Ein kritisches Nachschlagewerk zu rassistischen Sprachhandlungen*. Frankfurt a. M.: Brandes & Apsel. S. 223-237.

Kusterle, Karin (2011, im Erscheinen): *Die Macht von Sprachformen*. Frankfurt a. M.: Brandes & Apsel.

Lockward, Alanna (2010): Diaspora. In: Nduka-Agwu, Adibeli; Hornscheidt, Lann (Hrsg.): *Rassismus auf gut Deutsch. Ein kritisches Nachschlagewerk zu rassistischen Sprachhandlungen*. Frankfurt a. M.: Brandes & Apsel. S. 56-71.

Loomba, Ania (1998): *Colonialism/Postcolonialism*. London: Routledge, New York: MLA Citation.

Lorde, Audre (2007a [1984a]): Open Letter to Mary Daly. In: Sister Outsider. *Essays and Speeches*. Berkeley, Toronto: Crossing Press. S. 66-71.

Lorde, Audre (2007b [1984b]): The Transformation of Silence into language and action. In: Lorde, Audre: *Sister Outsider. Essays and Speeches*. Berkeley, Toronto: Crossing Press. S. 40-44.

Lorey, Isabell (1996): *Immer Ärger mit dem Subjekt. Theoretische und politische Konsequenzen eines juridischen Machtmodells: Judith Butler*. Tübingen: edition diskord.

Lorey, Isabell (2008): Kritik und Kategorie. Zur Begrenzung politischer Praxis durch neuere Theoreme der Intersektionalität, Interdependenz und Kritischen Weißseinsforschung. In: eipcp. eipcp.net/transversal/0806/lorey/de (16.05.2011).

Lykke, Nina (2010): *Feminist Studies. A Guide to Intersectional Theory, Methodology and Writing*. New York, Oxon: Routledge.

Miles, Robert (1991): *Rassismus. Einführung in die Geschichte und Theorie eines Begriffs*. Hamburg: Argument.

Mohanty, Chandra Talpade (2003): *Feminism without borders. Decolonizing Theory, Practicing Solidarity*. Durham, London: Duke University Press.

Moraga, Cherríe; Anzaldúa, Gloria (1981): *This Brigde Called My Back. Writings by Radical Women of Color*. New York: Kitchen Table –Women of Color Press.

Morgan, Wendy (2000): Electronic tools for dimantling the master's house: Posstructural-ist feminist research and hypertext poetics. In: St. Pierre, Elizabeth; Pillow, Wanda S. (Hrsg.): *Working the ruins: Feminist poststructural theory and methods in education.* London: Routledge. S. 130-152.

Nangeroni, Nancy; MacKenzie, Gordene (2002): Performing Translesbianism. In: Wilchins, Riki; Howell, Clare; Nestle, Joan (Hrsg.): *Genderqueer: Voices from Beyond the Sexual Binary.* Boston: Alyson. S. 253-259.

Nduka-Agwu, Adibeli; Hornscheidt, Lann (2010): *Rassismus auf gut Deutsch. Ein kritisches Nachschlagewerk zu rassistischen Sprachhandlungen.* Frankfurt a. M.: Brandes & Apsel.

Oguntoye, Katharina; Opitz, May (May Ayim); Schultz, Dagmar (Hrsg.) (1986): *Farbe Be-kennen. Afro-deutsche Frauen auf den Spuren ihrer Geschichte.* Berlin: Orlanda.

Palm, Kerstin (2007): Multiple Subjekte im *Labor?* Objektivismuskritik als Ausgangsbasis für interdependenztheoretische Theorie und Praxis der Naturwissenschaften. In: Wal-genbach, Katharina; Dietze, Gabriele; Hornscheidt, Lann; Palm, Kerstin: *Gender als interdependente Kategorie. Neue Perspektiven auf Intersektionalität, Diversität und He-terogenität.* Opladen, Farmington Hills: Budrich. S. 141-166.

Pusch, Luise F. (2009 [1984]): *Das Deutsche als Männersprache: Aufsätze und Glossen zur feministischen Linguistik.* Frankfurt a. M.: Suhrkamp.

Reynolds, Tracey (2002): Re-thinking a black feminist standpoint. In: *Ethnic and Racial Studies,* 25: 4. S. 591-606.

Rich, Adrienne (1980): Compulsory Heterosexuality and Lesbian Existence. In: *Signs: Jour-nal of Women in Culture and Society,* 5 (Summer 1980). S. 631-60.

Rich, Adrienne (1993a): Cartographies of Silence. In: *The dreams of a common language.* New York, London: W. W. Norton & Company.

Rich, Adrienne (1993b): The Burning of Paper Instead of Children. In: Charlesworth Gelpi, Barbara; Gelpi, Albert (Hrsg.): *Poems, Prose, Reviews and Criticism.* New York: W. W. Norton & Company. S. 40-43.

Rich, Adrienne (2003 [1984]): Notes Towards a Politics of Location. In: Lewis, Mills: *Femi-nist Postcolonial Theory: A Reader.* Edinburgh.

Richardson, Laurel (2000): Skriting a pleated text: De-disciplining an academic life. In: St. Pierre, Elizabeth; Pillow, Wanda S. (Hrsg.): *Working the ruins: Feminist poststruc-tural theory and methods in education.* London: Routledge. S. 153-187.

Richardson, Laurel; Adams St. Pierre, Elisabeth (2000): Writing: a method of inquiry. In: Denzin, Norman; Lincoln, Yvonne (Hrsg.): *Handbook of qualitative research.* London, New Dehli: Sage.

Rubin, Gayle (1975): The Traffic in Women: Notes on the »Political Economy« of Sex. In: Reiter, Rayna (Hrsg.): *Toward an Anthropology of Women.* New York: Monthly Review Press. S. 157-210, S. xxi.

Rushin, Donna Kate (1983): The Bridge Poem. In: Moraga, Cherríe; Anzaldúa, Gloria (Hrsg.): *This Bridge Called My Back. Writings by Radical Women of Color.* Boston: Kitchen Table – Women of Color Press.

Schildmann, Ulrike (2004): *Normalismusforschung über Behinderung und Geschlecht: eine empirische Untersuchung der Werke von Barbara Rohr und Annedore Prengel.* Wies-baden: VS Sozialwissenschaften.

Smith, Barbara (2000): *The Truth That Never Hurts: Writings on Race, Gender, and Freedom.* New Jersey: Rutgers University Press.

Spivak, Gayatri Chakravorty (1988): Can the Subaltern Speak?. In: Nelson, Cary; Grossberg, Lawrence (Hrsg.): *Marxism and the Interpretation of Culture.* Chicago: Illinois University Press. S. 271-313.

Spivak, Gayatri Chakravorty (1996): *The Spivak Reader. Selected Works of Gayatri Chakravorty Spivak.* New York, London: Routledge.

Stryker, Susan (2008): An Introduction to Transgender Terms and Concepts. In: *Transgender History.* Berkeley: Seal Press. S. 1-30.

Thiong'o, Ngũgĩ wa (1995): The Language of African Literature. In: Ashcroft, Bill; Griffiths, Gareth; Tiffin, Helen (Hrsg.): *The Post-colonial Studies Reader.* London, New York: Routledge. S. 285-290.

Ting, Shu (1984): Menschenherzen und ihre Gesetze. In: Ting, Shu; Cheng, Gu: *Zwischen Wänden. Moderne chinesische Lyrik.* München: Simon und Magiera.

Tudor, Alyosxa (2008): *Deviantes Begehren. Subkulturelle Praktiken. Deterritorialisierende Blicke. Feministisch-queere Post/Pornographie?* Unveröffentlichte Magistr_aarbeit in den Gender Studies an der Humboldt-Universität zu Berlin, Januar 2008.

Tudor, Alyosxa (2010a): Rassismus und Migratismus: Die Relevanz einer kritischen Differenzierung. In: Nduka-Agwu, Adibeli; Hornscheidt, Lann (Hrsg.): *Rassismus auf gut Deutsch. Ein kritisches Nachschlagewerk zu rassistischen Sprachhandlungen.* Frankfurt a. M.: Brandes & Apsel. S. 396-420.

Tudor, Alyosxa (2010b): Wittig – Sprache als Intervention, Intervention in Sprache. In: Kuch, Hannes; Herrman, Steffen K.: *Philosophien sprachlicher Gewalt: 21 Grundpositionen von Platon bis Butler.* Weilerswist: Velbrück.

Veteranyi, Aglaja (2001): *Warum das Kind in der Polenta kocht.* München: Deutscher Taschenbuch-Verlag.

Walgenbach, Katharina; Dietze, Gabriele; Hornscheidt, Lann; Palm, Kerstin (2007): *Gender als interdependente Kategorie. Neue Perspektiven auf Intersektionalität, Diversität und Heterogenität.* Opladen, Farmington Hills: Budrich.

Weedon, Chris (1999): *Feminism, Theory and the Politics of Difference.* Oxford, Malden: Blackwell.

Wilchins, Riki (2002): Changing the Subject. In: Wilchins, Riki; Howell, Clare; Nestle, Joan (Hrsg.): *Genderqueer: Voices from Beyond the Sexual Binary.* Boston: Alyson. S. 47-54.

Wittig, Monique (1992): *The Straight Mind and Other Essays. Boston: Beacon Press.*

Yildiz, Yasemin (1999): Keine Adresse in Deutschland. Adressierung als politische Strategie. In: Gelbin, Cathy S.; Konuk, Kader; Piesche, Peggy (Hrsg.): *Aufbrüche. Kulturelle Produktionen von Migrantinnen, Schwarzen und jüdischen Frauen in Deutschland.* Königstein: Ulrike Helmer. S. 224-236.

Yildiz, Yasemin (2009): Noch immer keine Adresse in Deutschland? Adressierung als politische Strategie. In: Dietze, Gabriele; Brunner, Claudia; Wenzel, Edith (Hrsg.): *Kritik des Okzidentalismus. Transdisziplinäre Beiträge zu (Neo-)Orientalismus und Geschlecht.* Bielefeld: Transcript. S. 83-100.

Zimmerman, Bonnie; McNaron, Toni A. H. (Hrsg.) (1996): *The New Lesbian Studies. Into the Twenty-First Century.* New York: The Feminist Press.

Internet:

AK UniWatch an der FU-Berlin: akuniwatch.wordpress.com/ (01.05.2011).

Dokumentations- und Kulturzentrum Deutscher Sinti und Roma: www.sintiundroma.de/index/ (31.03.2011).

Eggers, Maisha (2008): Afrika in der deutschen Wissenschaft. Unter: http://africavenir.com/news/2008/04/1825/maisha-eggers-afrika-in-der-deutschen-wissenschaft (29.07.2009).

Kanak Attak: www.kanak-attak.de/ka/kanaktv/volume1.html (16.05.2011).

Speak Up an der HU Berlin: speakup2011.wordpress.com/ (01.05.2011).